国家示范性高等职业院校优质核心课程改革教材

Qiche Jidian Jichu
汽车机电基础

主　编　蒋晓琴
主　审　郭远辉

人民交通出版社

内 容 提 要

本教材为四川交通职业技术学院国家示范建设汽车运用技术重点专业教学研究与改革成果之一。全书共有4个学习任务，包括轴类零件的测绘、手动变速器的拆装与装配、螺栓的制作、电子电压调节器的制作、直流电机与继电器的认识。

本书是高等职业教育汽车运用技术专业教材，也是汽车运用与维修专业技能型紧缺人才培养培训教材。可供高等职业技术教育汽车运用技术、汽车检测与维修等专业的学生使用，也可供相关从业人员阅读。

图书在版编目(CIP)数据

汽车机电基础/蒋晓琴主编. —北京：人民交通出版社，2012.5
ISBN 978-7-114-09720-1

Ⅰ.①汽… Ⅱ.①蒋… Ⅲ.①汽车—机电设备—高等职业教育—教材 Ⅳ.①U463

中国版本图书馆 CIP 数据核字(2012)第 053731 号

国家示范性高等职业院校优质核心课程改革教材

书　　名：	汽车机电基础
著 作 者：	蒋晓琴
责任编辑：	杨　川
出版发行：	人民交通出版社股份有限公司
地　　址：	(100011)北京市朝阳区安定门外外馆斜街3号
网　　址：	http://www.ccpcl.com.cn
销售电话：	(010)59757973
总 经 销：	人民交通出版社股份有限公司发行部
经　　销：	各地新华书店
印　　刷：	北京虎彩文化传播有限公司
开　　本：	787×1092　1/16
印　　张：	14.25
字　　数：	330 千
版　　次：	2012年5月　第1版
印　　次：	2023年9月　第4次印刷
书　　号：	ISBN 978-7-114-09720-1
定　　价：	45.00 元

(有印刷、装订质量问题的图书由本社负责调换)

四川交通职业技术学院
优质核心课程改革教材编审委员会

主　　任　魏庆曜
副 主 任　李全文　王晓琼
委　　员　(道路桥梁类专业编审组)
　　　　　杨　平　袁　杰　李永林　张政国　晏大容　黄万才　盛　湧
　　　　　阮志刚　聂忠权　陈海英　常昇宏　张　立　王闻臣　刘玉洁
　　　　　宋林锦　乔晓霞
　　　　　(汽车运用技术专业编审组)
　　　　　周林福　袁　杰　吴　斌　秦兴顺　张　洪　甘绍津　刘晓东
　　　　　何　攀　粟　林　李作发　杨　军　莫　凯　高　琼　旷文才
　　　　　黄云鹏　顾　华　郭远辉　陈　清　许　康　吴晖彤　周　旭
　　　　　方　文
　　　　　(建筑工程专业编审组)
　　　　　杨甲奇　袁　杰　蒋泽汉　李全怀　李伯成　郑玉祥　曹雪梅
　　　　　郑新德　李　燕　杨陈慧

序 Xu

  为贯彻教育部、财政部《关于实施国家示范性高等职业院校建设计划,加快高等职业教育改革与发展的意见》(教高【2006】14号)和《关于全面提高高等职业教育教学质量的若干意见》(教高【2006】16号)精神,作为国家示范性高等职业院校建设单位,我院从2007年开始组织探索如何设计开发既能体现职业教育类型特点,又能满足高等教育层次需求的专业课程体系和教学方法。三年来,我们先后邀请了多名国内外职业教育专家,组织进行了现代职业技术教育理论系统学习和职业技术教育课程开发方法系统的培训;在课程开发专家团队指导下,按照"行业分析,典型工作任务,行动领域,学习领域"的开发思路,以职业分析为依据,以培养职业行动能力为核心,对传统的学科式专业课程进行解构和重构,形成了以学习领域课程结构为特征的专业核心课程体系;与企业专业技术人员共同组成课程开发团队,按照企业全程参与的建设模式、基于工作过程系统化的建设思路,完成了10个重点建设专业(4个为中央财政支持的重点建设专业)核心课程的教材、电子资源、试题库、网络课程和生产问题资源库等内容的建设和完善,在课程建设方面取得了丰厚的成果。

  对示范院校建设工程而言,重点专业建设是龙头;在专业建设项目中,课程建设是关键。职业教育的课程改革是一项长期艰苦的工作,它不是片面的课程内容的解构和重构,必须以人才培养模式创新为核心,实训条件的改善、实训项目的开发、教学方法的变革、双师结构教师团队的建设等一系列条件为支撑。三年来,我们以课程改革为抓手,力图实现全面的建设和提升;在推动课程改革中秉承"片面地借鉴,不如全面地学习",全面地学习和借鉴,认真地研究和实践;始终追求如何在课程建设方面做出中国特色,做出四川特色,做出交通特色。

  历经1000多个日日夜夜的辛劳,面对包含了我们教师团队心血,即将破茧的课程建设成果的陆续出版,感到几分欣慰;面对国际日益激烈的经济的竞争,面对我国交通现代化建设的巨大需求,感到肩上的压力倍增。"路漫漫其修远兮,吾将上下而求索!"希望更多的人来加入我们这个团结、奋进、开拓、进取的团队,取得更多更好的成果。

  在这些教材的编写过程中,相关企业的专家给予了很多的支持与帮助,在此谨表示衷心的感谢!

四川交通职业技术学院院长

前　言 *Qian Yan*

　　四川交通职业技术学院汽车运用技术专业创办于1952年，2002年确定为国家高职高专精品建设专业，2007年被教育部、财政部批准立项为中央财政支持的国家示范高职重点建设专业。为全面贯彻《关于全面提高高等职业教育教学质量的若干意见》(教高[2006]16号)提出的"加强素质教育，强化职业道德，明确培养目标；加大课程建设与改革的力度，增强学生的职业能力"精神，在系统总结学院汽车运用技术专业50余年的专业建设和教学改革经验基础上，以工学结合一体化的课程开发理念和方法为指导，充分利用学院与丰田、宝马、通用、东风雪铁龙和东风标致等5个汽车制造厂商的项目合作资源，依托成都三和汽车、四川申蓉汽车、港宏汽车等区域内集团化汽车维修企业，基于汽车维修生产过程，开发出了具有"校店融合、行业融通、名企融入"特色的学习领域课程，结合学院实践教学条件的实际情况，编写了汽车运用技术专业系列教材。

　　本系列教材在组织编写过程中，注意吸收发达国家先进的职教理念和方法，认真总结和践行工学结合一体化课程的开发路线，形成了以下特色：

　　1.基于整体化的职业资格研究，注重学生综合职业能力培养。

　　汽车运用技术专业的课程不是以本科的知识为纲进行简化，也不是从岗位出发，而是基于整体化的职业资格研究方法——实践专家访谈会总结出的典型工作任务进行设置。典型工作任务描述一个职业的具体工作领域，是工作过程结构完整(明确任务、制订计划、实施计划和评估反馈等)的综合性学习任务，反映了该职业典型的工作内容和工作方式❶。因此，本轮教材体现了"学习的内容是工作，通过工作实现学习"的工学结合课程特色，实现了学习与工作的一体化，能让学生亲身经历结构完整的工作过程，通过在真实工作情境中的实践学习，帮助学生形成自己对工作的认识和经验，从而培养学生的综合能力，而不仅仅是技能。

　　2.任务驱动，学生主体，教师主导，倡导行动导向的引导式教学方法。

　　将每个典型工作任务从教学的角度划分为若干个具体理论与实践一体化的学习任务，按照工作过程组织学习过程。每个学习任务中将知识学习与技能操作有机的渗透在一起，每一个任务，既是学习任务，又是工作任务，有工作要求、工作对象、工具、方法与劳动组织方式等方面的要素。本系列教材注重对学习目标和引导问题的设计，体现以学生为主体，强化学生的地位，给学生留下充分思考、实践与合作交流的时间和空间，让学生亲身经历从观察→操作→交流→反思的活动过程。

　　3.以学习目标为主线，采用全新的结构编排模式。

　　本系列教材打破了传统教材的章节体例，以工作情境描述(学习任务)入手，明确学习目标、勾勒学习脉络。在学习过程中，以学习目标为主线，按照"计划→资讯→决策→实施→评

---

❶赵志群著《职业教育工学结合一体化课程开发指南》。

估→反馈"这样一个完整的行动模式设计引导问题,以引导问题将知识、技能以及素质要求等方面有机地结合起来。

《汽车机电基础》是本系列教材中的一本,本书基于汽车机修的工作过程进行课程设计,利于非机械制造与设计专业学生学习必要的机械基础知识,以及非电类学生学习必要的电工电子知识,彻底打破了原来的学科体系,以工作任务为驱动,将制图、公差配合、金属工艺学、机械原理与机械零件、机加工、工量具、机械设计、电工电子等知识有机的整合在一体。按照由单一到综合的思路分层次设计,确定了与培养目标相适应的5个学习情境,即轴类零件的测绘、手动变速器的拆装与装配、螺栓的制作、电子电压调节器的制作、直流电机与继电器的认识5部分,以培训学生汽车机修的能力。

参加本书编写工作的有:四川交通职业技术学院周国顺(编写学习任务1、2、3)、罗斌(编写学习任务4)、蒋晓琴(编写学习任务5)。全书由四川交通职业技术学院蒋晓琴担任主编,四川交通职业技术学院郭远辉担任主审。

限于编者经历和水平,教材内容难以覆盖全国各地的实际情况,希望各教学单位在积极选用和推广本系列教材的同时,注重总结经验,及时提出修改意见和建议,以便再版修订时改正。

编 者

2011 年 9 月

目 录 *Mu Lu*

学习任务1　轴类零件的测绘 ··· 1
　单元一　轴的认识 ··· 1
　单元二　测量工具的认识 ·· 5
　单元三　零件的测绘方法与步骤 ··· 8
　单元四　画图知识 ·· 12
　单元五　公差配合与尺寸标注 ·· 55
　单元六　轴类零件的测绘练习 ·· 65

学习任务2　手动变速器的拆装与装配 ··· 67
　单元一　手动变速器整体结构认识 ·· 67
　单元二　手动变速器零件材料认识 ·· 70
　单元三　滚动轴承的拆装 ·· 82
　单元四　键的认识 ·· 92
　单元五　圆柱齿轮的认识 ·· 95
　单元六　手动变速器中轮系的认识 ·· 103
　单元七　变速器的拆装与装配练习 ·· 107

学习任务3　螺栓的制作 ·· 109
　单元一　螺栓的认识 ··· 109
　单元二　工具的选用 ··· 119
　单元三　加工方法 ·· 126
　单元四　螺栓的制作练习 ·· 151

学习任务4　电子电压调节器的制作 ·· 152
　单元一　电路及元件基本参数测量 ·· 152
　单元二　半导体器件及应用 ··· 172
　单元三　电子调压器制作 ·· 196

学习任务5　直流电机与继电器的认识 ··· 202
　单元一　直流电机的认识 ·· 202
　单元二　继电器的认识 ··· 213
　单元三　直流电机与继电器的认识练习 ·· 215

参考文献 ··· 217

学习任务1 轴类零件的测绘

 学习目标

1. 能对零件图进行分析,描述零件图上所表达的内容。
2. 会使用公差表,能对零件的公差及配合类型、参数进行计算。
3. 能正确使用量具对零件进行测绘,并绘制零件草图。
4. 能正确选择各种表达方法,绘制出汽车零件图样,并能按标准规定,对相关内容进行正确的标注。

 任务描述

选用相应工具对汽车上的轴进行测量,并根据数据绘制轴的零件图。

 学习引导

本学习任务沿着以下脉络进行学习:

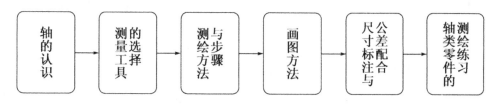

单元一 轴 的 认 识

 单元要点

1. 轴的功用及分类。
2. 轴的常用材料及热处理。
3. 轴的组成与轴上零件的定位及固定。

知识链接

一、轴的功用及分类

1. 轴的功用

轴是组成机器的重要零件之一。轴的主要功用是支承旋转零件(例如齿轮、蜗轮等)、传递运动和动力。

2. 轴的分类

按轴承受的荷载不同,可将轴分为转轴、心轴和传动轴三种。心轴工作时仅承受弯矩而不传递转矩,如自行车轴(图1-1)。转轴工作时既承受弯矩又承受转矩,如铁路机车轮轴(图1-2)。

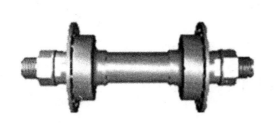

图1-1　自行车前轮轴

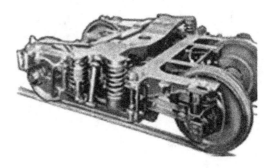

图1-2　铁路机车轮轴

传动轴则只传递转矩而不承受弯矩,如汽车中连接变速器与后桥之间的轴(图1-3、图1-4)。

图1-3　减速器轴

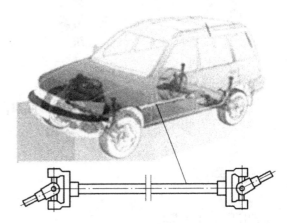

图1-4　传动轴

根据轴线的形状不同,轴又可分为直轴、曲轴(图1-5)和挠性钢丝轴(图1-6)。曲轴和挠性钢丝轴属于专用零件,如图1-5、图1-6。直轴按外形不同又可分为光轴和阶梯轴。光轴形状简单,应力集中少,易加工,但轴上零件不易装配和定位,常用于心轴和传动轴。阶梯轴各轴段截面的直径不同,这种设计使各轴段的强度相近,而且便于轴上零件的装拆和固定,因此阶梯轴在机器中的应用最为广泛。直轴一般都制成实心轴,但为了减少重量或满足某些机器结构上的需要,也可以采用空心轴。

图 1-5 曲轴

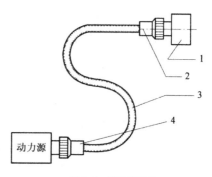

图 1-6 挠性钢丝轴
1-被驱动装置;2-接头;3-钢丝软轴;4-接头

二、轴的常用材料及热处理

轴的材料主要是碳钢和合金钢。钢轴的毛坯多数用轧制圆钢和锻件。锻件的内部组织均匀,强度较好,重要的轴、大尺寸或阶梯尺寸变化较大的轴,应采用锻制毛坯。对直径较小的轴,可直接用圆钢加工。由于碳钢比合金钢价廉,对应力集中的敏感性较低,同时还可以用热处理的办法提高其耐磨性和抗疲劳强度,故轴采用碳钢制造最广泛,其中最常用的是 45 号钢。不重要或低速轻载的轴以及一般传动的轴也可以使用 Q235、Q275 等普通碳钢制造。合金钢比碳钢具有更高的力学性能和更好的淬火性能。因此,在传递大动力,并要求减小尺寸与质量、提高轴的耐磨性以及处于高温条件下工作的轴,常采用合金钢。

高强度铸铁和球墨铸铁由于容易作成复杂的形状,而且价廉,吸振性和耐磨性好,对应力集中的敏感性较低,故常用于制造外形复杂的轴。

三、轴的组成与轴上零件的定位及固定

1. 轴的组成

轴主要由轴颈、轴头和轴身三部分组成,如图 1-7 所示。轴和轴承配合部分称为轴颈;轴上安装轮毂的部分称为轴头;连接轴头和轴颈的部分称为轴身。轴颈直径与轴承内径、轴头直径与相配合零件的轮毂内径应一致,而且为标准值。为便于装配,轴颈和轴头的端部均应有倒角。用作零件轴向固定的台阶部分称为轴肩,环形部分称为轴环。轴上螺纹或花键部分的直径应符合螺纹或花键的标准。

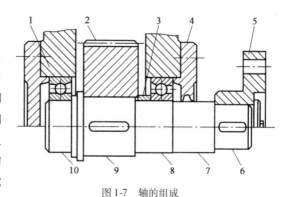

图 1-7 轴的组成
1-滚动轴承;2-齿轮;3-套筒;4-轴承盖;5-联轴器;6-轴颈;
7-轴头;8-轴颈;9-轴身;10-轴头

2. 轴上零件的轴向定位及固定(表1-1)

轴上零件的轴向定位是以轴肩、套筒、圆螺母、轴端挡圈和轴承端盖等来保证的。

轴肩:分为定位轴肩和非定位轴肩两类,利用轴肩定位是最方便可靠的方法,如图1-8所示。

套筒定位:结构简单,定位可靠,轴上不需开槽、钻孔和切制螺纹。

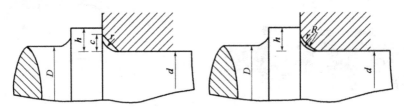

r应小于零件上的外圆角半径R或倒角C
$h = R(C) + (0.5 \sim 2)$ mm

图1-8 轴肩定位

常见轴上零件的轴向定位及固定方法　　　　表1-1

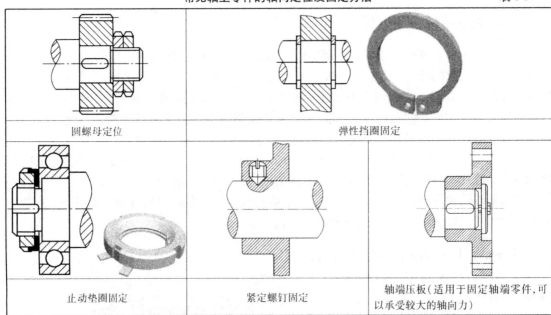

圆螺母定位	弹性挡圈固定
止动垫圈固定	紧定螺钉固定
	轴端压板(适用于固定轴端零件,可以承受较大的轴向力)

3. 轴上零件的周向定位及固定(表1-2)

常见轴上零件的周向定位及固定方法　　　　表1-2

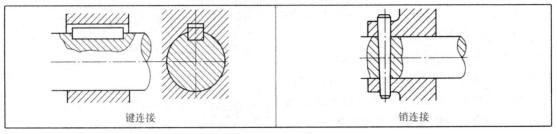

键连接	销连接

续上表

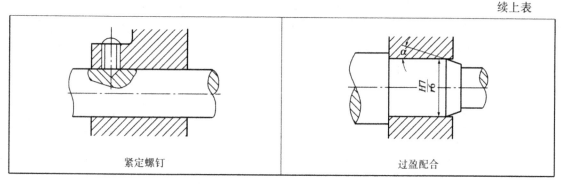

| 紧定螺钉 | 过盈配合 |

为了满足机器传递运动和转矩的要求,轴上零件除了需要轴向定位外,还必须有可靠的周向定位。周向定位的目的是限制轴上零件与轴发生相对转动。常用的周向定位零件有键、花键、销、紧定螺钉以及过盈配合等,其中紧定螺钉只用在传力不大之处。

单元二　测量工具的认识

 单元要点

常用量具钢板尺、卡钳、游标卡尺、外径千分尺、百分表、量缸表、厚薄规的使用。

 知识链接

一、钢板尺

钢板尺是一种最简单的测量长度并且可以直接读数的量具,用薄钢板制成,常用来粗测工件的长度、宽度和厚度。常见钢板尺的规格有 150mm、300mm、500mm、1000mm 等。

二、卡钳

卡钳是一种间接读数的量具,卡钳上不能直接读出尺寸,必须与钢板尺或其他刻线量具配合测量。常用卡钳类型如图 1-9 所示,内卡钳用来测量内径、凹槽等,外卡钳用来测量外径和平行面等。

三、游标卡尺

游标卡尺主要用来测量零件的内外直径和孔(槽)的深度等,其精度分 0.10mm、0.05mm 和 0.02mm 三种。测量时,应根据测量精度的要求选择合适精度的游标卡尺,并擦净卡脚和被测零件的表面。测量时将卡脚张开,再慢慢地推动游标,使两卡脚与工件接触,禁止硬卡硬拉。使用后要把游标卡尺的卡脚擦净并涂油后放入盒中。

游标卡尺由尺身、游标、活动卡脚和固定卡脚等组成。常用精度为0.02mm的游标卡尺如图1-10所示,其尺身上每一刻度为1mm,游标上每一刻度表示0.02mm。读数时,先看游标上"0"刻度线对应的尺身刻度线读数,再找出游标上与尺身某刻度线对得最齐的一条刻度线读数,测量的读数为尺身读数加上0.02倍的游标读数。其他形式的游标卡尺如图1-11所示。

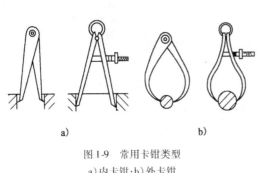
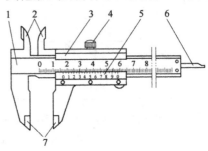

图1-9 常用卡钳类型
a)内卡钳;b)外卡钳

图1-10 游标卡尺
1-尺身;2-刀口内量爪;3-尺框;4-固定螺钉;
5-游标;6-深度尺;7-外量爪

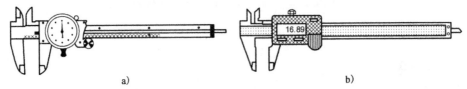

图1-11 其他形式游标卡尺
a)带表卡尺;b)数字显示游标卡尺

四、外径千分尺

外径千分尺是比游标卡尺更精密的量具,其精度为0.01mm。外径千分尺的规格按量程划分,常用的有0~25mm、25~50mm、50~75mm、75~100mm、100~125mm等规格,使用时应按零件尺寸选择相应规格。外径千分尺的结构图1-12所示。使用外径千分尺前,应检查其精度,检查方法是旋动棘轮,当两个砧座靠拢时,棘轮发出两、三声"咔咔"的响声,此时,活动套管的前端应与固定套管的"0"刻度线对齐,同时活动套管的"0"刻度线还应与固定套管的基线对齐,否则需要进行调整。

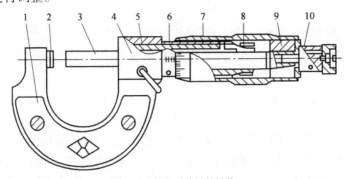

图1-12 外径千分尺的结构
1-尺架;2-砧座;3-测微螺杆;4-锁紧装置;5-螺纹轴套;6-固定套管;7-微分筒;8-螺母;9-接头;10-测力装置

注意：测量时应擦净两个砧座和工件表面，旋动砧座接触工件，直至棘轮发出两、三声"咔咔"的响声时方可读数。外径千分尺的读数方法如图1-13所示。外径千分尺固定套管上有两组刻线，两组刻线之间的横线为基线，基线以下为毫米刻线，基线以上为半毫米刻线；活动套管上沿圆周方向有50条刻线，每一条刻线表示0.01mm。读数时，固定套管上的读数与0.01倍的活动套管读数之和即为测量的尺寸。

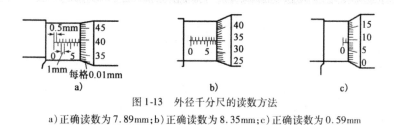

图1-13 外径千分尺的读数方法
a)正确读数为7.89mm;b)正确读数为8.35mm;c)正确读数为0.59mm

五、百分表

百分表主要用于测量零件的形状误差(如曲轴弯曲变形量、轴颈或孔的圆度误差等)或配合间隙(如曲轴轴向间隙)。常见百分表有0～3mm、0～5mm和0～10mm三种规格。百分表的刻度盘一般为100格，大指针转动一格表示0.01mm，转动一圈为1mm，小指针可指示大指针转过的圈数。

在使用时，百分表一般要固定在表架上，如图1-14所示。用百分表进行测量时，必须首先调整表架，使测杆与零件表面保持垂直接触且有适当的预缩量，并转动表盘使指针对正表盘上的"0"刻度线，然后按一定方向缓慢移动或转动工件，测杆则会随零件表面的移动自动伸缩。测杆伸长时，表针顺时针转动，读数为正值；测杆缩短时，表针逆时针转动，读数为负值。

六、量缸表(内径百分表)

量缸表又称内径百分表，主要用来测量孔的内径，如汽缸直径、轴承孔直径等，量缸表主要由百分表、表杆和一套不同长度的接杆等组成，如图1-15所示。

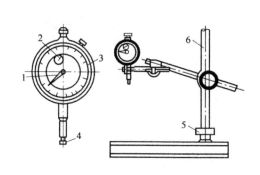

图1-14 百分表
1-大指针;2-小指针;3-刻度盘;4-测头;5-磁力表座;6-支架

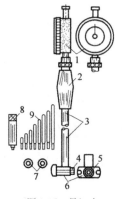

图1-15 量缸表
1-百分表;2-绝缘套;3-表杆;4-接杆座;5-活动测头;6-支承架;7-固定螺母;8-加长接杆;9-接杆

测量时首先根据汽缸(或轴承孔)直径选择长度尺寸合适的接杆,并将接杆固定在量缸表下端的接杆座上;然后校正量缸表,将外径千分尺调到被测汽缸(或轴承孔)的标准尺寸,再将量缸表校正到外径千分尺的尺寸,并使伸缩杆有2mm左右的压缩行程,旋转表盘使指针对准零位后即可进行测量。

注意:测量过程中,必须前后摆动量缸表以确定读数最小时的直径位置,同时还应在一定角度内转动量缸表以确定读数最大时的直径位置。

七、厚薄规

厚薄规又名塞尺,如图1-16所示,主要用来测量两平面之间的间隙。厚薄规由多片不同厚度的钢片组成,每片钢片的表面刻有表示其厚度的尺寸值。厚薄规的规格以长度和每组片数来表示,常见的长度有100mm、150mm、200mm、300mm四种,每组片数有2~17片等多种。在汽车维修中,厚薄规常用来测量零件之间的配合间隙,如气门间隙、曲轴轴向间隙等。

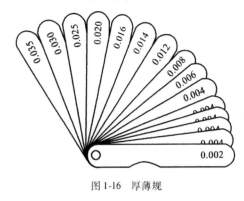

图1-16 厚薄规

单元三 零件的测绘方法与步骤

 单元要点

1. 零件测绘的方法和步骤。
2. 根据零件草图画零件图。

 知识链接

零件的测绘就是根据实际零件画出它的图形,测量出它的尺寸并制订出技术要求。测绘时,首先以徒手画出零件草图,然后根据该草图画出零件工作图。在仿造和修配机器部件以及技术改造时,常常要进行零件测绘,因此,它是工程技术人员必备的技能之一。

一、零件测绘的方法和步骤

下面以齿轮油泵的泵体(图1-17)为例,说明零件测绘的方法和步骤。

1. 了解和分析测绘对象

首先应了解零件的名称、材料以及它在机器或部件中的位置、作用及与相邻零件的关系,然后对零件的内外结构形状进行分析。

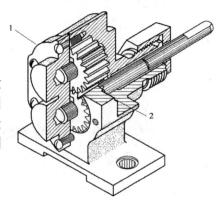

图1-17 泵体轴测图
1-进油口;2-出油口

齿轮油泵是机器润滑供油系统中的一个主要部件,当外部动力经齿轮传至主动齿轮轴时,即产生旋转运动。当主动齿轮轴按逆时针方向(从主视图观察)旋转时,从动齿轮轴则按顺时针方向旋转,泵体是油泵上的一个主体件,属于箱体类零件,材料为铸铁。它的主要作用是容纳一对啮合齿轮及进油、出油通道,在泵体上设置了两个销孔和六个螺孔,是为了使左泵盖和右泵盖与其定位和连接。泵体下部带有凹坑的底板和其上的两个沉孔是为了安装油泵。泵体进、出油口孔端的螺孔是为了连接进、出油管等。至此,泵体的结构已基本分析清楚。

2. 确定表达方案

由于泵体的内外结构都比较复杂,应选用主、左、仰三个基本视图。泵体的主视图应按其工作位置及形状结构特征选定,为表达进、出油口的结构与泵腔的关系,应对其中一个孔道进行局部剖视。为表达安装孔的形状也应对其中一个安装孔进行局部剖视。

为表达泵体与底板、出油口的相对位置,左视图应选用 A-A 旋转剖视图,将泵腔及孔的结构表示清楚。然后再选用一俯视图表示底板的形状及安装孔的数量、位置。俯视图取向局部视图。最后选定表达方案如图 1-18 所示。

3. 绘制零件草图

(1)绘制图形。根据选定的表达方案,徒手画出视图、剖视图等图形,其作图步骤与画零件图相同。但需注意以下两点:

①零件上的制造缺陷(如砂眼、气孔等),以及由于长期使用造成的磨损、碰伤等,均不应画出。
②零件上的细小结构(如铸造圆角、倒角、倒圆、退刀槽、砂轮越程槽、凸台和凹坑等)必须画出。

(2)标注尺寸。先选定基准,再标注尺寸。具体应注意以下三点:

①先集中画出所有的尺寸界线、尺寸线和箭头,再依次测量、逐个记入尺寸数字。
②零件上标准结构(如键槽、退刀槽、销孔、中心孔、螺纹等)的尺寸,必须查阅相应国家标准,并予以标准化。
③与相邻零件的相关尺寸(如泵体上螺孔、销孔、沉孔的定位尺寸,以及有配合关系的尺寸等)一定要一致。

(3)注写技术要求。零件上的表面粗糙度、极限与配合、形位公差等技术要求,通常可采用类比法给出。具体注写时需注意以下三点:

①主要尺寸要保证其精度。泵体的两轴线、轴线距底面以及有配合关系的尺寸等,都应给出公差,如图 1-19 所示。
②有相对运动的表面及对形状、位置要求较严格的线、面等要素,要给出既合理又经济的粗糙度或形位公差要求。
③有配合关系的孔与轴,要查阅与其相结合的轴与孔的相应资料(装配图或零件图),以核准配合制度和配合性质。

只有这样,经测绘而制造出的零件,才能顺利地装配到机器上去并达到其功能要求。

④填写标题栏,一般可填写零件的名称、材料及绘图者的姓名和完成时间等。

4. 根据零件草图画零件图

草图完成后,便要根据它绘制零件图,其绘图方法和步骤同前,这里不再赘述。完成的零件图如图 1-18 所示。

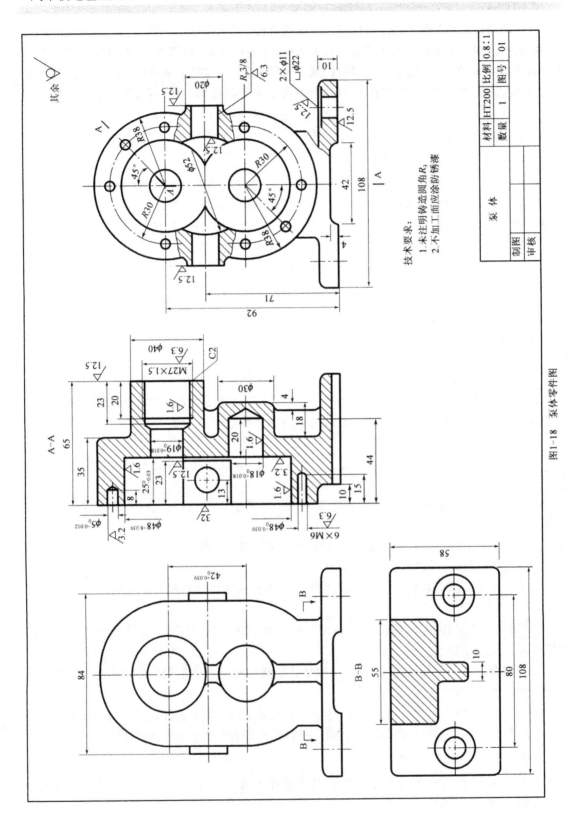

图1-18 泵体零件图

二、零件尺寸的测量方法

测量尺寸是零件测绘过程中一个很重要的环节,尺寸测量得准确与否,将直接影响机器的装配和工作性能,因此,测量尺寸要谨慎。

测量时,应根据对尺寸精度要求的不同选用不同的测量工具。常用的量具有钢直尺,内、外卡钳等;精密的量具有游标卡尺、千分尺等;此外,还有专用量具,如螺纹规、圆角规等。图1-19～图1-22为常见尺寸的测量方法。

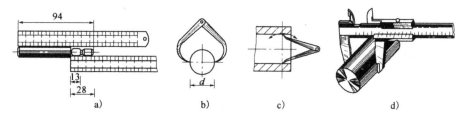

图1-19 线性尺寸及内、外径尺寸的测量方法
a)用钢尺测一般轮廓;b)用外卡钳测外径;c)用内卡钳测内径;d)用游标卡尺测尺寸

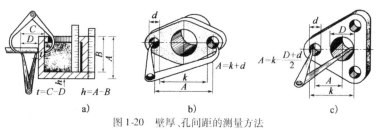

图1-20 壁厚、孔间距的测量方法
a)测量壁厚;b)测量孔间距;c)测量孔间距

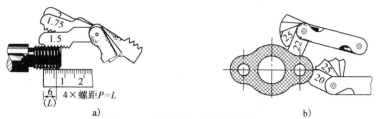

图1-21 螺距、圆弧半径的测量方法
a)用螺纹规测量螺距;b)用圆角规测量圆弧半径

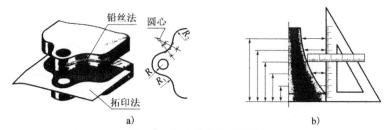

图1-22 曲面、曲线的测量方法
a)用铅丝法和拓印法测量曲面;b)用坐标法测量曲线

单元四 画图知识

单元要点

1. 正投影与三视图基础。
2. 基本体的投影。
3. 组合体。
4. 图示与标准。
5. 机件常用的表达方法。
6. 零件图。

知识链接

一、正投影与三视图基础

1. 投影

1）投影的概念

设空间有一定点 S 和任一点 A，以及不通过点 S 和点 A 的平面 P，如图 1-23 所示，从点 S 经过点 A 作直线 SA，直线 SA 必然与平面 P 相交于一点 a，则称点 a 为空间任一点 A 在平面 P 上的投影，称定点 S 为投影中心，称平面 P 为投影面，称直线 SA 为投影线。据此，要作出空间物体在投影面上的投影，其实质就是通过物体上的点、线、面作出一系列的投影线与投影面的交点，并根据物体上的线、面关系，对交点进行恰当的连线。

2）投影法的种类及应用

（1）中心投影法。投影中心距离投影面在有限远的地方，投影时投影线汇交于投影中心的投影法称为中心投影法，如图 1-24 所示。

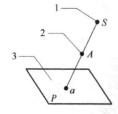

图 1-23 投影法的概念
1-投影中心；2-投影线；3-投影面

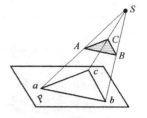

图 1-24 中心投影法

缺点：中心投影不能真实地反映物体的形状和大小，不适用于绘制机械图样。
优点：有立体感，工程上常用这种方法绘制建筑物的透视图。

(2)平行投影法。投影中心距离投影面在无限远的地方,投影时投影线都相互平行的投影法称为平行投影法,如图1-25所示。

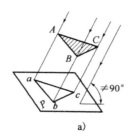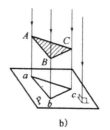

图1-25 平行投影法
a)斜投影法;b)正投影法

根据投影线与投影面是否垂直,平行投影法又可以分为两种:
①斜投影法——投影线与投影面相倾斜的平行投影法,如图1-25a)所示。
②正投影法——投影线与投影面相垂直的平行投影法,如图1-25b)所示。
正投影法优点:能够表达物体的真实形状和大小,作图方法也较简单,所以广泛用于绘制机械图样。

2. 三视图的形成与投影规律

在机械制图中,通常假设人的视线为一组平行且垂直于投影面的投影线,这样在投影面上所得到的正投影称为视图。

一般情况下,一个视图不能确定物体的形状。如图1-26所示,两个形状不同的物体,它们在投影面上的投影都相同。因此,要反映物体的完整形状,必须增加由不同投影方向所得到的几个视图,互相补充,才能将物体表达清楚。工程上常用的是三视图。

1) 三投影面体系与三视图的形成

(1) 三投影面体系的建立。三投影面体系由三个互相垂直的投影面所组成,如图1-27所示。在三投影面体系中,三个投影面分别为:

正立投影面:简称为正面,用 V 表示;
水平投影面:简称为水平面,用 H 表示;
侧立投影面:简称为侧面,用 W 表示。

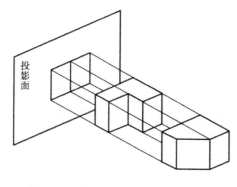 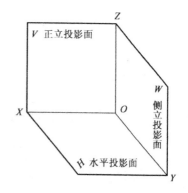

图1-26 一个视图不能确定物体的形状图　　图1-27 三投影面体系

三个投影面的相互交线,称为投影轴。它们分别是:

OX 轴:是 V 面和 H 面的交线,它代表长度方向;

OY 轴:是 H 面和 W 面的交线,它代表宽度方向;

OZ 轴:是 V 面和 W 面的交线,它代表高度方向;

三个投影轴垂直相交的交点 O,称为原点。

(2)三视图的形成。将物体放在三投影面体系中,物体的位置处在人与投影面之间,然后将物体对各个投影面进行投影,得到三个视图,这样才能把物体的长、宽、高三个方向,上下、左右、前后六个方位的形状表达出来,如图1-28a)所示,三个视图分别为:

主视图:从前往后进行投影,在正立投影面(V面)上所得到的视图。

俯视图:从上往下进行投影,在水平投影面(H面)上所得到的视图。

左视图:从左往右进行投影,在侧立投影面(W面)上所得到的视图。

(3)三投影面体系的展开。在实际作图中,为了画图方便,需要将三个投影面在一个平面(纸面)上表示出来,规定:使 V 面不动,H 面绕 OX 轴向下旋转90°与 V 面重合,W 面绕 OZ 轴向右旋转90°与 V 面重合,这样就得到了在同一平面上的三视图,如图1-28b)所示。可以看出,俯视图在主视图的下方,左视图在主视图的右方。在这里应特别注意的是:同一条 OY 轴旋转后出现了两个位置,因为 OY 是 H 面和 W 面的交线,也就是两投影面的共有线,所以 OY 轴随着 H 面旋转到 OY_H 的位置,同时又随着 W 面旋转到 OY_W 的位置。为了作图简便,投影图中不必画出投影面的边框,如图1-28c)所示。由于画三视图时主要依据投影规律,所以投影轴也可以进一步省略,如图1-28d)所示。

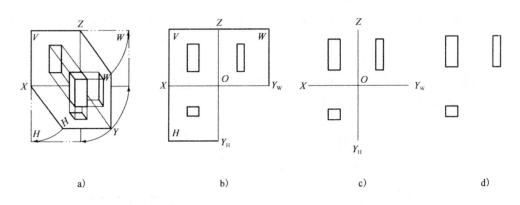

图1-28 三视图的形成与展开

2)三视图的投影规律

从图1-30可以看出,一个视图只能反映两个方向的尺寸,主视图反映了物体的长度和高度,俯视图反映了物体的长度和宽度,左视图反映了物体的宽度和高度。由此可以归纳出三视图的投影规律(图1-29):

主、俯视图"长对正"(即等长);

主、左视图"高平齐"(即等高);

俯、左视图"宽相等"(即等宽)。

三视图的投影规律反映了三视图的重要特性,也是画图和读图的依据。无论是整个物体还是物体的局部,其三面投影都必须符合这一规律。

3)三视图与物体方位的对应关系

物体有长、宽、高三个方向的尺寸,有上下、左右、前后六个方位关系,如图1-30a)所示。六个方位在三视图中的对应关系如图1-30b)所示。

主视图反映了物体的上下、左右四个方位关系;

俯视图反映了物体的前后、左右四个方位关系;

左视图反映了物体的上下、前后四个方位关系。

图1-29 视图间的"三等"关系

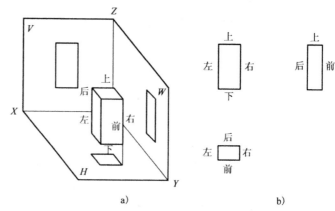

图1-30 三视图的方位关系
a)立体图;b)投影图

3. 点的投影

1)点的投影

当投影面和投影方向确定时,空间一点只有唯一的投影。如图1-31a)所示,假设空间有一点 A,过点 A 分别向 H 面、V 面和 W 面作垂线,得到三个垂足 a、a'、a'',便是点 A 在三个投影面上的投影。

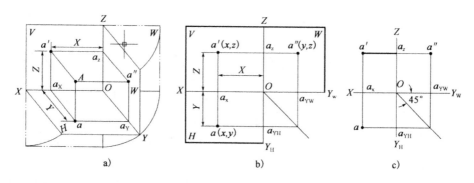

图1-31 点的两面投影

规定用大写字母(如 A)表示空间点,它的水平投影、正面投影和侧面投影,分别用相应的小写字母(如 a、a' 和 a'')表示。

根据三面投影图的形成规律将其展开,可以得到如图 1-31b)所示的带边框的三面投影图,即得到点 A 两面投影;省略投影面的边框线,就得到如图 1-31c)所示的 A 点的三面投影图,(注意:要与平面直角坐标系相区别。)

2)点的三面投影规律

(1)点的投影与点的空间位置的关系。从图 1-31a)、b)可以看出,Aa、Aa'、Aa''分别为点 A 到 H、V、W 面的距离,即:

$Aa = a'a_x = a''a_{YW}$(即 $a''a_{YW}$),反映空间点 A 到 H 面的距离;

$Aa' = aa_x = a''a_z$ 反映空间点 A 到 V 面的距离;

$Aa'' = a'a_z = aa_y$(即 a_{YH}),反映空间点 A 到 W 面的距离。

上述即是点的投影与点的空间位置的关系,根据这个关系,若已知点的空间位置,就可以画出点的投影。反之,若已知点的投影,就可以完全确定点在空间的位置。

(2)点的三面投影规律。由图 1-31 中还可以看出:

$aa_{YH} = a'a_z$ 即 $a'a \perp OX$;

$a'a_x = a''a_{YW}$ 即 $a'a'' \perp OZ$;

$aa_x = a''a_z$。

说明点的三个投影不是孤立的,而是彼此之间有一定的位置关系。而且这个关系不因空间点的位置改变而改变,因此可以把它概括为普遍性的投影规律:

①点的正面投影和水平投影的连线垂直 OX 轴,即 $a'a \perp OX$;

②点的正面投影和侧面投影的连线垂直 OZ 轴,即 $a'a'' \perp OZ$;

③点的水平投影 a 到 OX 轴的距离等于侧面投影 a'' 到 OZ 轴的距离,即 $aa_x = a''a_z$(可以用45°辅助线或以原点为圆心作弧线来反映这一投影关系)。

根据上述投影规律,若已知点的任何两个投影,就可求出它的第三个投影。

3)点的三面投影与直角坐标

三投影面体系可以看成是一个空间直角坐标系,因此可用直角坐标确定点的空间位置。

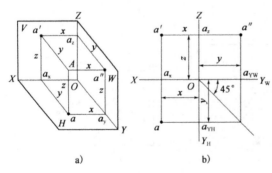

图 1-32 点的三面投影与直角坐标

投影面 H、V、W 作为坐标面,三条投影轴 OX、OY、OZ 作为坐标轴,三轴的交点 O 作为坐标原点。

由图 1-32 可以看出 A 点的直角坐标与其三个投影的关系:

点 A 到 W 面的距离 $= Oa_x = a'a_z = aa_{YH} = x$ 坐标;

点 A 到 V 面的距离 $= Oa_{YH} = aa_x = a''a_z = y$ 坐标;

点 A 到 H 面的距离 $= Oa_z = a'a_x = a''a_{YW} = z$ 坐标。

用坐标来表示空间点位置比较简单,可以写成 $A(x,y,z)$ 的形式。

由图 1-32b)可知,坐标 x 和 z 决定点的正面投影 a',坐标 x 和 y 决定点的水平投影 a,坐标 y 和 z 决定点的侧面投影 a'',若用坐标表示,则为 $a(x,y,0)$,$a'(x,0,z)$,$a''(0,y,z)$。因此,已知一点的三面投影,就可以量出该点的三个坐标;相反的,已知一点的三个坐标,就可以量出该点的三面投影。

4)两点的相对位置

(1)两点的相对位置。两点的相对位置指两点在空间的上下、前后、左右位置关系。

判断方法:

x 坐标大的在左;

y 坐标大的在前;

z 坐标大的在上。

(2)重影点。若空间两点在某一投影面上的投影重合,则这两点是该投影面的重影点。这时,空间两点的某两坐标相同,并在同一投射线上。当两点的投影重合时,就需要判别其可见性,应注意:对 H 面的重影点,从上向下观察,z 坐标值大者可见;对 W 面的重影点,从左向右观察,x 坐标值大者可见;对 V 面的重影点,从前向后观察,y 坐标值大者可见。在投影图上不可见的投影加括号表示,如(a')。

4. 直线的投影

1)直线的投影图

空间一直线的投影可由直线上的两点(通常取线段两个端点)的同面投影来确定。如图 1-33 所示的直线 AB,求作它的三面投影图时,可分别作出 A、B 两端点的投影(a、a'、a'')、(b、b'、b''),然后将其同面投影连接起来即得直线 AB 的三面投影图(ab、$a'b'$、$a''b''$)。

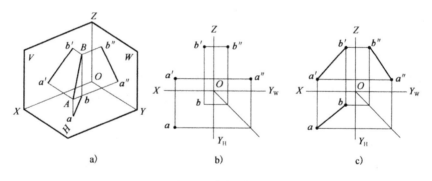

图 1-33 直线的投影

2)直线对于一个投影面的投影特性

空间直线相对于一个投影面的位置有平行、垂直、倾斜三种,三种位置有不同的投影特性。

(1)真实性。当直线与投影面平行时,则直线的投影为实长。如图 1-34a)所示。

(2)积聚性。当直线与投影面垂直时,则直线的投影积聚为一点。如图 1-34b)所示。

(3)收缩性。当直线与投影面倾斜时,则直线的投影小于直线的实长。如图 1-34c)所示。

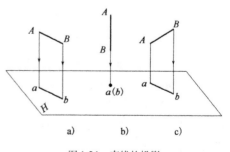

图 1-34 直线的投影

3)各种位置直线的投影特性

根据直线在三投影面体系中的位置可分为投影面倾斜线、投影面平行线、投影面垂直线三类。前一类直线称为一般位置直线,后两类直线称为特殊位置直线。

(1)投影面平行线。平行于一个投影面且同时倾斜于另外两个投影面的直线称为投影面平行线。

平行于 V 面的称为正平线;

平行于 H 面的称为水平线;

平行于 W 面的称为侧平线。

直线与投影面所夹的角称为直线对投影面的倾角。α、β、γ 分别表示直线对 H 面、V 面、W 面的倾角,如图 1-35 所示。

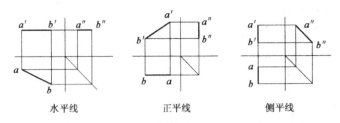

图 1-35 投影面平行线

(2)投影面垂直线。垂直于一个投影面且同时平行于另外两个投影面的直线称为投影面垂直线。

垂直于 V 面的称为正垂线;

垂直于 H 面的称为铅垂线;

垂直于 W 面的称为侧垂线。

对于投影面垂直线的辨认:直线的投影中只要有一个投影积聚为一点,则该直线一定是投影面垂直线,且一定垂直于其投影积聚为一点的那个投影面,如图 1-36 ~ 图 1-37 所示。

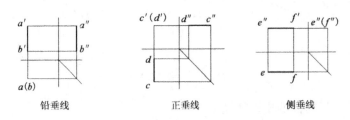

图 1-36 投影面垂直线

5. 一般位置直线

与三个投影面都处于倾斜位置的直线称为一般位置直线。直线 AB 与 H、V、W 面都处于倾斜位置,倾角分别为 α、β、γ,其投影如图 1-38 所示。

一般位置直线的投影特征可归纳为:

(1)直线的三个投影和投影轴都倾斜,各投影和投影轴所夹的角度不等于空间线段对相应投影面的倾角。

(2)任何投影都小于空间线段的实长,也不能积聚为一点。对于一般位置直线的辨认:直线的投影如果与三个投影轴都倾斜,则可判定该直线为一般位置直线。

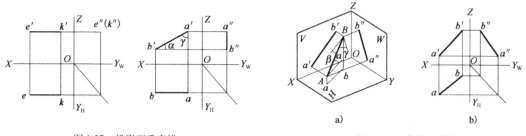

图 1-37 投影面垂直线　　　　　　图 1-38 一般位置直线

6. 平面的投影

在三面投影体系中,根据平面相对于三个投影面所处的位置不同,可将平面分为投影面平行面、投影面垂直面和一般位置平面三类。其中,前两类统称为特殊位置平面。

(1)投影面的平行面。平行于某一投影面、而垂直于另外两投影面的平面,称为投影面的平行面,并分为三种(图 1-39):

正平面——与正面平行的平面;

水平面——与水平面平行的平面;

侧平面——与侧面平行的平面。

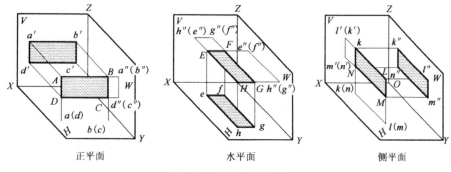

正平面　　　　　　水平面　　　　　　侧平面

图 1-39 投影面的平行面

(2)投影面的垂直面。只垂直于某一投影面、而倾斜于其余两投影面的平面,称为投影面的垂直面,也分为三种(图 1-40):

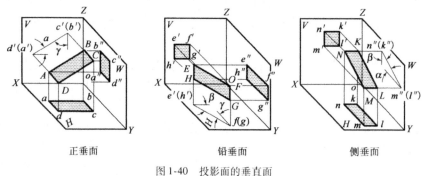

正垂面　　　　　　铅垂面　　　　　　侧垂面

图 1-40 投影面的垂直面

正垂面——与正面垂直的平面；
铅垂面——与水平面垂直的平面；
侧垂面——与侧面垂直的平面。

(3) 一般位置的平面。相对于三个投影面都倾斜的平面，称为一般位置平面。如图1-41所示，$\triangle ABC$ 倾斜于 V、H、W 面，是一般位置平面。

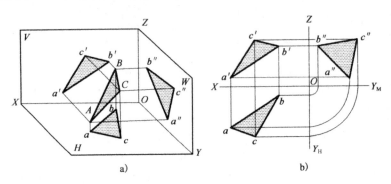

图 1-41 一般位置的平面

由此可得处于一般位置的平面的投影特性：它的三个投影仍是平面图形，而且面积缩小。

二、基本体的投影

工程中，通常把棱柱、棱锥、圆柱、圆锥、球、圆环等简单立体称为基本几何体，简称基本体。在基本体中，棱柱、棱锥是平面立体，它们的表面由若干多边形围成。所以绘制平面立体的投影就是把组成立体的平面和棱线表示出来，然后判别其可见性，看得见的棱线画成实线，看不见的棱线画成虚线。工程中常见的圆柱、圆锥、球和圆环等称为回转体。

1. 棱柱

棱柱由两个底面和棱面组成，棱面与棱面的交线称为棱线，棱线互相平行。棱线与底面垂直的棱柱称为正棱柱。本节仅讨论正棱柱的投影。

(1) 棱柱的投影。以正六棱柱为例，如图1-42a)所示为一正六棱柱，由上、下两个底面(正六边形)和六个棱面(长方形)组成。设将其放置成上、下底面与水平投影面平行，并有两个棱面平行于正投影面。

上、下两底面均为水平面，它们的水平投影重合并反映实形，正面及侧面投影积聚为两条相互平行的直线。六个棱面中的前、后两个为正平面，它们的正面投影反映实形，水平投影及侧面投影积聚为一直线。其他四个棱面均为铅垂面，其水平投影均积聚为直线，正面投影和侧面投影均为类似形。

正棱柱的投影特征：当棱柱的底面平行某一个投影面时，则棱柱在该投影面上投影的外轮廓为与其底面全等的正多边形，而另外两个投影则由若干个相邻的矩形线框所组成。

(2) 棱柱表面上点的投影。方法：利用点所在的面的积聚性法。(因为正棱柱的各个面均为特殊位置面，均具有积聚性。)

平面立体表面上取点实际就是在平面上取点。首先应确定点位于立体的哪个平面上，并分析该平面的投影特性,然后再根据点的投影规律求得。如图 1-42b)所示,已知棱柱表面上点 M 的正面投影 m',求作它的其他两面投影 m、m''。因为 m' 可见,所以点 M 必在面 $ABCD$ 上。此棱面是铅垂面,其水平投影积聚成一条直线,故点 M 的水平投影 m 必在此直线上,再根据 m、m' 可求出 m''。由于 $ABCD$ 的侧面投影为可见,故 m'' 也为可见。

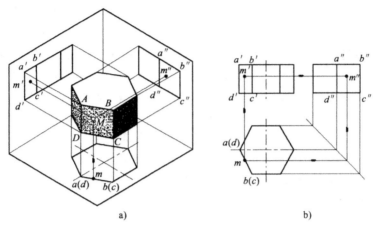

图 1-42 正六棱柱的投影及表面上的点
a)立体图;b)投影图

2. 棱锥

(1)棱锥的投影。以正三棱锥为例。如图 1-43a)所示为一正三棱锥,它的表面由一个底面(正三边形)和三个侧棱面(等腰三角形)围成,设将其放置成底面与水平投影面平行,并有一个棱面垂直于侧投影面。

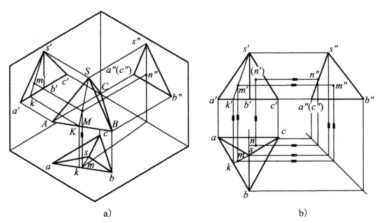

图 1-43 正三棱锥的投影及表面上的点
a)立体图;b)投影图

由于锥底面 $\triangle ABC$ 为水平面,所以它的水平投影反映实形,正面投影和侧面投影分别积聚为直线段 $a'b'c'$ 和 $a''(c'')b''$。棱面 $\triangle SAC$ 为侧垂面,它的侧面投影积聚为一段斜线 $s''a''(c'')$,正面投影和水平投影为类似形 $\triangle s'a'c'$ 和 $\triangle sac$,前者为不可见,后者可见。棱面 $\triangle SAB$ 和 $\triangle SBC$ 均为一般位置平面,它们的三面投影均为类似形。

棱线 SB 为侧平线，棱线 SA、SC 为一般位置直线，棱线 AC 为侧垂线，棱线 AB、BC 为水平线。

正棱锥的投影特征：当棱锥的底面平行某一个投影面时，则棱锥在该投影面上投影的外轮廓为与其底面全等的正多边形，而另外两个投影则由若干个相邻的三角形线框所组成。

（2）棱锥表面上点的投影。方法：①利用点所在的面的积聚性法；②辅助线法。

首先确定点位于棱锥的哪个平面上，再分析该平面的投影特性。若该平面为特殊位置平面，可利用投影的积聚性直接求得点的投影；若该平面为一般位置平面，可通过辅助线法求得。

示例：如图 1-43b) 所示，已知正三棱锥表面上点 M 的正面投影 m' 和点 N 的水平面投影 n，求作 M、N 两点的其余投影。因为 m' 可见，因此点 M 必定在 $\triangle SAB$ 上。$\triangle SAB$ 是一般位置平面，采用辅助线法，过点 M 及锥顶点 S 作一条直线 SK，与底边 AB 交于点 K。图 1-43b) 中即过 m' 作 $s'k'$，再作出其水平投影 sk。由于点 M 属于直线 SK，根据点在直线上的从属性质可知 m 必在 sk 上，求出水平投影 m，再根据 m、m' 可求出 m''。因为点 N 不可见，故点 N 必定在棱面 $\triangle SAC$ 上。棱面 $\triangle SAC$ 为侧垂面，它的侧面投影积聚为直线段 $s''a''(c'')$，因此 n'' 必在 $s''a''(c'')$ 上，由 n、n'' 即可求出 n'。

3. 圆柱

圆柱表面由圆柱面和两底面所围成。圆柱面可看作一条直母线 AB 围绕与它平行的轴线 OO_1 回转而成。圆柱面上任意一条平行于轴线的直线，称为圆柱面的素线。

（1）圆柱的投影。画图时，一般常使它的轴线垂直于某个投影面。

示例：如图 1-44a) 所示，圆柱的轴线垂直于侧面，圆柱面上所有素线都是侧垂线，因此圆柱面的侧面投影积聚成为一个圆。圆柱左、右两个底面的侧面投影反映实形并与该圆重合。两条相互垂直的点划线，表示确定圆心的对称中心线。圆柱面的正面投影是一个矩形，是圆柱面前半部与后半部的重合投影，其左右两边分别为左右两底面的积聚性投影，上、下两边 $a'a_1'$、$b'b_1'$ 分别是圆柱最上、最下素线的投影。最上、最下两条素线 AA_1、BB_1 是圆柱面由前向后的转向线，是正面投影中可见的前半圆柱面和不可见的后半圆柱面的分界线，也称为正面投影的转向轮廓素线。同理，可对水平投影中的矩形进行类似的分析。

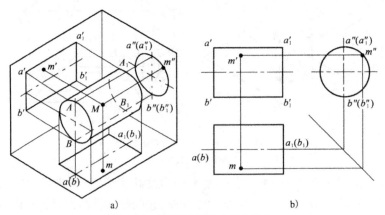

图 1-44　圆柱的投影及表面上的点
a) 立体图；b) 投影图

圆柱的投影特征:当圆柱的轴线垂直某一个投影面时,必有一个投影为圆形,另外两个投影为全等的矩形。

(2)圆柱面上点的投影。方法:利用点所在的面的积聚性法。(因为圆柱的圆柱面和两底面均至少有一个投影具有积聚性。)

示例:如图1-44b)所示,已知圆柱面上点 M 的正面投影 m',求作点 M 的其余两个投影。因为圆柱面的投影具有积聚性,圆柱面上点的侧面投影一定重影在圆周上。又因为 m' 可见,所以点 M 必在前半圆柱面的上边,由 m' 求得 m'',再由 m' 和 m'' 求得 m。

4. 圆锥

圆锥表面由圆锥面和底面所围成。如图1-46a)所示,圆锥面可看作是一条直母线 SA 围绕与它平行的轴线 SO 回转而成。在圆锥面上通过锥顶的任一直线称为圆锥面的素线。

(1)圆锥的投影。画圆锥面的投影时,也常使它的轴线垂直于某一投影面。

示例:如图1-45a)所示圆锥的轴线是铅垂线,底面是水平面,图1-45b)是它的投影图。圆锥的水平投影为一个圆,反映底面的实形,同时也表示圆锥面的投影。圆锥的正面、侧面投影均为等腰三角形,其底边均为圆锥底面的积聚投影。正面投影中三角形的两腰 $s'a'$、$s'c'$ 分别表示圆锥面最左、最右轮廓素线 SA、SC 的投影,他们是圆锥面正面投影可见与不可见的分界线。SA、SC 的水平投影 sa、sc 和横向中心线重合,侧面投影 $s''a''(c'')$ 与轴线重合。同理可对侧面投影中三角形的两腰进行类似的分析。

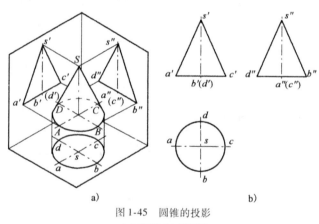

图1-45 圆锥的投影
a)立体图;b)投影图

圆锥的投影特征:当圆锥的轴线垂直某一个投影面时,则圆锥在该投影面上的投影为与其底面全等的圆形,另外两个投影为全等的等腰三角形。

(2)圆锥面上点的投影。

方法:①辅助线法。

②辅助圆法。

示例:如图1-46、图1-47所示,已知圆锥表面上 M 的正面投影 m',求作点 M 的其余两个投影。因为 m' 可见,所以 M 必在前半个圆锥面的左边,故可判定点 M 的另两面投影均为可见。作图方法有两种:

作法一:辅助线法。如图1-46a)所示,过锥顶 S 和 M 作一直线 SA,与底面交于点 A。点 M

的各个投影必在此 SA 的相应投影上。在图 1-46b)中过 m'作 s'a',然后求出其水平投影 sa。由于点 M 属于直线 SA,根据点在直线上的从属性质可知 m 必在 sa 上,求出水平投影 m,再根据 m、m'可求出 m"。

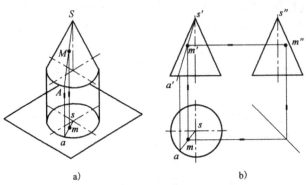

图 1-46 用辅助线法在圆锥面上取点
a)立体图;b)投影图

作法二:辅助圆法。如图 1-47a)所示,过圆锥面上点 M 作一垂直于圆锥轴线的辅助圆,点 M 的各个投影必在此辅助圆的相应投影上。在图 1-47b)中过 m'作水平线 a'b',此为辅助圆的正面投影积聚线。辅助圆的水平投影为一直径等于 a'b'的圆,圆心为 s,由 m'向下引垂线与此圆相交,且根据点 M 的可见性,即可求出 m。然后再由 m'和 m 可求出 m"。

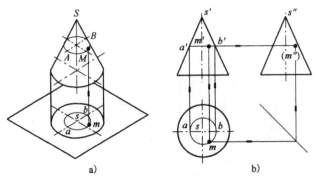

图 1-47 用辅助线法在圆锥面上取点
a)立体图;b)投影图

5. 圆球

圆球的表面是球面,如图 1-48a)所示,圆球面可看作是一条圆母线绕通过其圆心的轴线回转而成。

(1)圆球的投影。如图 1-48a)所示为圆球的立体图,如图 1-48b)所示为圆球的投影。圆球在三个投影面上的投影都是直径相等的圆,但这三个圆分别表示三个不同方向的圆球面轮廓素线的投影。正面投影的圆是平行于 V 面的圆素线 A(它是前面可见半球与后面不可见半球的分界线)的投影。与此类似,侧面投影的圆是平行于 W 面的圆素线 C 的投影;水平投影的圆是平行于 H 面的圆素线 B 的投影。这三条圆素线的其他两面投影,都与相应圆的中心线重合,不应画出。

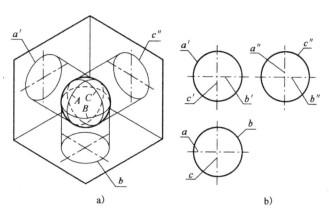

图 1-48 圆球的投影
a）立体图；b）投影图

（2）圆球面上点的投影。

方法：辅助圆法。圆球面的投影没有积聚性，求作其表面上点的投影需采用辅助圆法，即过该点在球面上作一个平行于任一投影面的辅助圆。

示例：如图 1-49a）所示，已知球面上点 M 的水平投影，求作其余两个投影。过点 M 作一平行于正面的辅助圆，它的水平投影为过 m 的直线 ab，正面投影为直径等于 ab 长度的圆。自 m 向上引垂线，在正面投影上与辅助圆相交于两点。又由于 m 可见，故点 M 必在上半个圆周上，据此可确定位置偏上的点即为 m'，再由 m、m' 可求出 m''。如图 1-49b）所示。

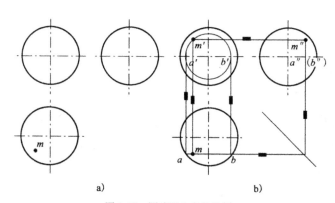

图 1-49 圆球面上点的投影

6. 截交线

（1）截切的几个概念。用一个平面与立体相交，截去立体的一部分，如图 1-50 所示。

截平面——用以截切物体的平面。

截交线——截平面与物体表面的交线。

截断面——因截平面的截切，在物体上形成的平面。

平面截切的基本形式（图 1-51）如下：

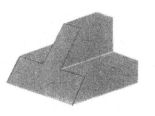

图 1-50 截切

图1-51　平面截切

（2）截交线的性质：

①截交线是一个由直线组成的封闭的平面多边形，其形状取决于平面体的形状及截平面对平面体的截切位置。

②截交线的每条边是截平面与棱面的交线。

（3）平面截切体的画图。

①求截交线的两种方法：

棱线法：求各棱线与截平面的交点；

棱面法：求各棱面与截平面的交线。

②求截交线的步骤：

空间及投影分析；

截平面与体的相对位置；

截平面与投影面的相对位置；

画出截交线的投影。

分别求出截平面与棱面的交线，并连接成多边形。

（4）回转体截切的基本形式（图1-52）。

图1-52　回转体截切的形式

①截交线的性质：

截交线是截平面与回转体表面的共有线。截交线的形状取决于回转体表面的形状及截平面与回转体轴线的相对位置。截交线都是封闭的平面图形。

②求平面与回转体的截交线的一般步骤：

a）空间及投影分析。分析回转体的形状以及截平面与回转体轴线的相对位置，以便确定截交线的形状。分析截平面与投影面的相对位置，明确截交线的投影特性，如积聚性、类似性等。找出截交线的已知投影，预见未知投影。

b）画出截交线的投影。当截交线的投影为非圆曲线时，其作图步骤为：先找特殊点，再补充中间点，然后将各点光滑地连接起来，并判断截交线的可见性。

7. 相贯

两立体相交叫作相贯（图1-53），其表面产生的交线叫做相贯线。相贯线是由若干段平面曲线（或直线）所组成的空间折线，每一段是平面体的棱面与回转体表面的交线。

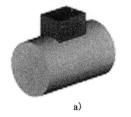 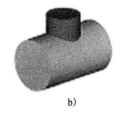 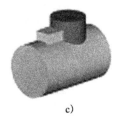

a) b) c)

图1-53 相贯的形式
a）平面体与回转体相贯；b）回转体与回转体相贯；c）多体相贯

常用不同立体相交时其表面相贯线的投影特性及画法。
（1）相贯的形式。
（2）相贯线的主要性质。
表面性：相贯线位于两立体的表面上。
封闭性：相贯线一般是封闭的空间折线（通常由直线和曲线组成）或空间曲线。
共有性：相贯线是两立体表面的共有线。
其作图实质是找出相贯的两立体表面的若干共有点的投影。
（3）作图方法。
①求交线的实质是求各棱面与回转面的截交线。
②分析各棱面与回转体表面的相对位置，从而确定交线的形状。
③求出各棱面与回转体表面的截交线。
④连接各段交线，并判断可见性。

三、组合体

1. 组合体的组合形式和表面连接关系
（1）组合体的组合形式：
①叠加。
②切割。
③综合。综合是上面两种基本形式的综合，如图1-54所示。

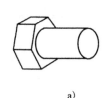 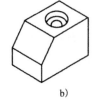 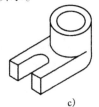

a) b) c)

图1-54 组合体的组合形式
a）叠加型；b）切割型；c）综合型

(2) 组合体的表面连接关系。

①平齐或不平齐。当两基本体表面平齐时,结合处不画分界线。当两基本体表面不平齐时,结合处应画出分界线。

如图 1-55a)所示组合体,上、下两表面平齐,在主视图上不应画分界线。如图 1-55b)所示组合体,上、下两表面不平齐,在主视图上应画出分界线。

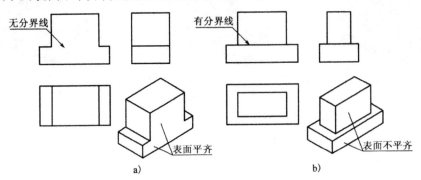

图 1-55　表面平齐和不平齐的画法
a)表面平齐；b)表面不平齐

②相切。当两基本体表面相切时,在相切处不画分界线。如图 1-56a)所示组合体,它是由底板和圆柱体组成,底板的侧面与圆柱面相切,在相切处形成光滑的过渡,因此主视图和左视图中相切处不应画线,此时应注意两个切点 A、B 的正面投影 a'、(b') 和侧面投影 a''、(b'') 的位置。图 1-56b)是常见的错误画法。

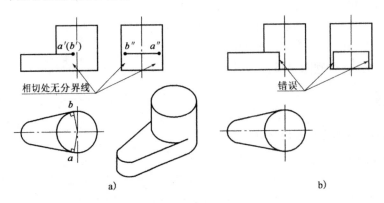

图 1-56　表面相切的画法
a)正确画法；b)错误画法

③相交。当两基本体表面相交时,在相交处应画出分界线。如图 1-57a)所示组合体,它也是由底板和圆柱体组成,但本例中底板的侧面与圆柱面是相交关系,故在主、左视图中相交处应画出交线。图 1-57b)是常见的错误画法。

2. 组合体的画法

(1) 形体分析。画图前,首先应对组合体进行形体分析,分析该组合体是由哪些基本体所组成的,了解它们之间的相对位置、组合形式以及表面间的连接关系及其分界线的特点。

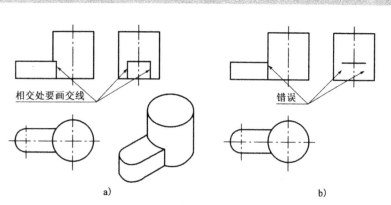

图1-57 表面相交的画法
a)正确画法；b)错误画法

图1-58中的支座由大圆筒、小圆筒、底板、和肋板组成，从图中可以看出大圆筒与底板接合，底板的底面与大圆筒底面共面，底板的侧面与大圆筒的外圆柱面相切；肋板叠加在底板的上表面上，右侧与大圆筒相交，其表面交线为 A、B、C、D，其中 D 为肋板斜面与圆柱面相交而产生的椭圆弧；大圆筒与小圆筒的轴线正交，两圆筒相贯连成一体，因此两者的内外圆柱面相交处都有相贯线。通过对支座进行这样的分析，弄清它的形体特征，对于画图有很大帮助。

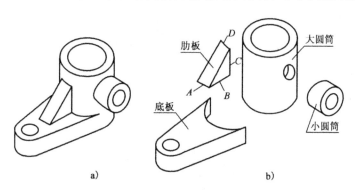

图1-58 组合体的形体分析
a)支座；b)分解图

在具体画图时，可以按各个部分的相对位置，逐个画出它们的投影以及它们之间的表面连接关系，综合起来即得到整个组合体的视图。

（2）选择主视图。表达组合体形状的一组视图中，主视图是最主要的视图。在画三视图时，主视图的投影方向确定以后，其他视图的投影方向也就相应确定。因此，主视图的选择是绘图中的一个重要环节。主视图的选择一般根据形体特征原则来考虑，即以最能反映组合体形体特征的那个视图作为主视图，同时兼顾其他两个视图表达的清晰性。选择时还应考虑物体的安放位置，尽量使其主要平面和轴线与投影面平行或垂直，以便使投影能得到实形。

3. 确定比例和图幅

视图确定后，要根据物体的复杂程度和尺寸大小，按照标准的规定选择适当的比例与图幅。选择的图幅要留有足够的空间以便于标注尺寸和画标题栏等。

4. 布置视图位置

布置视图时,应根据已确定的各视图每个方向的最大尺寸,并考虑到尺寸标注和标题栏等所需的空间,匀称地将各视图布置在图幅上。

5. 绘制底稿

支座的绘图步骤如图 1-59 所示。绘图时应注意以下几点:

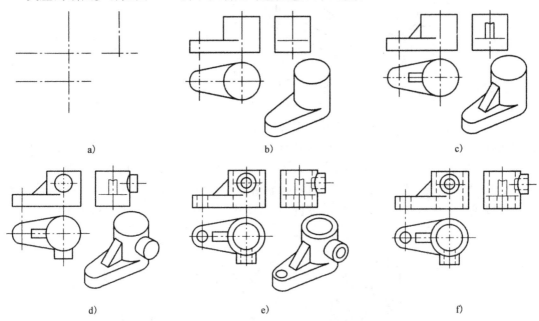

图 1-59 支座三视图的作图步骤

a)布置视图,画主要基准线;b)画底板和大圆筒外圆柱面;c)画肋板;d)画小圆筒外圆柱面;e)画三个圆孔;f)检查、描深,完成全图

(1)为保证三视图之间相互对正,提高画图速度,减少差错,应尽可能把同一形体的三面投影联系起来作图,并依次完成各组成部分的三面投影。不要孤立地先完成一个视图,再画另一个视图。

(2)先画主要形体,后画次要形体;先画各形体的主要部分,后画次要部分;先画可见部分,后画不可见部分。

(3)应考虑到组合体是各个部分组合起来的一个整体,作图时要正确处理各形体之间的表面连接关系。

四、图示与标准

1. 有关制图的国家标准

机械图样是设计和制造机械的重要技术文件,是交流技术思想的一种工程语言。为了使制图的规格和方法统一,便于技术交流、档案保存和各种出版物的发行,国家质量监督局颁布的国家标准(简称"国标"或"GB")中,包括有一系列有关制图的相关规定。在设计和绘制图样时,必须严格执行国家标准和有关技术标准。

2. 图纸的幅面及格式（GB/T 14689—2008）

绘制技术图样时,应首选表 1-3 规定的基本幅面尺寸。

基本幅面及图框尺寸　　　　表 1-3

幅面代号		A0	A1	A2	A3	A4
尺寸 B×L		841×1 189	594×841	420×594	297×420	210×297
边框	a	25				
	c	10			5	
	e	20		10		

当基本幅面不能满足要求时,可用加长幅面。加长幅面的尺寸由基本幅面的短边成整数倍增加后得出。

各种幅面（包括加长幅面）的关系如图 1-60 所示。粗实线部分为基本幅面（第一选择）；细实线部分为第二选择；虚线部分为第三选择；第二、三选择均属于加长幅面。

在图纸上必须用粗实线画出图框,格式及要求如图 1-61 所示。

3. 标题栏和明细栏

国标 GB/T 10609.1—2008、GB/T 10609.2—2009 中对标题栏与明细栏的基本要求、内容、尺寸与格式作了明确的规定。

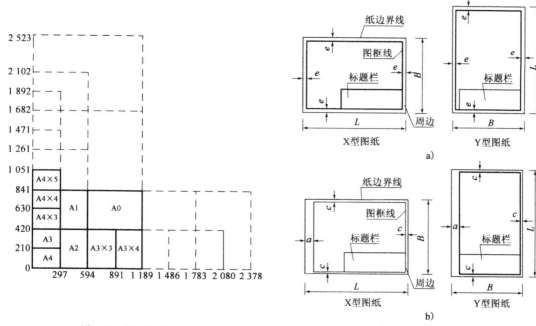

图 1-60　幅面尺寸图示

图 1-61　图框格式

a)不留装订边；b)留有装订边

每张图纸都必须有标题栏,一般位于图纸的右下角,如图 1-62 所示。

标题栏与明细栏的格式如图 1-62、图 1-63、图 1-64 所示,其内容见表 1-4。

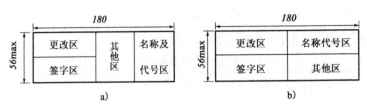

图 1-62　标题栏格式(单位:mm)

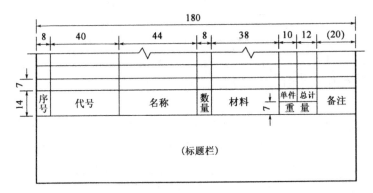

图 1-63　明细栏格式(单位:mm)

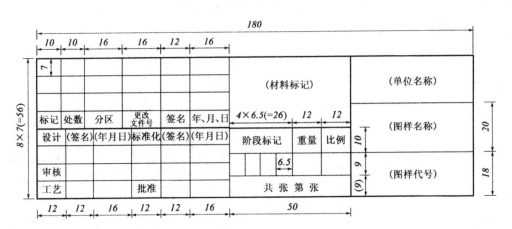

图 1-64　标题栏格式、分栏及尺寸(单位:mm)

4. 看图方向的规定

为了使图样复制和缩微摄影时定位方便,应在图纸各边长的中点处分别画出对中符号。同时为了明确绘图和看图方向,在图纸下边对中符号处画一个方向符号,方向符号为一个细实线绘制的等边三角形,其大小、位置如图 1-65c 所示。

对中符号用粗实线绘制,线宽不小于 0.5mm,伸入图框边界内 5mm。当对中符号处在标题栏的范围内时,标题栏的部分省略,如图 1-65b)所示。

5. 比例

国标《技术制图　比例》(GB/T 14690—1993)规定了适用于技术图样和技术文件的绘图

比例及其标注方法。

标题栏填写要求　　　　　　　　表1-4

区　名		填　写　要　求
更改区	标记	按要求或有关规定填写更改标记
	处数	同一标记所表示的更改数量
	分区	必要时,按照有关规定填写
	更改文件号	更改所依据的文件号
	签名	更改人姓名、时间
签字区	设计	设计人员签名、时间
	审核	审核人员签名、时间
	工艺	工艺人员签名、时间
	标准化	标准化人员签名、时间
	批准	负责人员签名、时间
其他区	材料标记	按相应标准或规定填写所使用的材料
	阶段标记	按有关规定从左到右填写图样各生产阶段
	质量	所绘制图样相应产品的计算质量,以千克为单位时可不写计量单位
	比例	绘制图样所采用的比例
	共×张第×张	同一图样中图样的总张数及该张所在的张次
名称与代号区	单位名称	绘制图样单位的名称或代号,也可因故不填写
	图样名称	绘制对象的名称
	图样代号	按有关标准或规定填写图样的代号

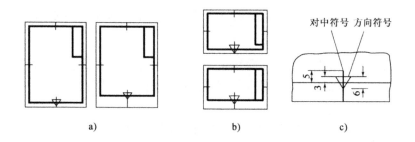

图1-65　标题栏位于右上角时的看图方向

比例是指图样中的图形与其实物相应要素的线性尺寸之比。比例分为以下三种:
(1)原值比例　比值为1的比例,即1∶1。

(2) 放大比例　比值大于 1 的比例,如 2:1。
(3) 缩小比例　比值小于 1 的比例,如 1:2。
绘制图样时,应首先选用第一系列的比例,见表 1-5。

比例系列　　　　　　　　　　表 1-5

种类	比例	
	第一系列	第二系列
原值比例	1:1	
缩小比例	1:2　1:5　1:10　$1:1\times10^n$　$1:2\times10^n$　$1:5\times10^n$	1:1.5　1:2.5　1:3　1:4　1:6　$1:1.5\times10^n$　$1:2.5\times10^n$　$1:3\times10^n$　$1:4\times10^n$　$1:6\times10^n$
放大比例	2:1　5:1　$1\times10^n:1$　$2\times10^n:1$　$5\times10^n:1$	2.5:1　4:1　$2.5\times10^n:1$　$4\times10^n:1$

注:n 为正整数。

标注方法:
(1) 比例符号应以":"表示。比例的表示方法如 1:1、1:500、20:1 等。
(2) 比例一般应标注在标题栏中的比例栏内。必要时,可在视图名称的下方标注比例,如:

$$\frac{I}{2:1} \qquad \frac{A}{1:5} \qquad \frac{B-B}{10:1}$$

选择比例的原则:
(1) 当表达对象的形状复杂程度和尺寸适中时,一般采用原值比例 1:1 绘制。
(2) 当表达对象的尺寸较大时应采用缩小比例,但要保证复杂部位清晰可读。
(3) 当表达对象的尺寸较小时应采用放大比例,使各部位清晰可读。
(4) 尽量优先选用表中第一系列的比例。根据表达对象的特点,必要时才选用表中第二的比例。
(5) 选择比例时,应结合幅面尺寸选择,综合考虑其最佳表达效果和图面的审美价值。

6. 字体

图样上除了绘制机件的图形外,还要用文字填写标题栏、技术要求,用数字标注尺寸等。为了易读、统一、便于缩微摄影及照相复制,国标《技术制图　字体》(GB/T 14691—1993)对字体作了如下规定:
(1) 书写字体必须做到:字体工整、笔画清楚、间隔均匀、排列整齐。
(2) 字体高度(用 h 表示)的公称尺寸系列为:1.8、2.5、3.5、5、7、10、14、20mm。若需要书写更大的字,其字体高度应按 $\sqrt{2}$ 的比率递增。字体高度代表字体的号数。
(3) 汉字应写成长仿宋体字,并应采用中华人民共和国国务院正式公布推行的《汉字简化方案》中规定的简化字。汉字的高度 h 不应小于 3.5mm,其字宽一般为 $\sqrt{2}$。

(4)字母和数字分 A 型和 B 型。A 型字体的笔画宽度(d)为字高(h)的 1/14,B 型字体的笔画宽度(d)为字高(h)的 1/10。一般采用 B 型字体。

在同一图样上,只允许选用一种形式的字体。

(5)字母和数字可写成斜体或直体。斜体字字头向右倾斜,与水平基准线成 75°。

(6)用作指数、分数、极限偏差、注脚等的数字及字母,一般应采用小一号的字体。

①长仿宋体汉字示例:

10 号字

    字体工整 笔画清楚 间隔均匀 排列整齐

7 号字

    横平竖直 注意起落 结构均匀 填满方格

5 号字

    技术制图机械电子汽车航空船舶土木建筑矿山井坑港口纺织服装

②字母和数字示例:

A 型大写斜体

![ABCDEFGHIJKLMNOPQRSTUVWXYZ]

A 型小写斜体

![abcdefghijklmnopqrstuvwxyz]

A 型斜体

A 型直体

0123456789

B 型大写斜体

ABCDEFGHIJKLMNO
PQRSTUVWXYZ

B 型小写斜体

abcdefghijklmnopq
rstuvwxyz

B 型斜体

0123456789

B 型直体

0123456789

7. 图线

绘制图样时,应遵循国家标准《技术制图 图线》(GB/T 17450—1998)、《机械制图 图样画法图线》(GB 4457.4—2002)的规定。(GB/T 17450—1998)规定了绘制各种技术图样的基本线型,基本线型的变形及其组合,适用于机械、电气、土建等图样。GB 4457.4—2002 则根据 GB/T 17450—1998 具体规定了绘制机械图样的各种线型及应用。

图样中的图线宽度(b)分粗、细两种,绘图时应根据图样的类型和尺寸的大小在标准系列中选择,粗线的宽度可在 0.5~2mm 之间选择,细线宽度为粗线的 1/2。

图线宽度系列:

0.13mm;0.18mm;0.25mm;0.35mm;0.5mm;0.7mm;1.0mm;1.4mm;2.0mm。常用图线的代号、线型及用途见表1-6、表1-7。

基本线型　　　　　　　　　　　表1-6

代号No.	基本线型	名称
01	———————————	实线
02	— — — — — — —	虚线
03	— — — — —	间隔画线
04	—・—・—・—・—	点画线
05	—・・—・・—・・—	双点画线
06	—・・・—・・・—・・・—	三点画线
07	・・・・・・・・・・・	点线
08	——— ——— ———	长画短画线
09	——— — — ——— — —	长画双短画线
10	—・—・—・—・—	画点线
11	——・——・——・	双画单点线
12	—・・—・・—・・	画双点线
13	——・・——・・	双画双点线
14	—・・・—・・・—	画三点线
15	——・・・——・・・	双画三点线

机械制图的图线形式及应用 表1-7

图线名称	图线形式	图线宽度	一般应用
粗实线		b	可见轮廓线；可见过渡线
虚线		约 $b/3$	不可见轮廓线；不可见过渡线
细实线		约 $b/3$	尺寸线、尺寸界线、剖面线、重合断面的轮廓线及指引线等
细点画线		约 $b/3$	轴线、对称中心线等
双点画线		约 $b/3$	极限位置的轮廓线、相邻辅助零件的轮廓线等
波浪线		约 $b/3$	断裂处的边界线等
粗点画线		b	有特殊要求的线或表面的表示线
双折线		约 $b/3$	断裂处的边界线

注：表中虚线、细点画线、双点画线的线段长度和间隔的数值可供参考。

在划线中，要注意：

(1) 当虚线以及各种点画线相交时，应线、线相交，不能有空隙和交在点上。

(2) 当出现线条平行时，其间隔空隙不小于 0.7mm。

(3) 图线重叠时，顺序优先原则为：

　　　　可见轮廓线→不可见轮廓线→轴线和对称中心线→双点画线

(4) 画线接头处的画法如图 1-66 所示。

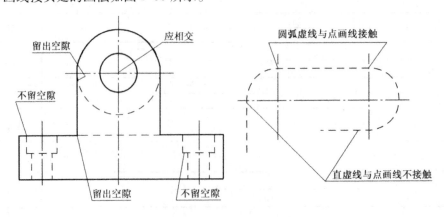

图 1-66　图线接头处的画法

五、机件常用的表达方法

在生产实际中,当机件的形状、结构比较复杂时,如果仍采用两视图或三视图来表达,就很难把机件的内外形状和结构准确、完整、清晰地表达出来。为了满足实际的表达要求,为此,国标《机械制图》(GB/T 4458.1—2002)、《技术制图》(GB/T 17451—1998)中规定了视图的画法,《机械制图》(GB/T 4458.6—2002)、《技术制图》(GB/T 17452—1998)中规定了剖视图和断面图的画法。以下将介绍视图、剖视图、断面图、局部放大图、简化画法等常用的表达方法,画图时应根据机件的实际结构形状和特点,选择恰当的表达方法。

1. 视图

机件向投影面投射所得的图形称为视图。视图主要用于表达机件的外部结构形状,一般只画出机件的可见部分,其不可见部分用虚线表示,必要时虚线可以省略不画。视图可分为:基本视图、向视图、局部视图、斜视图。

1)基本视图

在原有三个投影面的基础上,再增设三个投影面,构成一个正六面体,这六个面称为基本投影面。将机件放在正六面体内,分别向各基本投影面投射,所得到的六个视图称为基本视图。除了前面已经介绍过的主、俯、左视图外,还有从右向左投射所得的右视图,从下向上投射所得的仰视图,从后向前投射所得的后视图。

六个基本投影面的展开方法如图 1-67 所示。

六个基本投影面的配置关系如图 1-68 所示。

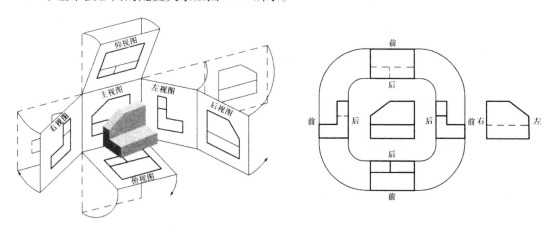

图 1-67 六个基本投影面的展开　　　　　图 1-68 六个基本视图的配置关系

六个基本视图若在同一张图纸上,按图 1-67 所示的规定位置配置视图时,一律不标注视图名称。

如图 1-67 所示,六个基本视图之间,仍保持"长对正、高平齐、宽相等"的投影关系。除后视图外,各视图靠近主视图的一侧均表示机件的后面;各视图远离主视图的一侧均表示机件的前面。

2)向视图

向视图是可以自由配置的视图。为了合理地利用图纸的幅面,基本视图可以不按投影关系配置。这时,可以用向视图来表示,如图1-69所示。

为了便于读图,按向视图配置的视图必须进行标注。即在向视图的上方正中位置标注"×"("×"为大写的拉丁字母),在相应的视图附近用箭头指明投影方向,并标注相同的字母,如图1-69所示。

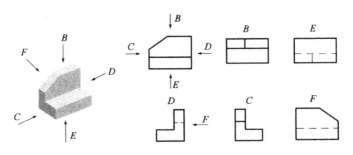

图1-69 向视图的配置与标注

3)局部视图

将机件的某一部分向基本投影面投射所得的视图,称为局部视图。局部视图是一个不完整的基本视图,当机件上的某一局部形状没有表达清楚,而又没有必要用一个完整的基本视图表达时,可将这一部分单独向基本投影面投射,表达机件上局部结构的外形,避免了因表达局部结构而重复画出别的视图上已经表达清楚的结构。利用局部视图可以减少基本视图的数量。如图1-70所示,机件左侧凸台和右上角缺口的形状,在主、俯视图上无法表达清楚,又没有必要画出完整的左视图和右视图,此时可用局部视图表示两处的特征形状。

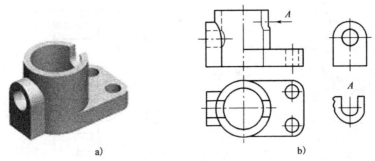

图1-70 局部视图的配置与标注
a)直观图;b)局部视图

局部视图的配置与标注规定如下:

(1)局部视图上方标出视图名称"×"("×"为大写拉丁字母),在相应的视图附近用箭头指明投影方向,并标注相同的字母,如图1-70的局部视图"A"所示。当局部视图按投影关系配置,中间又没有其他图形隔开时,可省略标注,如图1-70中的局部左视图所示。

(2)为了看图方便,局部视图应尽量配置在箭头所指的一侧,并与原基本视图保持投影关系。但为了合理利用图纸幅面,也可将局部视图按向视图配置在其他适当的位置,如图1-70视图"A"所示。

(3)局部视图的断裂边界线用波浪线表示,如图 1-70 中的局部视图"A"所示。但当所表达的部分是与其他部分截然分开的完整结构,且外轮廓线自成封闭时,波浪线可以省略不画,如图 1-70 中的局部左视图所示。画波浪线时应注意:①不应与轮廓线重合或画在其他轮廓线的延长线上;②不应超出机件的轮廓线;③不应穿空而过。

4)斜视图

机件向不平行于基本投影面的平面投射所得的视图,称为斜视图。

当机件上某部分的倾斜结构不平行于任何基本投影面时,在基本视图中不能反映该部分的实形。这时,可增设一个新的辅助投影面,使其与机件的倾斜部分平行,且垂直于某一个基本投影面,如图 1-71 中的平面 P。然后将机件上的倾斜部分向新的辅助投影面投射,再将新投影面按箭头所指方向,旋转到与其垂直的基本投影面重合的位置,即可得到反映该部分实形的视图。

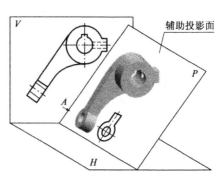

图 1-71 斜视图的直观图

斜视图的配置与标注规定如下:

(1)斜视图必须用带字母的箭头指明表达部位的投影方向,并在斜视图上方用相同的字母标注"×"("×"为大写拉丁字母),如图 1-72 所示"A"。

(2)斜视图一般配置在箭头所指方向的一侧,且按投影关系配置,如图 1-73 图"A"。有时为了合理地用图纸幅面,也可将斜视图按向视图配置在其他适当的位置,或在不至于引起误解时,将倾斜的图形旋转到水平位置配置,以便于作图。此时,应标注旋转符号,如图 1-73 所示,该视图名称的大写字母应靠近旋转符号的箭头端。若斜视图是按顺时针方向转正,则标注为"⌒A",如图 1-73(二)若斜视图是按逆时针方向转正,则应标注为"A⌒"。也允许将旋转角度标注在字母之后,如"⌒A60°"或"A60°⌒"。

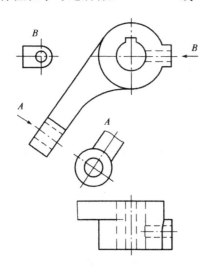

图 1-72 斜视图和局部视图(一)

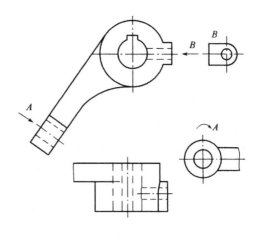

图 1-73 斜视图和局部视图(二)

旋转符号用半圆形细实线画出,其半径等于字体的高度,线宽为字体高度的1/10或1/14,箭头按尺寸线的终端形式画出。

(3)斜视图一般只表达倾斜部分的局部形状,其余部分不必全部画出,可用波浪线断开,如图1-72、图1-73斜视图"A"。

在同一张图纸上,按投影关系配置的斜视图和按向视图且旋转放正配置的斜视图,画图时只能画出其中之一,如图1-72和图1-73所示。

2. 剖视图

用视图表达机件的内部结构时,图中会出现许多虚线,影响了图形的清晰性。既不利于看图,又不利于标注尺寸。为此,国家标准规定用"剖视"的方法来解决机件内部结构的表达问题。

1)剖视图的概念

(1)剖视图的形成。假想用剖切面剖开机件,将处在观察者与剖切面之间的部分移去,而将其余部分向投影面投射所得的图形,称为剖视图(简称剖视),如图1-74a)、b)所示。

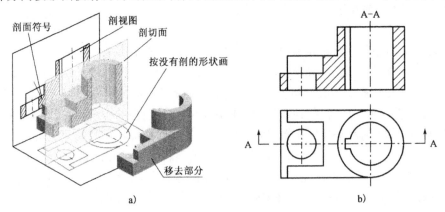

图1-74 剖视图的形成
a)剖视的直观图;b)剖视图

(2)剖面符号。在剖视图中,被剖切面剖切到的部分,称为剖面。为了在剖视图上区分剖面和其他表面,应在剖面上画出剖面符号(也称剖面线)。机件的材料不相同,采用的剖面符号也不相同。各种材料的剖面符号,如表1-8所示。

画金属材料的剖面符号时,应遵守下列规定:

①同一机件的零件图中,剖视图、剖面图的剖面符号,应画成间隔相等、方向相同且为与水平方向成45°(向左、向右倾斜均可)的细实线,如图1-75a)所示。

②当图形的主要轮廓线与水平线成45°时,该图形的剖面线应画成与水平成30°或60°的平行线,其倾斜方向仍与其他图形的剖面线一致,如图1-75b)所示。

(3)画剖视图应注意的问题。

①画剖视图时,剖切机件是假想的,并不是把机件真正切掉一部分。因此,当机件的某一视图画成剖视图后,其他视图仍应按完整的机件画出,不应出现图1-76俯视图只画出一半的错误。

各种材料的剖面符号   表1-8

材料	符号	材料	符号
金属材料(已有规定剖面符号者除外)		木质胶合板(不分层数)	
非金属材料(已有规定剖面符号者除外)		基础周围的泥土	
转子、电枢、变压器和电抗器等的迭钢片		混凝土	
线圈绕组元件		钢筋混凝土	
型砂、填砂、粉末冶金、砂轮、陶瓷刀片、硬质合金、刀片等		砖	
玻璃及供观察用的其他透明材料		格网筛网、过滤网等	
木材 纵剖面		液体	
木材 横剖面			

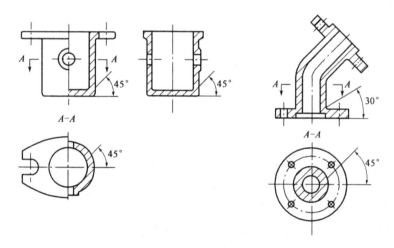

图1-75 金属材料的剖面线画法

②剖切平面应通过机件上的对称平面或孔、槽的中心线并应平行于某一基本投影面。

③剖切平面后方的可见轮廓线应全部画出,不能遗漏。图1-76中主视图上漏画了后一半可见轮廓线。同样,剖切平面前方已被切去部分的可见轮廓线也不应画出,图1-76中主视图

多画了已剖去部分的轮廓线。

④剖视图上一般不画不可见部分的轮廓线。当需要在剖视图上表达这些结构,又能减少视图数量时,允许画出必要的虚线,如图1-77所示。

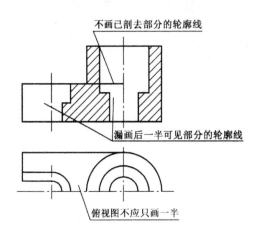 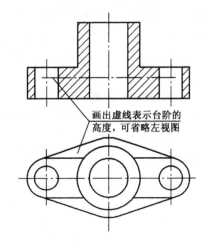

图1-76　剖视图的错误画法　　　　　　图1-77　剖视图中的虚线

(4)剖视图的标注。为了便于看图,在画剖视图时,应将剖切位置、剖切后的投影方向和剖视图的名称标注在相应的视图上。

①剖切位置:用线宽(1~1.5)b、长约5~10mm的粗实线(粗短画)表示剖切面的起讫和转折位置,如图1-74b)、图1-75所示。

②投影方向:在表示剖切平面起讫的粗短画外侧画出与其垂直的箭头,表示剖切后的投影方向,如图1-74b)、图1-75所示。

③剖视图名称:在表示剖切平面起讫和转折位置的粗短画外侧写上相同的大写拉丁字母"×",并在相应的剖视图上方正中位置用同样的字母标注出剖视图的名称"×—×",字母一律按水平位置书写,字头朝上,如图1-74b)、图1-75所示。在同一张图纸上,同时有几个剖视图时,其名称应顺序编写,不得重复。

2)剖视图的种类

根据机件内部结构表达的需要以及剖切范围大小,剖视图可分为全剖视图、半剖视图和局部剖视图。

(1)全剖视图。用剖切平面(一个或几个)完全地剖开机件所得的剖视图,称为全剖视图。当不对称的机件的外形比较简单,或外形已在其他视图上表达清楚,内部结构形状复杂时,常采用全剖视图表达机件的内部的结构形状。

①单一剖切平面。用一个剖切平面剖开机件的方法,称为单一剖切。用单一剖切平面(平行于基本投影面)的进行剖切,是画剖视图最常用的一种方法。

当采用单一剖切平面剖切机件画全剖视图时,视图之间投影关系明确,没有任何图形隔开时,可以省略标注,如图1-78所示。

②单一斜剖切平面。用一个不平行于任何基本投影面的剖切平面剖切机件的方法,称为斜剖。常用来表达机件上倾斜部分的内部形状结构,如图1-79所示。

画这种斜剖视图时,一般应按投影关系将剖视图配置在箭头所指的一侧的对应位置。在不致引起误解的情况下,允许将图形旋转。旋转后的图形要在其上方标注旋转符号(画法同斜视图)。斜剖视图必须标注剖切位置符号和表示投影方向的箭头,如图1-79所示。

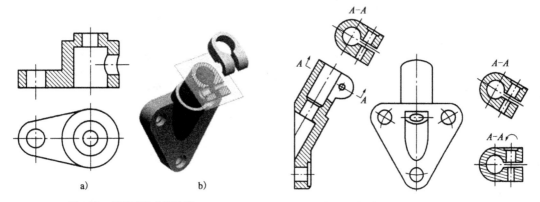

图1-78 剖视图省略标注图
a)斜剖视的直观图;b)斜剖视图

图1-79 斜剖视图的形成

③几个平行的剖切平面。用两个平行的剖切平面剖开机件的方法,称为阶梯剖,如图1-80a)、b)所示。阶梯剖视用于表达用单一剖切平面不能表达的机件。

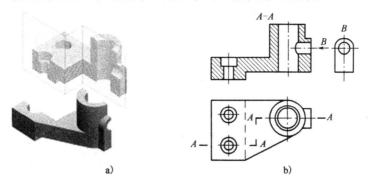

图1-80 阶梯剖视图的形成及标注
a)阶梯剖视的直观图;b)阶梯剖视图及正确标注

用阶梯剖的方法画剖视图时,由于剖切是假想的,应将几个相互平行的剖切面当作一个剖切平面,但在视图中标注转折的剖切位置符号时必须相互垂直。表示剖切位置起讫、转折处的剖切符号和字母必须标注。当视图之间投影关系明确,没有任何图形隔开时,可以省略标注箭头,如图1-80b)所示。阶梯剖视图中常见的错误画法及标注如图1-81所示。

④几个相交的剖切平面。用两个相交的剖切平面(交线垂直与某一投影面)剖开机件的方法,称为旋转剖。如图1-82b)所示。当用单一剖切平面不能完全表达机件内部结构时,可采用旋转剖。

用旋转剖的方法画剖视图时,两相交的剖切平面的交线应与机件上的回转轴线重合并同时垂直与某一投影面。画图时应先剖切后旋转,将倾斜结构旋转到与某一投影面平行的位置再投射,以反映被剖切内部结构的实形,在剖切平面后的其他结构仍按原来位置投射,如图1-83b)中的小孔。当剖切后产生不完整要素时,应将该部分按不剖绘制,如图1-83a)所示。

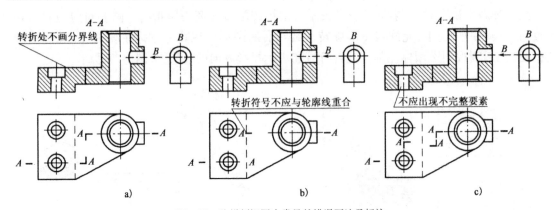

图 1-81 阶梯剖视图中常见的错误画法及标注

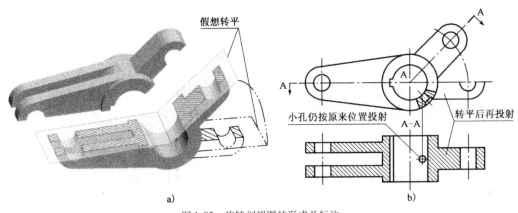

图 1-82 旋转剖视图的形成及标注
a) 旋转剖视的直观图；b) 旋转剖视图及正确标注

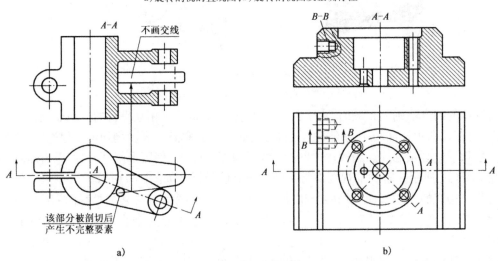

图 1-83 旋转剖视图
a) 剖切产生的不完整要素的处理；b) 在旋转剖视图中再作一次局部剖视

采用旋转剖画剖视图时必须标注，其标注方法与阶梯剖局部相同。但应注意标注中的箭头所指的方向是与剖切平面垂直的投射方向，而不是旋转方向。当视图之间没有图形隔开时可以省略箭头。注写字母时一律按水平位置书写,字头朝上。

（2）半剖视图。当机件具有对称平面,向垂直于机件的对称平面的投影面上投射所得的图形,以对称线为界,一半画成剖视图,一半画成视图,这种组合的图形称为半剖视图,如图1-84b)所示。半剖视图适应于内外形状都需要表达的对称机件或基本对称的机件。

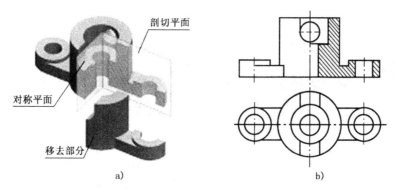

图1-84 半剖视图的形成及标注
a)半剖视的剖切过程；b)半剖视图

画半剖视图时应注意的问题：

①半个视图与半个剖视图的分界线应以对称中心的细点画线为界,不能画成其他图线,更不能理解为机件被两个相互垂直的剖切面共同剖切将其画成粗实线,如图1-85所示。

②采用半剖视图后,不剖的一半不画虚线,但对孔、槽等结构要用点画线画出其中心位置。如图1-85所示,左一半不应画出虚线。

③画对称机件的半剖视图时,应根据机件对称的实际情况,将一半剖视图画在主、俯视图的右一半,俯、左视图的前一半上,主、左视图的上一半。基本对称机件的半剖视图,如图1-86所示。

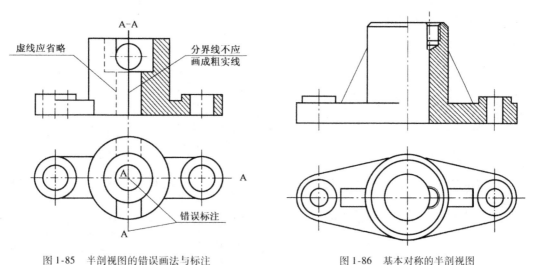

图1-85 半剖视图的错误画法与标注　　　　图1-86 基本对称的半剖视图

半剖视图的标注方法及省略标注的情况与全剖视图完全相同,图1-85所示为错误标注。

（3）局部剖视图。用剖切平面局部地剖开机件所得的剖视图称为局部剖视图。局部剖视图主要用于当不对称机件的内、外形状均需在同一视图上兼顾表达,如图1-88所示。当对称机件不宜作半剖视(如图1-89a))或机件的轮廓线与对称中心线重合,无法以对称中心线为界画成半剖视图时(如图1-89b)、c)、d))可采用局部剖视图。当实心机件上有孔、凹坑和键槽等局部结构时,也常用局部剖视图表达,如图1-89、图1-90所表示。

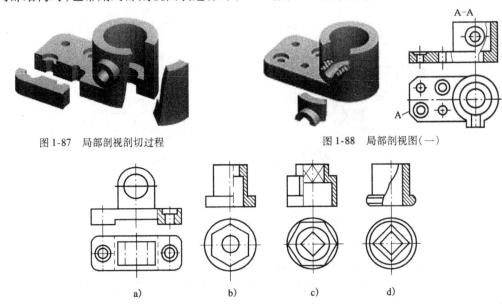

图1-87 局部剖视剖切过程　　　　图1-88 局部剖视图(一)

图1-89 局部剖视图(二)

在一个视图上,局部剖的次数不宜过多,否则会使机件显得支离破碎,影响图形的清晰性和形体的完整性。

画局部剖视图应注意的问题:

①局部剖视图中,视图与剖视图部分之间应以波浪线为分界线,画波浪线时:a)不应超出视图的轮廓线;b)不应与轮廓线重合或在其轮廓线的延长线上;c)不应穿空而过。如图1-91所示。

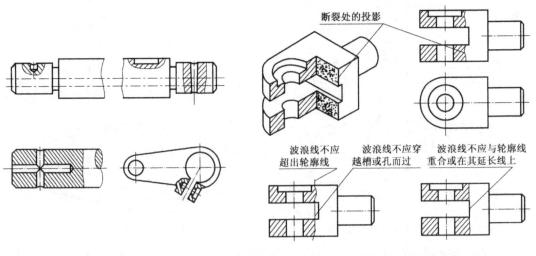

图1-90 局部剖视图(三)　　　　图1-91 局部剖视图中波浪线的画法

②必要时,允许在剖视图中再做一次简单的局部剖视,但应注意用波浪线分开,剖面线同方向、同间隔错开画出,如图 1-88 中的"A-A"所示。

当单一剖切平面的位置明显时,局部剖视图可省略标注,如图 1-89、图 1-90 所示。但当剖切位置不明显或局部剖视图未按投影关系配置时,则必须加以标注,如图 1-88 所示。

3. 断面图

1) 断面图的概念

假想用剖切平面将机件的某处切断,仅画出该剖切面与机件接触部分的图形,这种图形称为断面图(简称断面),如图 1-92 所示。

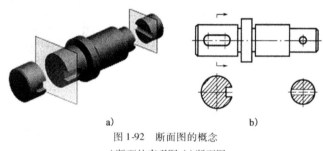

图 1-92 断面图的概念
a) 断面的直观图; b) 断面图

断面与剖视的主要区别是:断面仅画出机件与剖切平面接触部分的图形;而剖视则除需要画出剖切平面与机件接触部分的图形外,还要画出其后的所有可见部分的图形。

断面常用来表示机件上某一局部结构的断面形状,如机件上的肋板、轮辐、键槽、小孔、杆件和型材的断面等。

2) 断面图的种类

断面图分为移出断面和重合断面两种。

(1) 移出断面。画在视图之外的断面,称为移出断面,如图 1-92 所示。

①移出断面的画法:

a) 移出断面的轮廓用粗实线绘制,并在断面画上剖面符号,如图 1-92 所示。

b) 移出断面应尽量配置在剖切符号的延长线上,如图 1-92 所示。必要时也可画在其他适当位置,如图 1-93 中的"A-A"。

c) 当剖切平面通过由回转面形成的凹坑、孔等轴线或非回转面的孔、槽时,则这些结构应按剖视绘制,如图 1-93 所示。

d) 由两个(或多个)相交的剖切平面剖切得到的移出剖面图,可以画在一起,但中间必须用波浪线隔开,如图 1-94 所示。

e) 当移出断面对称时,可将断面图画在视图的中断处,如图 1-95 所示。

②移出断面的标注。移出断面一般应用剖切符号表示剖切位置,用箭头表示投射方向并注上大写拉丁字母,在断面图上方,用相同的字母标注出相应的名称。

a) 完全标注。不配置在剖切符号的延长线上的不对称移出断面或不按投影关系配置的不对称移出断面,必须标注,如图 1-93 所示的"A-A"。

b) 省略字母。配置在剖切符号的延长线上或按投影关系配置的移出断面,可省略字母,如图 1-92b) 所示断面。

c)省略箭头。对称的移出断面和按投影关系配置的断面,可省略表示投影方向的箭头,如图1-92b)所示的断面。

d)不必标注。配置在剖切位置符号的位置的延长线上的对称移出断面和配置在视图中断处的对称移出断面以及按投影关系配置的移出断面,均不必标注,如图1-94、图1-95所示的断面。

图1-93　移出断面图的画法和标注　　图1-94　断开的移出断面图　　图1-95　配置在视图中断处的移出断面图

（2）重合断面。画在视图之内的断面,称为重合断面,如图1-96、图1-97所示。

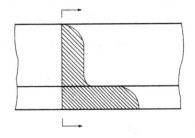 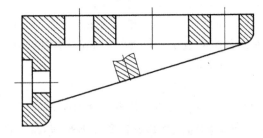

图1-96　不对称的重合断面图　　　　图1-97　对称的重合断面图

①重合断面的画法。重合断面的轮廓线用细实线绘制,如图1-96、图1-97所示。当重合断面轮廓线与视图中的轮廓线重合时,视图的轮廓线仍应连续画出,不可间断,如图1-96所示。

②重合断面的标注。因为重合断面直接画在视图内的剖切位置上,标注时可省略字母,如图1-96所示。不对称的移出断面,仍要画出剖切符号,如图1-96所示。对称的重合断面,可不必标注,如图1-97所示。

4. 局部放大图和简化画法

1）局部放大图

当机件上某些细小结构,在视图中不易表达清楚和不便标注尺寸时,可将这些结构用大于原图形所采用的比例画出,这种图形称为局部放大图,如图1-98所示。

局部放大图可画成视图、剖视图或断面图,它与被放大部分所采用的表达形式无关。局部放大图应尽量配置在被放大部位的附近。

局部放大图必须进行标注,一般应用细实线圈出被放大的部位。当同一机件上有几处被放大的部分时,必须用罗马数字依次标明被放大的部位,并在局部放大图的上方标注出相应的罗马数字和所采用的比例(系指放大图中机件要素的线性尺寸与实际机件相应要素的线性尺寸之比,与原图形所采用的比例无关)。

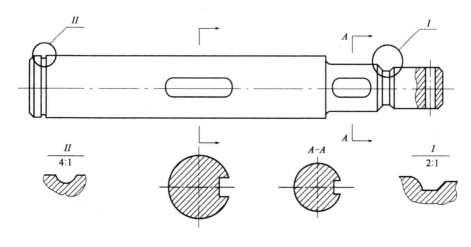

图 1-98　局部放大图

2)简化画法

(1)对于机件上的肋、轮辐、及薄壁等,当剖切平面沿纵向剖切时,这些结构上不画剖面符号,而用粗实线将它与其邻接部分分开。当剖切平面按横向剖切时,这些结构仍需画上剖面符号,如图 1-99 所示。

(2)当需要表达形状为回转体的机件上有均匀分布的肋、轮辐、孔等结构不处于剖切平面上时,可将这些结构假想旋转到剖切平面上画出,且不需加任何标注,如图 1-100 所示。

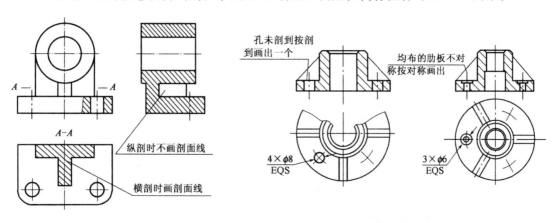

图 1-99　肋板的剖切画法　　　　　　图 1-100　回转体上均匀结构的简化画法

(3)当需要表示剖切平面前已剖去的部分结构时,可用双点画线按假想轮廓画出,如图 1-101 所示。

(4)当机件上具有若干相同结构(齿或槽等),只需要画出几个完整的结构,其余用细实线连接,但必须在图上注明该结构的总数,如图 1-102 所示。

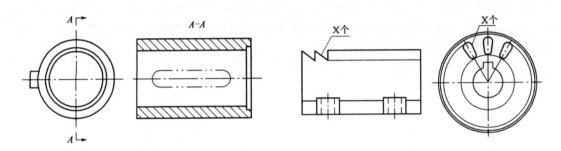

图1-101 用双点画线表示被剖切去的机件结构　　图1-102 相同结构的简化画法(一)

(5)当机件上具有若干直径相同且成规律分布的孔,可以仅画出一个或几个,其余用细点画线或"+"表示其中心位置,如图1-103所示。

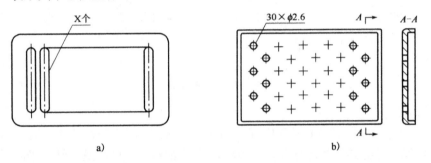

图1-103 相同结构的简化画法(二)

(6)在不致引起误解时,对称机件的视图可只画一半或四分之一,并在图形对称中心线的两端分别画两条与其垂直的平行细实线(细短画),如图1-104所示。也可画出略大于一半并波浪线为界线的圆,如图1-104a)所示。

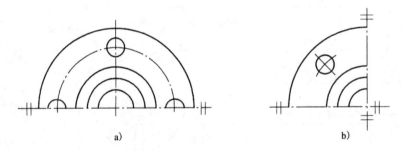

图1-104 对称结构的简化画法

(7)机件上对称结构的局部视图,可按图1-105所示的方法绘制。

(8)机件上较小结构所产生的交线(截交线、相贯线),如在一个视图中已表达清楚时,可在其他图形中简化或省略,如图1-105和图1-106所示。

(9)相贯线的简化画法可按图1-107所示的方法画出,但当使用简化画法会影响对图形的理解时,则应避免使用。

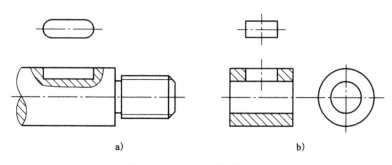

图 1-105　对称结构的局部视图

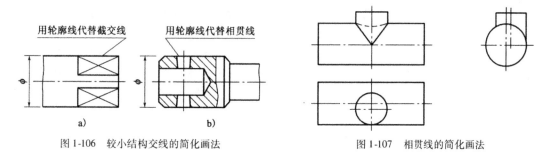

图 1-106　较小结构交线的简化画法　　　　图 1-107　相贯线的简化画法

(10) 为了避免增加视图、剖视、断面图,可用细实线绘出对角线表示平面,如图 1-108 所示。

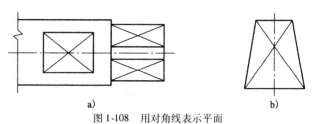

图 1-108　用对角线表示平面
a) 轴上的矩形平面画法；b) 矩形平面画法

(11) 较长的机件(轴、型材、连杆等)沿长度方向形状一致,或按一定规律变化时,可断开后绘制,如图 1-109 所示。

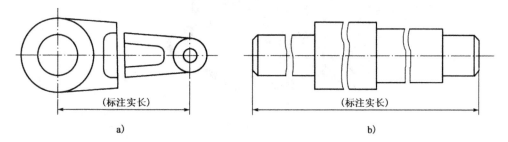

图 1-109　较长机件的折断画法

(12) 除确系需要表示的圆角、倒角外,其他圆角、倒角在零件图均可不画,但必须注明尺寸,或在技术要求中加以说明,如图 1-110 所示。

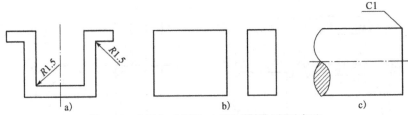

图 1-110　小圆角、小倒圆、小倒角的简化画法和标注
a) 小倒圆简化；b) 锐边倒圆 0.5；c) 小倒角简化

六、零件图

任何机器(或部件)都是由若干零件组成的。表示单个零件的结构、尺寸和技术要求的图样称为零件工作图,简称零件图。

零件图是设计部门提交给生产部门的重要技术文件。它不仅反映了设计者的设计意图,而且表达了零件的各种技术要求,如尺寸精度、表面粗糙度等。工艺部门要根据零件图制造毛坯、制订工艺规程、设计工艺装备等。所以,零件图是制造和和检验零件和重要依据。

1. 零件图的作用

零件图是表示零件结构、大小及技术要求的图样。

任何机器或部件都是由若干零件按一定要求装配而成的。图 1-111 所示的铣刀头是铣床上的一个部件,供装铣刀盘用。它是由座体 7、轴 6、端盖 10、带轮 5 等十多种零件组成。图 1-112 所示即是其中座体的零件图。

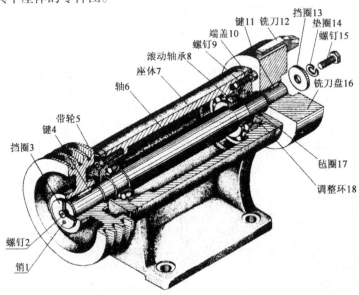

图 1-111　铣刀头轴测图

零件图是制造和检验零件的主要依据,是指导生产的重要技术文件。

2. 零件图的内容

零件图是生产中指导制造和检验该零件的主要图样,它不仅仅是把零件的内、外结构形状和大小表达清楚,还需要对零件的材料、加工、检验、测量提出必要的技术要求。零件图必须包含制造

和检验零件的全部技术资料。因此,一张完整的零件图一般应包括以下几项内容(如图1-112):

(1)一组图形。用于正确、完整、清晰和简便地表达出零件内外形状的图形,其中包括机件的各种表达方法,如视图、剖视图、断面图、局部放大图和简化画法等。

(2)完整的尺寸。零件图中应正确、完整、清晰、合理地标注出制造零件所需的全部尺寸。

(3)技术要求。零件图中必须用规定的代号、数字、字母和文字注解说明制造和检验零件时在技术指标上应达到的要求。如表面粗糙度,尺寸公差,形位公差,材料和热处理,检验方法以及其他特殊要求等。技术要求的文字一般注写在标题栏上方图纸空白处。

(4)标题栏。题栏应配置在图框的右下角。它一般由更改区、签字区、其他区、名称以及代号区组成。填写的内容主要有零件的名称、材料、数量、比例、图样代号以及设计、审核、批准者的姓名、日期等。标题栏的尺寸和格式已经标准化,可参见有关标准。

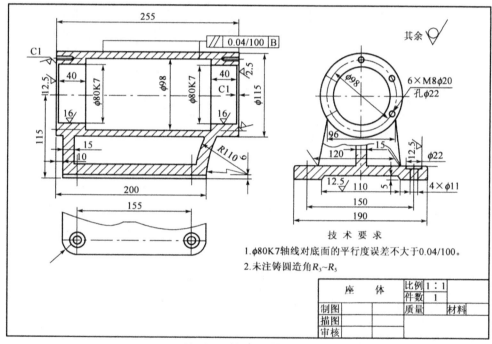

图1-112 铣刀头座体零件图

单元五　公差配合与尺寸标注

 单元要点

1. 表面粗糙度。
2. 极限与配合。
3. 极限和配合。
4. 形状和位置公差。

知识链接

一、表面粗糙度

1. 表面粗糙度的概念

零件在加工过程中，受刀具的形状和刀具与工件之间的摩擦、机床的震动及零件金属表面的塑性变形等因素的影响，表面不可能绝对光滑，如图 1-113a)所示。零件表面上这种具有较小间距的峰谷所组成的微观几何形状特征称为表面粗糙度。一般来说，不同的表面粗糙度是由不同的加工方法形成的。表面粗糙度是评定零件表面质量的一项重要的指标，降低零件表面粗糙度可以提高其表面耐腐蚀、耐磨性和抗疲劳等能力，但其加工成本也相应提高。因此，零件表面粗糙度的选择原则是：在满足零件表面功能的前提下，表面粗糙度允许值尽可能大一些。

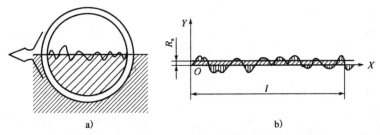

图 1-113 表面粗糙度

表面粗糙度是以参数值的大小来评定的，目前在生产中评定零件表面质量的主要参数是轮廓算术平均偏差。它是在取样长度 l 内，轮廓偏距 y 绝对值的算术平均值，用 R_a 表示，如图 1-113b)。用公式可表示为：

$$R_a = \frac{1}{l}\int_0^l |y(x)|\,\mathrm{d}x \tag{1-1}$$

国家标准对 $R_a(um)$ 的数值作了规定。

2. 表面粗糙度的注法

（1）表面粗糙度代号。零件表面粗糙度代号是由规定的符号和有关参数组成的。图样上所注的表面粗糙度代号应是该表面加工后的要求，如表 1-9 所示。

表 1-9 表面粗糙度代号及意义

代 号	代 号 意 义
∨	基本符号，表示表面可用任何方法获得。当不加注粗糙度参数值或有关说明时，仅适用于简化代号标注
∨̄	基本符号上加一短划，表示表面是用去除材料的方法获得。例如：车、铣、钻、磨、剪切、抛光、腐蚀、电火花加工、气割等
∨○	基本符号上加一小圆，表示表面是用不除材料的方法获得。例如：铸、锻、冲压变形、热轧、冷轧、粉末冶金等。或是用于保持原供应状况的表面

表面粗糙度高度参数轮廓算术平均偏差 R_a 在代号中用数值表示，参数值前可不标注参数代号。

（2）表面粗糙度在图样上的标注方法。

标注法则。

①在同一图样上，每一表面只标注一次符号、代号，并应标注在可见轮廓线、尺寸线、尺寸界线或它们的延长线上。

②符号的尖角必须从材料外指向标注表面。

③在图样上表面粗糙度代号中，数字的大小和方向必须与图中的尺寸数值的大小和方向一致。

④由于加工表面的位置不同，粗糙度符号也可随之平移和旋转，但不能翻转和变形；粗糙度数值可随粗糙度符号旋转而旋转，但需与该处尺寸标注的方向一致。

二、极限与配合

1. 互换性和公差

所谓零件的互换性，就是从一批相同的零件中任取一件，不经修配就能装配使用，并能保证使用性能要求，零部件的这种性质称为互换性。零、部件具有互换性，不但给装配、修理机器带来方便，还可用专用设备生产，提高产品数量和质量，同时降低产品的成本。要满足零件的互换性，就要求有配合关系的尺寸在一个允许的范围内可以变动，并且在制造上又是经济合理的。公差配合制度是实现互换性的重要基础。

2. 基本术语

在加工过程中，不可能把零件的尺寸做得绝对准确。为了保证互换性，必须将零件尺寸的加工误差限制在一定的范围内，规定出加工尺寸的可变动量，这种规定的实际尺寸允许的变动量称为公差。

有关公差的一些常用术语如图1-114所示。

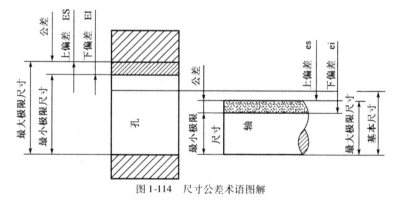

图1-114 尺寸公差术语图解

（1）基本尺寸。根据零件强度、结构和工艺性要求，设计确定的尺寸。

（2）实际尺寸。通过测量所得到的尺寸。

（3）极限尺寸。允许尺寸变化的两个界限值。它以基本尺寸为基数来确定。两个界限值中较大的一个称为最大极限尺寸；较小的一个称为最小极限尺寸。

（4）尺寸偏差（简称偏差）。某一尺寸减其相应的基本尺寸所得的代数差。尺寸偏差有：

$$上偏差 = 最大极限尺寸 - 基本尺寸 \qquad (1-2)$$

下偏差 = 最小极限尺寸 − 基本尺寸 　　　　　　　　(1-3)

上、下偏差统称极限偏差。

上、下偏差可以是正值、负值或零。

国家标准规定:孔的上偏差代号为 ES,孔的下偏差代号为 EI;轴的上偏差代号为 es,轴的下偏差代号为 ei。

(5)尺寸公差(简称公差)。允许实际尺寸的变动量。

尺寸公差 = 最大极限尺寸 − 最小极限尺寸 = 上偏差 − 下偏差 　　(1-4)

因为最大极限尺寸总是大于最小极限尺寸,所以尺寸公差一定为正值。

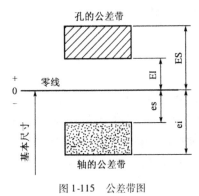

图1-115　公差带图

(6)公差带和零线。由代表上、下偏差的两条直线所限定的一个区域称为公差带。为了便于分析,一般将尺寸公差与基本尺寸的关系,按放大比例画成简图,称为公差带图。在公差带图中,确定偏差的一条基准直线,称为零偏差线,简称零线,通常零线表示基本尺寸。如图1-115所示。

(7)标准公差　用以确定公差带大小的任一公差。国家标准将公差等级分为20级:IT01、IT0、IT1～IT18。"IT"表示标准公差,公差等级的代号用阿拉伯数字表示。IT01～IT18,精度等级依次降低。标准公差等级数值可查有关技术标准,见表1-10。

(8)基本偏差。用以确定公差带相对于零线位置的上偏差或下偏差。一般是指靠近零线的那个偏差。根据实际需要,国家标准分别对孔和轴各规定了28个不同的基本偏差,基本偏差系列如图1-116所示。轴和孔的基本偏差数值可查 GB/T 1800.3—1998。

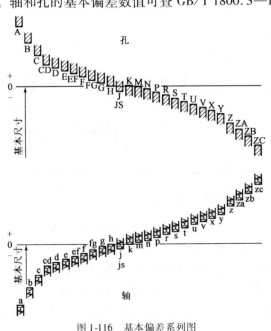

图1-116　基本偏差系列图

标准公差数值(摘自 GB/T 1800.3—1998) 表 1-10

基本尺寸 (mm)	标准公差等级																	
	IT1	IT2	IT3	IT4	IT5	IT6	IT7	IT8	IT9	IT10	IT11	IT12	IT13	IT14	IT15	IT16	IT17	IT18
	μm											mm						
≤3	0.8	1.2	2	3	4	6	10	14	25	40	60	0.10	0.14	0.25	0.40	0.60	1.0	1.4
>3~6	1.0	1.5	2.5	4	5	8	12	18	30	48	75	0.12	0.18	0.30	0.48	0.75	1.2	1.8
>6~10	1.0	1.5	2.5	4	6	9	15	22	36	58	90	0.15	0.22	0.36	0.58	0.90	1.5	2.2
>10~18	1.2	2	3	5	8	11	18	27	43	70	110	0.18	0.27	0.43	0.70	1.10	1.8	2.7
>18~30	1.5	2.5	4	6	9	13	21	33	52	84	130	0.20	0.33	0.52	0.84	1.30	2.1	3.3
>30~50	1.5	2.5	4	7	11	16	25	39	62	100	160	0.25	0.39	0.62	1.00	1.60	2.5	3.9
>50~80	2	3	5	8	13	19	30	46	74	120	190	0.30	0.46	0.74	1.20	1.90	3.0	4.6
>80~120	2.5	4	6	10	15	22	35	54	87	140	220	0.35	0.54	0.87	1.40	2.20	3.5	5.4
>120~180	3.5	5	8	12	18	25	40	63	100	160	250	0.40	0.63	1.00	1.60	2.50	4.0	6.3
>180~250	4.5	7	10	14	20	29	46	72	115	185	290	0.46	0.72	1.15	1.85	2.90	4.6	7.2
>250~315	6	8	12	16	23	32	52	81	130	210	320	0.52	0.81	1.30	2.10	3.20	5.2	8.1
>315~400	7	9	13	18	25	36	57	89	140	230	360	0.57	0.89	1.40	2.30	3.60	5.7	8.9
>400~500	8	10	15	20	27	40	63	97	155	250	400	0.63	0.97	1.55	2.50	4.00	6.3	9.7
>500~630	9	11	16	22	32	44	70	110	175	280	440	0.70	1.00	1.75	2.80	4.00	7.0	11.0
>630~800	10	13	18	25	36	50	80	125	200	320	500	0.80	1.25	2.00	3.20	5.00	8.0	12.5
>800~1000	11	15	21	28	40	56	90	140	230	360	560	0.90	1.40	2.30	3.60	5.60	9.0	14.0
>1000~1250	13	18	24	33	47	66	105	165	260	420	660	1.05	1.65	2.60	4.20	6.60	10.5	16.5
>1250~1600	15	21	29	39	55	78	125	195	310	500	780	1.25	1.95	3.10	5.00	7.80	12.5	19.5
>1600~2000	18	25	35	46	65	92	150	230	370	600	920	1.50	2.30	3.70	6.00	9.20	15.0	23.0
>2000~2500	22	30	41	55	78	110	175	280	440	700	1 100	1.75	2.80	4.40	7.00	11.0	17.5	28.0
>2500~3150	26	36	50	68	96	135	210	330	540	860	1 350	2.10	3.30	5.40	8.60	13.5	21.0	33.0

注:基本尺寸>500mm 的 IT1 至 IT2 的标准公差数值为试行的。基本尺寸≤1mm 时,无 IT4 至 IT8。

从图 1-116 可知:

基本偏差用拉丁字母表示,大写字母代表孔,小写字母代表轴。

公差带位于零线之上,基本偏差为下偏差;

公差带位于零线之下,基本偏差为上偏差。

(9)孔、轴的公差带代号。由基本偏差与公差等级代号组成,并且要用同一号字母和数字书写。例如 $\phi 50H8$ 的含义是:

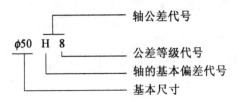

此公差带的全称是：基本尺寸为 φ50，公差等级为 8 级，基本偏差为 H 的孔的公差带。例如 φ50f7 的含义是：

此公差带的全称是：基本尺寸为 φ50，公差等级为 8 级，基本偏差为 f 的轴的公差带。

三、极限和配合

1. 配合

基本尺寸相同，相互结合的孔和轴公差带之间的关系称为配合。

(1) 配合的种类。根据机器的设计要求和生产实际的需要，国家标准将配合分为三类：

①间隙配合。孔的公差带完全在轴的公差带之上，任取其中一对轴和孔相配都成为具有间隙的配合（包括最小间隙为零），如图 1-117 所示。

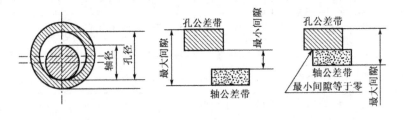

图 1-117　间隙配合

②过盈配合。孔的公差带完全在轴的公差带之下，任取其中一对轴和孔相配都成为具有过盈的配合（包括最小过盈为零），如图 1-118 所示。

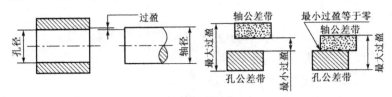

图 1-118　过盈配合

③过渡配合。孔和轴的公差带相互交叠,任取其中一对孔和轴相配合,可能具有间隙,也可能具有过盈的配合,如图 1-119 所示。

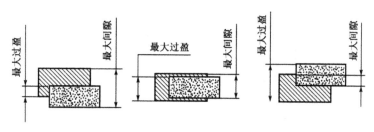

图 1-119　过渡配合

(2)配合的基准制。国家标准规定了两种基准制:

①基孔制。基本偏差为一定的孔的公差带,与不同基本偏差的轴的公差带构成各种配合的一种制度称为基孔制。这种制度在同一基本尺寸的配合中,是将孔的公差带位置固定,通过变动轴的公差带位置,得到各种不同的配合,如图 1-120 所示。

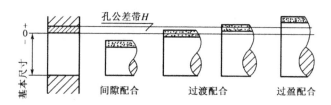

图 1-120　基孔制配合

基孔制的孔称为基准孔。国标规定基准孔的下偏差为零,"H"为基准孔的基本偏差。

②基轴制。基本偏差为一定的轴的公差带与不同基本偏差的孔的公差带构成各种配合的一种制度称为基轴制。这种制度在同一基本尺寸的配合中,是将轴的公差带位置固定,通过变动孔的公差带位置,得到各种不同的配合,如图 1-121 所示。

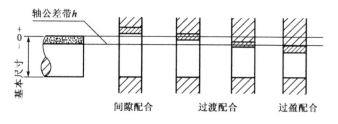

图 1-121　基轴制配合

基轴制的轴称为基准轴。国家标准规定基准轴的上偏差为零,"h"为基轴制的基本偏差。

2.公差与配合的标注

(1)在装配图中的标注方法。配合的代号由两个相互结合的孔和轴的公差带的代号组成,用分数形式表示,分子为孔的公差带代号,分母与轴的公差带代号,标注的通用形式如图 1-122 所示。

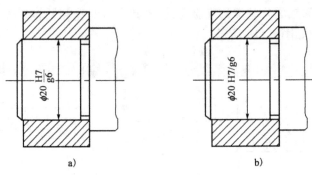

图 1-122　装配图中尺寸公差的标注方法

（2）在零件图中的标注方法。如图 1-123 所示,图 a）标注公差带的代号;图 b）标注偏差数值;图 c）公差带代号和偏差数值一起标注。

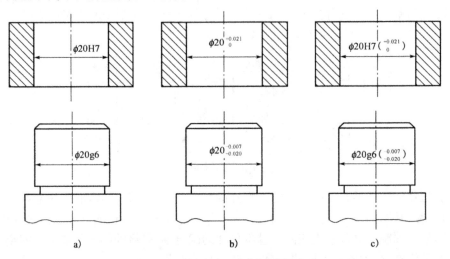

图 1-123　零件图中尺寸公差的标注方法

四、形状和位置公差

评定零件的质量的因素是多方面的,不仅零件的尺寸影响零件的质量,零件的几何形状和结构的位置也大大影响零件的质量。

1. 形状和位置公差的基本概念

如图 1-124a）所示为一理想形状的销轴,而加工后的实际形状则是轴线变弯了,如图 1-124b）,因而产生了直线度误差。

又如,图 1-125a）所示为一要求严格的四棱柱,加工后的实际位置却是上表面倾斜了,如图 1-125b）,因而产生了平行度误差。

图 1-124　形状误差　　　　　　　　图 1-125　位置误差

如果零件存在严重的形状和位置误差,将使其装配造成困难,影响机器的质量,因此,对于精度要求较高的零件,除给出尺寸公差外,还应根据设计要求,合理地确定出形状和位置误差的最大允许值,如图1-126b)中的$\phi 0.08$(即销轴轴线必须位于直径为公差值$\phi 0.08$的圆柱面内,如图1-126a)所示)、图1-127b)中的0.1(即上表面必须位于距离为公差值0.1且平行于基准表面A的两平行平面之间,如图1-127a)所示)。

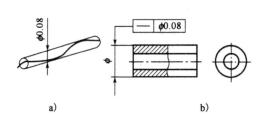
图1-126 直线度公差

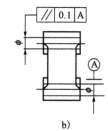
图1-127 平行度公差

2. 形状公差和位置公差的有关术语

(1)要素——指组成零件的点、线、面。

(2)形状公差——指实际要素的形状所允许的变动量。

(3)位置公差——允许的变动量,它包括定向公差、定位公差和跳动公差。

(4)被测要素——给出了形状或(和)位置公差的要素。

(5)基准要素——用来确定理想被测要素方向或(和)位置的要素。

3. 形位公差的项目、符号及公差带

形状公差。形位公差的分类、项目资料及符号见表1-11。

4. 形位公差的标注

(1)公差框格。公差框格用细实线画出,可画成水平的或垂直的,框格高度是图样中尺寸数字高度的两倍,它的长度视需要而定。框格中的数字、字母、符号与图样中的数字等高。图1-128给出了形状公差和位置公差的框格形式。用带箭头的指引线被测要素与公差框格一端相连。

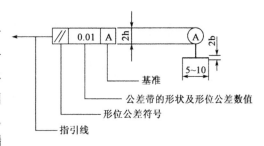
图1-128 形位公差代号及基准符号

(2)被测要素。用带箭头的指引线将被测要素与公差框格一端相连,指引线箭头指向公差带的宽度方向或直径方面。指引线箭头所指部位可有:

①当被测要素为整体轴线或公共中心平面时,指引线箭头可直接指在轴线或中心线上,如图1-129a)所示。

②当被测要素为轴线、球心或中心平面时,指引线箭头应与该要素的尺寸线对齐,如图1-129b)所示。

③当被测要素为线或表面时,指引线箭头应指要该要素的轮廓线或其引出线上,并应明显地与尺寸线错开,如图1-129c)所示。

形位公差的分类、项目资料及符号　　　　　　　　　　表1-11

分　类	项　目	特　征　符　号		有或无基准要求
形状公差	形状	直线度	—	无
		平面度	▱	无
		圆度	○	无
		圆柱度	⌭	无
形状或位置	轮廓	线轮廓度	⌒	有或无
		面轮廓度	⌓	有或无
位置公差	定向	平行度	∥	有
		垂直度	⊥	有
		倾斜度	∠	有
	定位	位置度	⌖	有或无
		同轴度(同心度)	◎	有
		对称度	⌯	有
	跳动	圆跳动	↗	有
		全跳动	↗↗	有

注：国家标准 GB/T 1182—1996 规定项目特征符号线型为 $h/10$，符号高度为 h(同字高)其中，平面度、圆柱度、平行度、跳动等符号的倾斜角度为 75°。

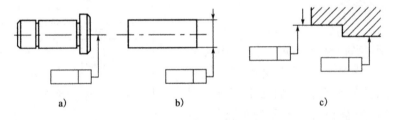

图 1-129　被测要素标注示例

(3)基准要素。基准符号的画法如图 1-130 所示，无论基准符号在图中的方向如何，细实线圆内的字母一律水平书写。

①当基准要素为素线或表面时，基准符号应靠近该要素的轮廓线或引出线标注，并应明显地与尺寸线箭头错开，如图 1-130a)所示。

②当基准要素为轴线、球心或中心平面时，基准符号应与该要素的尺寸线箭头对齐，如图 1-130b)所示。

③当基准要素为整体轴线或公共中心面时，基准符号可直接靠近公共轴线(或公共中心线)标注，如图 1-130c)所示。

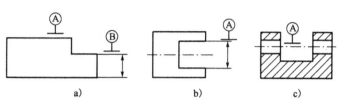

图 1-130 基准要素标注示例

（4）零件图上标注形状公差和位置公差的实例，如图 1-131 和图 1-132 所示。

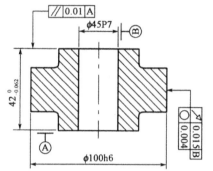

图 1-131 零件图上标注形位公差的实例（一）

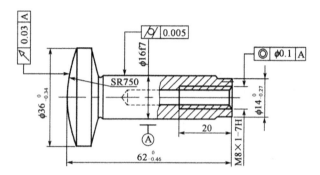

图 1-132 零件图上标注形位公差的实例（二）

单元六　轴类零件的测绘练习

一、工作任务

对变速器轴进行测绘，如图 1-133 所示。

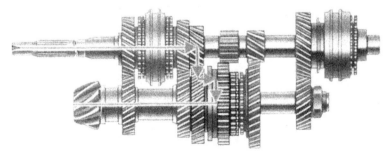

图 1-133 变速器轴

二、练习过程

以小组为单位进行练习。

1. 制订测绘方案，并讨论方案的正确性和可行性。
2. 选择适当的量具。
3. 对轴进行测量。

4. 检查尺寸的正确性和全面性。

5. 绘制零件草图。

6. 尺寸标注。

三、考评

1. 组内自评。

2. 组间互评。

3. 教师评价。

学习任务 2　手动变速器的拆装与装配

 学习目标

1. 能根据手动变速器实物绘制出齿轮传动图。
2. 会计算圆柱齿轮的相关参数以及齿轮的传动比,并确定输出轴的旋向。
3. 能对手动变速器装配图进行分析,描述装配图上所表达的内容。
4. 能正确选择各种表达方法,绘制出发动机活塞连杆组的装配图样,并能按标准规定,对形位公差等相关内容进行正确的标注。

 任务描述

完成手动变速器的拆装与装配。

 学习引导

本学习任务沿着以下脉络进行学习:

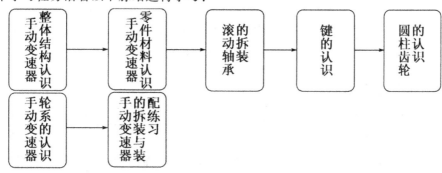

单元一　手动变速器整体结构认识

 单元要点

1. 手动变速器的构造;
2. 手动变速器各挡的传动情况。

知识链接

手动变速器的种类,本文以典型的三轴式五挡变速器(图2-1)为例介绍手动变速器。

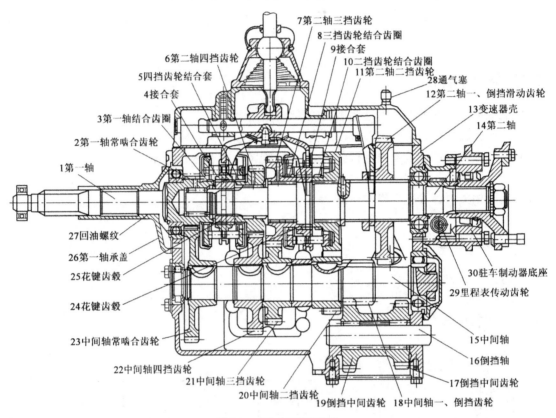

图2-1 三轴式五挡变速器

一、手动变速器的构造

变速器通过四个螺栓固定在飞轮壳后端面上,它有三根主要轴,第一轴、第二轴和中间轴,故称三轴式。另外还有倒挡轴,结构简图如图2-2所示。

(1)第一轴。第一轴也叫输入轴,前后端用轴承分别支承在曲轴后端的中心孔及变速器壳体的前壁,其前部花键部分装离合器的从动盘,后部有常啮合齿轮2,后端有一短齿轮为直接挡齿轮。第一轴轴承盖26的外圆面与离合器壳相应的孔配合,保证第一轴和曲轴的轴线重合。

(2)中间轴。中间轴15两端用轴承支承在壳体上,常啮合齿轮23,二、三、四挡齿轮20、21、22均用半圆键装在轴上,而一、倒挡齿轮18则与轴制成一体。

(3)第二轴。第二轴(输出轴)前后端分别用轴承支承于第一轴后端中心孔和壳体上。一、倒挡齿轮12与轴用花键配合传力,并可轴向滑动。二、三、四挡齿轮11、7、6分别用滚针轴承与轴配合,并与中间齿轮20、21、22常啮合,其上均有传力齿圈。第二轴前端花键上套装有

四、五挡花键毂25,用卡环轴向定位,接合套4可在花键毂25上轴向滑动实现挡位转换。花键毂24和接合套9实现二、三挡动力传递。在二、四挡齿轮后面分别装有承受轴向力的推力环。

后轴承盖内装有里程表驱动蜗杆与蜗轮,轴后端花键上装有凸缘,连接万向传动装置。

（4）倒挡轴。倒挡轴固定在壳体上,倒挡齿轮17、19制成一体,用滚针轴承支承在倒挡轴上,齿轮19与中间轴齿轮18常啮合。

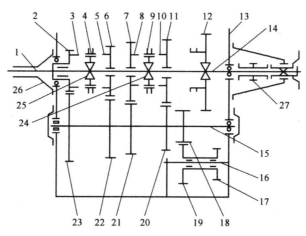

图2-2 三轴式五挡变速器结构简图

1-第一轴;2-第一轴常啮合齿轮;3-第一轴结合齿圈;4、9-接合套;5-四挡齿轮结合齿圈;6-第二轴四挡齿轮;7-第二轴三挡齿轮;8-三挡齿轮结合齿圈;10-二挡齿轮结合齿圈;11-第二轴二挡齿轮;12-第二轴一、倒挡滑动齿轮;13-变速器壳;14-第二轴;15-中间轴;16-倒挡轴;17、19-倒挡中间齿轮;18-中间轴一、倒挡齿轮;20-中间轴二挡齿轮;21-中间轴三挡齿轮;22-中间轴四挡齿轮;23-中间轴常啮合齿轮;24、25-花键齿毂;26-第一轴承盖

二、各挡齿轮的传动情况（参阅图2-2）

（1）空挡。第二轴换挡的接合套、传动齿轮均处于中间空转位置,动力不传给第二轴。

（2）一挡。前移一、倒挡滑动齿轮12与中间轴一挡齿轮18啮合。动力经第一轴齿轮2、中间轴常啮合齿轮23,中间轴齿轮18,第二轴一、倒挡齿轮12,传到第二轴输出。在此动力传递过程中,共有两对外啮合齿轮传动,故其输出轴与输入轴的转向相同,即前进挡。1——2——23——18——12——14

（3）二挡。后移接合套9与第二轴二挡齿轮上的齿圈啮合。动力经齿轮2、23、20、11、接合套9、花键毂24,传到第二轴输出。同理,其输出轴与输入轴的转向相同,即前进挡。

1——2——23——20——(9、24)11——14

（4）三挡。前移接合套9与第二轴三挡齿轮7的齿圈啮合。动力经齿轮2、23、21、7、接合套9、花键毂24,传到第二轴输出。同理,其输出轴与输入轴的转向相同,即前进挡。

1——2——23——21——(9、24)7——14

（5）四挡。后移接合套4与第二轴四挡齿轮6的齿圈啮合。动力经齿轮2、23、22、6、接合套4、花键毂25,传到第二轴输出。其输出轴与输入轴的转向相同,即前进挡。

1——2——23——22——(4、25)6——14

（6）五挡。前移接合套4与第二轴常啮合传动齿轮2的齿圈啮合。动力直接由第一轴传到第二轴,传动比为1。由于第二轴的转速与第一轴相同,故此挡称为直接挡。

1——2——(4)——14

(7)倒挡。后移第二轴上的一、倒挡齿轮12与倒挡齿轮17啮合。动力经齿轮2、23、18、19、17、12,传给第二轴,在此过程中,共有3对外啮合齿轮传动,故其输出轴与输入轴的转向相反,汽车倒向行驶。

1——2——23——18——19——17——12——14

小型汽车的最高前进挡传动比多数都小于1,即第二轴的转速高于第一轴的转速,称为超速挡。

单元二　手动变速器零件材料认识

单元要点

1. 金属材料的机械性能。
2. 碳钢材料的认识。
3. 铸铁材料的认识。
4. 有色金属材料的认识。

知识链接

一、金属材料的机械性能

材料的力学性能是指材料在外力作用下所表现出来的特性。力学性能包括强度、塑性、硬度、冲击韧度及疲劳强度等。

1.强度

强度是指金属材料在荷载作用下抵抗变形和破坏的能力。强度指标一般可以通过金属拉伸试验来测定。把标准试样装夹在试验机上,然后对试样缓慢施加拉力,使之不断变形直到拉断为止。在此过程中,试验机能自动绘制出荷载F和试样变形量ΔL的关系曲线。此曲线叫做拉伸曲线。

(1)拉伸曲线。图2-3为低碳钢的拉伸曲线,图中纵坐标表示荷载单位为N;横坐标表示绝对伸长量ΔL,单位为mm。从图2-3中可以看出下面几个变形阶段:

① Oe——弹性变形阶段
② es——屈服阶段
③ sb——强化阶段

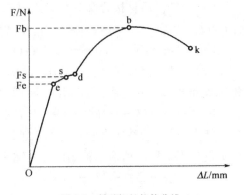

图2-3　低碳钢的拉伸曲线

④bk——缩颈阶段

(2)强度指标。材料受到外力作用会发生变形,同时在材料内部产生一个抵抗变形的力称为内力。单位面积上的内力称为应力,单位为 Pa(帕),即 N/m^2 工程上常用 MPa(兆帕),1MPa = 106Pa,或 1Pa = $1N/m^2$,或 1MPa = $1N/mm^2$。

①屈服点 σ_s。材料产生屈服时的最小应力。单位为 MPa。

$$\sigma_s = F_s/A_0 \tag{2-1}$$

式中:F_s——屈服时的最小荷载(N);

A_0——试样原始截面积。

对于无明显屈服现象的金属材料(如高碳钢、铸铁),测量屈服点很困难,工程上经常采用残余伸长为 0.2% 原长时的应力 $\sigma_{0.2}$ 作为屈服强度指标,称为规定残余伸长应力。

$$\sigma_{0.2} = F_{0.2}/A_0 \tag{2-2}$$

②抗拉强度 σ_b。材料在拉断前所承受的最大应力,单位为 MPa。抗拉强度表示材料抵抗均匀塑性变形的最大能力,也是设计机械零件和选材的主要依据。

$$\sigma_b = F_b/A_0 \tag{2-3}$$

式中:F_b——试样断裂前所承受的最大荷载(N)。

2. 塑性

金属材料在荷载的作用下,产生塑性变形而不断裂的能力称为塑性。通过拉伸试验测得的常用塑性指标有:断后伸长率和断面收缩率。

(1)断后伸长率 δ。试样拉断后的标距伸长量和原始标距之比。

$$\delta = (L_1 - L_0)/L_0 \times 100\% \tag{2-4}$$

式中:L_1——试样原始标距长度;

L_0——试样拉断后的标距长度。

(2)断面收缩率 ψ。试样拉断处 ψ = 横截面积的缩减量与原始横截面积之比×100%

$$\psi = (A_0 - A_1)/A_0 \times 100\% \tag{2-5}$$

式中:A_0——试样的原始横截面积;

A_1——试样断口处的横截面积。

3. 硬度

硬度是指材料表面抵抗局部塑性变形、压痕或划痕的能力。常用来测定硬度的方法有布氏硬度试验法和洛氏硬度试验法。

(1)布氏硬度试验法。如图 2-4 所示采用直径为 D 的淬火钢球或硬质合金球,在规定荷载 F 的作用下,压入被测金属表面,保持一定时间后卸除荷载,测定压痕直径,求出压痕球形的表面积,压痕单位表面积上所承受的平均压力(F/A)即为布氏硬度值,压头为淬火钢球时用 HBS 表示,压头为硬质合金球用时 HBW 表示。例如 120HBS,450HBW。

(2)洛氏硬度试验法。采用顶角为 120°的金刚石圆锥体或直径为 1.588mm 的淬火钢球作为压头。如图 2-5 所示。试验时先施加初荷载,使压头与试样表面接触良好,保证测量准确,再施加主荷载,保持到规定的时间后再卸除主荷载,依据压痕的深度来确定材料的硬度值。

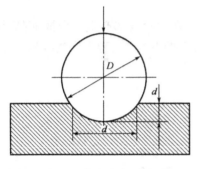
图2-4 布氏硬度试验法

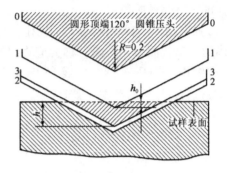
图2-5 洛氏硬度试验法

4. 冲击韧度

对于承受冲击荷载的材料,如汽车发动机中的活塞,不仅要求具有高的强度和一定的塑性,还必须具备足够的冲击韧度。金属材料抵抗冲击荷载作用而不破坏的能力称为冲击韧度。冲击韧度的测定方法,如图2-6所示,是将被测材料制成标准缺口试样,在冲击试验机上由置于一定高度的重锤自由落下而一次冲断。冲断试样所消耗的能量称为冲击功,其数值为重锤冲断试样的势能差。冲击韧度值 aKV 就是试样缺口处单位截面积上所消耗的冲击功,这个值越大,则韧性越好,受冲击时,越不容易断裂。

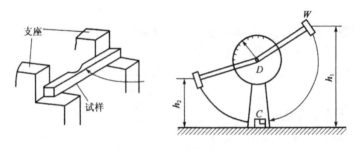
图2-6 冲击韧度的测定方法

5. 疲劳强度

在汽车上的许多零件中,比如各种轴、齿轮、弹簧、连杆等,要受到大小和方向呈周期性变化的荷载作用。这种交变荷载虽然小于材料的强度极限,甚至小于其弹性极限,但经多次循环后,在没有明显的外观变形时也会发生断裂,这种破坏称作疲劳破坏或疲劳断裂。这种破坏都是突然发生的,具有很大的危险性。

疲劳强度 σ_{-1} 是表示材料以周期性交变荷载作用而不致引起断裂的最大应力,其大小与应力变化的次数有关。对于黑色金属规定循环次数为 10^7 次,有色金属循环次数为 10^8 次。为了提高金属的疲劳强度,可以通过改善零件的结构形状,避免应力集中,减小表面粗糙度值,进行表面热处理和强化处理等方法。

二、碳钢材料

1. 碳钢

碳素钢简称为碳钢。碳钢的机械性能可以满足一般机械和工具的使用要求,又有良好的工艺性能,且冶炼方便、价格便宜,故应用非常普遍。

碳钢的分类方法较多。这里仅介绍下面两种分类方法。

1)按钢的质量(即按硫、磷的含量)分类

(1)普通钢:普通碳素钢中的S、P含量较高。S≤0.055%;P≤0.045%。

根据国家标准,出厂时保证条件的不同,将普通碳素结构钢分为三类。

①甲类钢(A类钢):甲类钢是按机械性能供应的钢。这类钢在热轧空冷后,一般不再进行任何热加工或热处理即可供使用。钢的编号为A1(甲1)、A2(甲2)……A7(甲7)。编号越大,则强度越高而塑性越低。A1、A2塑性很好,多用于生产焊接构件、建筑结构及铆钉、地脚螺丝等。A3、A4、A5具有较高的强度和硬度,塑性也较好。是制造一般机器的主要材料,如拉杆、螺丝、套环、轴、连轩、销子等。也可作建筑材料上的螺纹钢、工字钢、槽钢和鱼尾板钢。A6、A7强度高、耐磨性好,能制作各种工具、轻轨和农业机械零件,如拖拉机轴等。

甲类普通碳钢中最常用的是A3(甲3)和A5(甲5)钢。A3钢是低碳钢,具有良好的塑性和焊接性,但强度不高。常用于制造受荷载不大的零件,如汽车上的制动器底板,气制动气室推杆盘、消声器进气管前支架、空气滤清器支架等。A5钢是中碳钢,强度比A3钢高,塑性不及A3钢,常用于制造不需淬火的切削加工零件,如螺栓、拉杆、蜗杆等。

②乙类钢(B类钢):乙类钢是按化学成分供应的钢,这类钢在使用前一般还要进行热加工或热处理。钢的编号为B1(乙1)、B2(乙2)……B7(乙7)。编号越大,则含碳量越高。B1~B4属低碳钢,常拉成钢丝。轧成薄板,制成各种铁钉等;B5~B7属于中碳钢,用于制作农业机具,如犁、锄、铲等及木工工具。它们可进行正火、淬火、调质等热处理。

乙类钢在工业上应用相当广泛,在汽车上用做连接板、垫圈、锁片,用乙类钢板材制作冲压件。

甲类钢和乙类钢实际上比较接近,在生产中可以互换使用。例如A3常用于汽车发动机后悬架软垫盖板、固定空气滤清器支架、消声器进气管前支架、百叶窗叶片支持板、风窗框撑板等;A3F常用于汽车后桥壳盖、左右纵梁加强板、翼子板中托架、辅助弹簧支架的加强板、散热器罩拉杆后固定板、发动机罩左右托板;B3常用于汽车消声器前后支架环箍、车轮轮辐、车轮轮辋、百叶窗叶片支承板拉杆、曲轴前挡油盘、底油壳后隔板、正时齿轮盖加固片、点火正时指针、正时齿轮盖底板调速器支架、水泵轴锁环、发电机支架、消声器管、风扇前叶片、风扇护风罩右支架、排气管凸缘等。

③特类钢(C类钢):特类钢是同时按机械性能和化学成分供应的钢。这类钢使用方便可直接使用,也可以经热加工或热处理后使用。

特类钢的编号为C2、C3、C4、C5。编号越大,则强度和含碳量越高。这类钢除了用于制造很重要的机器零件外,还可以代替优质钢制作其他较重要的机器零件。

对沸腾钢和半镇静钢,则在钢号尾部分别加上"F"或"b"表示(镇静钢则不标出)。钢的冶炼方法不同时,如氧气转炉钢、碱性空气转炉钢、酸性空气转炉钢,应在钢号中分别标出符号"Y"、"J"或"S"(平炉钢则不标符号)。如A3表示甲类平炉3号钢;BJ2F为乙类碱性空气转炉2号沸腾钢;CY4表示特类氧气转炉4号镇静钢。

此外,为满足各种专门用途,还有某些专用的普通碳钢,如船用钢(用"船"或"C"表示)、桥梁用钢(用"桥"或"q"表示)、锅炉用钢(用"锅"或"g"表示)等,详见国标GB 221—63。

根据现行国家标准 GB 700—2006 规定,普通碳素结构钢的新标准牌号为:Q195、Q215(分为 A、B 两个等级)、Q235(分为 A、B、C、D 四个等级)、Q255(分为 A、B 两个等级)和 Q275。与 GB 700—79 规定的旧标准牌号对照情况见表 2-1。

普通碳素结构钢新旧 GB 700 标准牌号对照 表 2-1

GB/T 700—88	GB/T 700—2006
Q195 不分等级,化学成分和力学性能(抗拉强度、伸长率和冷弯)均须保证,但轧 1H 薄板和盘条之类产品,力学性能的保证项目,根据产品特点和使用要求,可在有关材料中另行规定	Q195 的规定屈服强度值仅供参考,不做交换条件。磷、硫含量降低为 0.035% 和 0.040%
Q215A 级 B 级(做常温冲击试验,V 形缺口)	相同
Q235A 级(不做冲击试验) B 级(做常温冲击试验,V 形缺口) C 级 D 级 } (作为重要焊接结构用)	Q235B 如供方能保证冲击吸收功值合格,经需方同意,可不作检验
Q255A 级 B 级(做常温冲击试验。V 形缺口)	取消
Q275 不分等级,化学成分和力学性能均须保证	原 Q275 取消将 1999 中 E275 改为新的 Q275

其他变化如下:

取消各牌号的碳、锰含量下限,并提高锰含量上限;取消沸腾钢、镇静钢硅含量的界限;硅含量由 0.30% 修改为 0.35%(Q195 除外)。

(2)优质钢:优质碳素钢中的 S、P 含量较低,S≤0.040%;P≤0.040%。优质碳素结构钢含 S、P 等杂质较少,塑性和韧性较高,可通过热处理进行强化,多用于制造要求机械性能较高的重要零件。

这类钢的编号方法如下:

①钢的编号:一般采用两位阿拉伯数字表示,数字代表平均含碳量的万分之几。如 45 号钢,就表示其平均含碳量为 0.45%。

②含锰量较高的优质碳素钢:应将锰元素标出,如 50Mn,表示平均含碳量为 0.50%,锰含量较高(0.70% ~ 1.2%)的优质碳素结构钢。

③其他优质碳素钢:如沸腾钢、半镇静钢及专门用途的优质碳素结构钢,钢号后应标出规定的符号。如 10F。表示平均含碳量为 0.10% 的沸腾钢;20g 表示平均含碳量为 0.20% 的锅炉用钢。

根据用途不同,优质碳素结构钢可分为三类。

a)渗碳钢:含碳量在 0.15% ~ 0.25% 范围内,塑性、韧性较高,但强度较低。主要用于表面要求硬度高、耐磨,心部要求有较大韧性的渗碳零件。经渗碳、淬火后,表面含碳量达 1.0% 左右,硬度达 HRC60 以上。如凸轮盘、滑块、活塞销零件,还可用作铸件和焊件。

b)调质钢:含碳量在 0.25% ~ 0.5% 范围内,通过淬火及高温回火可以获得良好的综合机械性能。主要用于要求强度、塑性、韧性较高的机件,如凸轮轴、曲轴以及齿轮、齿条、螺栓等。表面受磨但冲击荷载不大的零件。用这类钢经表面淬火及低温回火后,可得到高硬度表面,如车床变速箱齿轮等。

c)弹簧钢:含碳量在0.5%~0.9%范围内,经淬火及中温回火可获得高的弹性极限。主要用于制造各种弹簧(如连接器弹簧、弹赞垫圈等)以及高硬发的机件(如车轮、凸轮偏心轴等)。

(3)高级优质钢:高级优质碳素钢中的S、P含量很低,S≤0.030%;P≤0.035%。

2)按钢的用途分类

(1)结构钢:碳素结构钢主要用于制造各种机械零件和工程结构件,钢中含碳量一般都小于0.7%。根据质量情况,又可以分为普通碳素结构钢和优质碳素结构钢两大类。

(2)工具钢:碳素工具钢主要用于制造各种刃具、量具和模具。钢中含碳量一般都大于0.7%。碳素工具钢含碳量在0.65%~1.35%范围内,根据硫、碳含量不同,分为优质碳素工具钢和高级优质碳素工具钢。编号以T字开头,后标数字,表示其平均含碳量,高级优质钢则在数字后再标注字母。如T8,表示平均含碳量为0.8%(含碳量以千分之几计)的优质碳素工具钢;T8A,则表示平均含碳量为0.8%的高级优质碳素工具钢。碳素工具钢都要经热处理后使用。随着含碳量的增加,钢的硬度和耐尝性逐渐增加,而韧性则逐渐下降。

T7、T8用作要求有较高韧性、承受一定冲击荷载的工具,如冲头、凿子、车床顶尖等。T9、T10、T11用作要求中韧性、高硬度的刀具。如钻头、丝锥、车刀等。T12、T13具有很高的硬度和耐磨性,但韧性较低,可用作量具、锉刀、精车刀等。高级优质碳素工具钢,淬火时具有较小的开裂倾向,研密时可获得光洁的表面,适于制造形状复杂、精度要求较高的工具等。

3)在生产中,习惯上按含碳量的多少,把碳钢分为以下三类:

(1)低碳钢:含碳量低,在0.25%以下(含碳量小于0.04%时称为工业纯铁),具有良好的塑性、韧性、可焊性和优良的冷加工成型性。低碳钢在建筑上应用很广,如桥梁、屋架、钢筋等。常用钢号有:08F钢,主要用于冷冲压延伸成型的外壳、罩子等。如汽车制动气室外壳,消声器外壳、散热器盖等。15号、20号钢,常用于制造尺寸不大,荷载小的渗碳零件,也可用作不需热处理的冲压件及钢丝,钢带和焊接零件等。如汽车上的齿轮、凸轮、离合器分离杠杆经渗碳表面淬硬处理。

(2)中碳钢:含碳量为0.25%~0.60%,主要用来制造传动机件。如曲轴,连杆等。常用的是35号、40号、45号,其中45号钢应用最广,它具有良好的综合机械性能,可以在供应状态下使用。但一般多用于以下几种热处理零件:

尺寸不大,淬硬至中等硬度(约HRC35~50)的零件。如螺栓钉等;尺寸不大的调质零件,如曲轴、连杆等;表面淬火零件,如凸轮轴、机油泵传动齿轮、分电器传动轴等。

(3)高碳钢:合碳量大于0.6%(一般不大于1.3%),主要用来制造工具。如锉刀、锯等。常用钢号为60号、65号、70号、65Mn(锰)等。这类钢经一定热处理后,可制成要求强度高,弹性好的各种零件。如汽车上的气门弹簧。

4)按工艺性质可分为:

(1)铸钢:将熔炼好的钢液,直接浇铸成制品,这种制品叫铸钢件,它的材料叫铸钢。它的强度、塑性、韧性较好,常用于制造一些重要铸件,如汽车绞盘滚筒,平衡悬架轴支架等。

(2)轧钢:是采用轧制方法制成的各种给定形状的钢材,如钢板、钢管、工字钢、槽钢、角钢,用于制造汽车车身、车架、驾驶室等。

(3)锻钢:锻钢是用钢锭经锻造而成的钢材。一般的锻钢表面不是光平的,而是带有锤打痕迹。

2. 合金钢

随着汽车制造工业的不断发展,汽车零件对金属材料的强度、硬度、韧性、塑性、耐磨性以及其他各种物理和化学性能等的要求也愈来愈高。碳素钢已不能完全满足这些要求,所以现代汽车的零件采用合金钢很普遍。

所谓合金钢,是指为了改善钢的使用性能,特意在碳素钢中加入一些合金元素冶炼成的钢。合金钢必须通过热处理才能显示出优良特性。常加入的合金元素有:钛(Ti)、锆(ZR)、钒(V)、铌(Nb)、钨(W)、钼(Mo)、铬(Cr)、锰(Mn)、铝(Al)、钴(Co)、硅(Si)、硼(B)、氮(N)及稀土元素。

1) 合金元素在钢中最基本的作用主要有:

(1) 强化铁素体。合金元素一般均能不同程度地溶入铁素体,形成合金铁素体,使铁素体的强度、硬度提高。当合金元素溶入量超过一定限度后,会使铁素体的塑性和韧性显著下降(这就是钢中合金元素含量要有一定限度的原因)。例如 Si、Mn 能显著提高铁素体的强度和硬度,但 Si 超过 1%,Mn 超过 1.5%,都会降低铁素体的韧性。Ni 和 Cr 的含量分别在 5% 和 1.5% 以下时,能同时提高钢的强度和韧性。

(2) 形成合金碳化物。合金碳化物具有很高的熔点、硬度和耐磨性,能阻碍奥氏体的晶粒长大,有助于钢的热处理性能的提高;能提高钢的强度、硬度和耐磨性而不降低钢的韧性,特别是弥散分布时,上述作用尤其显著。在钢中能形成碳化物的元素有 Fe、Mn、Cr、Mo、W、V、Nb、Zr、Ti 等(按与碳的亲合能力由弱到强依次排列)。

(3) 提高钢的淬透性。大多数合金元素(除钴外)都能提高钢的淬透性,改善热处理工艺性能,进一步提高钢的机械性能。各元素提高淬透性的能力各有不同,按照由强到弱依次排列为:B、Mn、Mo、Cr、Si、Ni 等。

(4) 提高钢的回火稳定性。合金钢的回火稳定性比碳钢高,在相同温度回火,合金钢的强度和硬度则高于碳钢。高的回火稳定性使钢在较高的温度下,仍能保持高的硬度和高的耐磨性,这对于切削速度较高的刃具有很重要的意义。

与碳钢相比,其使用性能和工艺性能均显著提高。但是,合金钢并不是在一切性能上均优于碳钢,有些性能指标甚至还不如碳钢。且价格比较昂贵,所以必须正确的认识合金钢,合理的使用合金钢。一般合金结构钢仅用于制造碳素钢不能满足要求的重要机械零件。

2) 合金钢的分类

合金钢种类繁多,分类方法有多种,常见的分类方法有:

(1) 合金钢按用途分为以下三种:

①合金结构钢:主要用于重要的机械零件和工程结构件。汽车上采用较广泛。

②合金工具钢:主要用于重要的工模具。

③特殊钢:具备某种特殊的物理或化学性能,用于有特殊要求的零件。

(2) 按合金元素的含量分为以下三种:

①低合金钢:钢中合金元素总量 $\omega_{Me}<5\%$。

②中合金钢:钢中合金元素总量 $\omega_{Me}=5\%\sim10\%$。

③高合金钢:钢中合金元素总量 $\omega_{Me} > 10\%$。

3)合金钢的编号

根据国家标准《钢铁产品牌号表示方法》(GB 221—2008)中规定,我国钢号表示方法采用阿拉伯数字、汉语拼音及国际化学元素相结合的方法表示。

(1)低合金高强度结构钢。低合金高强度结构钢的牌号是用代表屈服强度的汉语字母"Q"、屈服强度值(单位 Mpa)、质量等级符号(A、B、C、D、E)三个部分按顺序排列。例如,Q390A 表示屈服强度是 390MPa 的 A 级低合金高强度结构钢。

(2)合金结构钢。除了低合金高强度结构钢外,其他合金结构钢的牌号由三部分组成,即两位数字 + 元素符号 + 数字。前两位数字表示合金结构钢的平均含碳量的万分数;合金元素直接用对应的元素符号(或汉字)表示;元素符号后两数字表示该合金元素钢中平均含量的百分数,具体规定为:凡合金元素平均含量小于 1.5% 时,只标注出合金元素种类符号,一般不标注含量数字。如果其含量等于或大于 1.5%、2.5%、3.5%……则在相应的元素后面标出 2、3、4……。例如:①40Cr(或 40 铬)含碳量 0.4%,含铬量为 0.8% ~ 1.10%,因小于 1.5%,故牌号中只标出铬元素符号,不标其含量。②60Si2Mn(或 60 硅 2 锰)表示平均含碳量为 0.6%,平均含硅量≥1.5%,平均含锰量小于 1.5% 的合金结构钢。如是高级优质钢,则在钢号后面加符号"A"。特级优质钢则加符号"E"。

(3)合金工具钢。合金工具钢的牌号采用"一位数字 + 元素符号 + 数字"表示,当合金工具钢中的平均含碳量 <1% 时,前面一位数字表示平均含碳量的千分之一数,当平均含碳量 >1% 时,不标注含碳量;合金元素的标注方法同合金结构钢。

例如:①9SiCr,表示平均含碳量为 0.9%,硅、铬含量均小于 1.5% 的合金工具钢;②Cr12MoV 表示平均含碳量 >1%,平均铬含量约 12%;钼、钒含量小于 1.5% 的合金工具钢;③9Mn2V 表示平均含碳量 0.9%,含锰量约为 2%,含钒小于 1.5%;CrWMn 表示含碳量超过 1%,含铬、钨、锰分别小于 1.5%。

(4)滚动轴承钢。滚动轴承用钢属高级合金结构钢,但其牌号与其有所不同,用"G + Cr + 数字"表示,G 为"滚"字的拼音字母,高碳铬轴承钢,当含碳量小于 1% 时,在"G"符号前用一位数字表示含碳量的千分数,当含碳量大于 1% 时,不标注出含碳量。后面的数字(两位数)表示含铬量的千分数。其他合金元素表示方法同合金结构钢。

如 GCr15SiMn 表示平均含碳量大于 1%,平均铬含量为 1.5%,硅锰含量小于 1.5% 的高碳铬滚动轴承钢。

9GCr18 表示平均含碳量为 0.9%,平均含铬量为 1.8% 高碳铬滚动轴承钢。

渗碳轴承钢在牌号前加"G"符号,其他同合金结构钢。如:G20CrMo 表示平均含碳量为 0.2%,铬、钼含量小于 1.5% 的渗碳轴承钢。

(5)特殊用途钢。特殊用途钢中,耐热钢、不锈钢牌号表示方法和合金工具钢基本相同。只是当其平均含碳量 $\omega_c \leq 0.03\%$ 和平均含碳量 $\omega_c \leq 0.08\%$ 时,在牌号前分别冠以"00"和"0"。

例如:0Cr19Ni9 表示平均含碳量小于或等于 0.08%,平均含铬量约等于 19%,平均含镍量约等于 9% 的不锈钢。00Cr13 表示平均含碳量小于或等于 0.03%,含铬量约等于 13% 的不锈钢。

4)常用合金钢简介

(1)普通低合金结构钢。普通低合金结构钢具有良好的塑性、韧性、焊接性。与普通碳素钢比较,在同等荷载下可使结构重量减轻20%~30%。汽车上常用的普通低合金钢,例如09MnRe主要用于散热器固定架底板、风扇叶片、前横梁、汽油箱托架;16Mn主要用于中横梁、后横梁、备用车轮架上支架、发动机后悬架支架、主动齿轮止推环、翼子板前托板撑板、前辅助弹簧支架、拖车装置横梁、前保险杠、纵梁、纵梁前加强板、驾驶室后悬架上垫板;16MnRe主要用于蓄电池固定框后板、汽油箱托架;20Mn2TiB主要用于轴、取力传动主动齿轮、第三轴齿轮、主动锥齿轮、半轴齿轮、从动锥齿轮、从动螺旋齿轮;18CrMnTi主要用于中间轴、中间轴常啮齿轮、倒车齿轮、第二轴齿轮、万向节十字头、四五挡活动齿套、差速器十字轴、球头销、转向臂轴滚轮、行星小齿轮、半轴齿轮、从动锥齿轮、主动齿轮;45Cr主要用于花键轴;40Cr主要用于传动主动齿轮、气门盖螺丝、连杆螺栓、飞轮紧固螺栓、进气门、左右转向节;40MnB主要用于左转向节上臂、左右转向节、转向蜗杆、半轴、第二轴;15Cr主要用于汽车活塞销、气门顶杆调节螺丝、气门顶杆、转向滚动轮、球头销、球头碗、转向横拉杆。

(2)机械制造结构钢:

①合金渗碳钢。合金渗碳钢含碳量一般为0.1%~2.5%,在生产过程中大多要经历渗碳(或氰化)、淬火及低温回火处理,零件表面硬度高、耐磨性好、心部塑性、韧性好。合金渗碳钢特别适用于制作表面承受摩擦及承受动荷载的零件。

汽车上有许多零件是在承受较强烈的冲击荷载作用和受磨损的条件下进行工作的,例如变速器齿轮、凸轮、活塞销等。渗碳钢是常用15号、20号低碳钢加入一定数量的合金元素,如Cr(铬)、Mr(锰)、Ni(镍)、Mo(钼)、W(钨)、Ti(钛)、B(硼)等。如20CrMnTi钢,适宜于制造截面在30mm以下承受冲击荷载和摩擦的中速、高速、重负荷的零件。在汽车上的使用量很大,在国产解放、跃进、北京等车型中用来制造齿轮、轮圈、齿轮轴、十字轴、气门座圈等零件。

②合金调质钢。合金调质钢含碳量在中碳范围,通常是用40号、45号中碳钢加入一定数量的合金元素,生产中经调质热处理,使具有较高的综合机械性能。合金调质钢主要用以制造在多种负荷(交变、冲击、复合应力)下工作,而且受力情况比较复杂的重要机械零件。在汽车制造中应用极其广泛,如连杆、齿轮轴、曲轴起动爪、飞轮齿环、离合器分离叉、U形螺栓、半轴套管、气缸盖螺栓、进气门、转向臂、左右梯形臂、转向蜗杆、转向臂轴等。

③合金弹簧钢。合金弹簧钢一般在0.46%~0.74%,其主加合金元素多为硅、锰、铬等,辅加元素有钒、钨、钼、硼等。由于所加元素对钢的作用,合金弹簧钢具有高的弹性极限、屈强比和疲劳强度及足够的塑性和韧性,此外还具有较好的淬透性和工艺性能等。主要用于在冲击、振动或长期交变应力条件下工作,要求不产生塑性变形和能适应交变应力作用的各种弹性零件。汽车上使用的弹簧很多,它是利用弹性变形来贮存能量或缓和冲击力的一种零件。碳素弹簧钢的含碳量一般为0.6%~0.9%之间,但因碳钢的淬透性差,只适宜于制造小尺寸及小断面的弹簧。承受较大冲击力和大型弹簧都由合金钢制造。汽车上广泛用于制造钢板弹簧、气门弹簧、离合器压簧、活塞卡簧以及各种回位、限位弹簧等。

三、铸铁材料

铸铁是汽车制造及其他机械制造中广泛应用的一种材料。用铸铁可以制造汽车上的气缸体、气缸套、活塞环、飞轮、皮带轮、壳体等零件。若按重量计算,铸铁在汽车上约占50%～70%。同时,铸铁具有良好的铸造性、耐磨性、切削加工性等优点,而且成本低廉。

铸铁的强度一般都比钢低,特别是韧性和塑性较差,但随着球墨铸铁的出现,特别是合金铸铁的出现,大大提高了铸铁的强度和冲击韧性,为以铁代钢开辟了广阔前景(例如:曲轴一般采45钢锻造,加工后调质;现在采用球墨铸造后再机械加工)。

1. 灰口铸铁

灰口铸铁的特点是:脆性大,锤击即可破碎,塑性差,不能承受冷加工塑性变形,也不能锻造和轧制。但是灰口铸铁有良好的铸造性,它的熔点比钢低,流动性好,冷却收缩率小,因而应用广泛。灰口铸铁在汽车上的应用较多,例如:HT20-40常用于汽缸体、制动鼓、正时齿轮、进气门座圈;HT15-33主要用于汽缸盖、正时齿轮室盖、曲轴皮带轮、飞轮、主轴承盖、气门导管、气门挺杆、前后导管体、进排气歧管、机油滤清器壳、滤清器盖、汽油泵垫板、消声器进气管突缘、散热器进水管、加水管、汽缸出水管、离合器中间压盘、离合器分离叉突缘、轴承座、变速器壳、主轴齿轮前轴承盖、减震器活塞、手制动盘、前大灯支架、减震器壳、前轮毂油封内垫圈,空气压缩机曲轴箱、空气压缩机皮带轮;HT20-40常用于曲轴皮带轮、飞轮、曲轴轴承盖、曲轴后轴承盖、水泵壳、水泵叶轮、机油泵壳、风扇皮带壳、起动机推杆轴导管、排气歧管、汽缸盖出水管、离合器壳及压盘、离合器分离轴套筒,变速器盖、制动鼓。

2. 球墨铸铁

球墨铸铁是将普通灰口铸铁原料熔化成铁水后,经过球化处理而得到的。球化处理是在铁水出炉后,浇铸前,加入少量的球化剂,使石墨成球状析出。我国现在普遍使用稀土-镁合金作球化剂,其中镁是主要球化元素。稀土元素也有一定的球化作用,但主要是净化铁水,减少镁的损耗,并减少铸铁中的夹渣、疏松铸造缺陷、改善铸铁性能,也相应减少了镁的使用量。

球墨铸铁具有良好的铸造性、耐磨性、减震性及切削加工性。在汽车制造中,可以广泛地代替铸钢、某些锻钢和有色金属,制造高负荷,耐磨损和抗冲击的重要零件。球墨铸铁在汽车制造中的应用较广,例如:QT42-10主要用于汽车离合器踏板、离合器踏板支架、传动轴支承前后盖、差速器左右壳、钢板弹簧吊耳支架、钢板弹簧吊耳、前轴壳、避震器支架;QT60-2主要用于曲轴、凸轮轴等。

3. 可锻铸铁

可锻铸铁适用于制造一些形状复杂,强度和韧性要求较高的薄截面零件,如汽车和拖拉机的后轴壳,轮毂、钢板弹簧支架等。在汽车上的应用主要有KT35-10,用于散热器进水管,加水管、离合器踏板、离合器分离杠杆拉臂、差速器左右壳、主减速器壳左右盖、主动齿轮轴承座、主减速器轴后轴壳、差速器轴承盖、转向蜗杆箱、转向柱托架、备用轮胎支架、轮毂、后钢板弹簧支架、前钢板弹簧吊环支架、制动阀操纵杆、后制动调整臂外壳等。

4. 合金铸铁

在灰口铸铁或球墨铸铁中加入一定量的合金元素,可以使铸铁具有耐磨、耐热、耐酸等特殊性能,这类铸铁称为合金铸铁。目前在汽车、拖拉机耐磨铸件中,含锰合金球墨铸铁,含磷合金铸铁和铬钼铜合金铸铁都用得较多,如汽缸套、排气门座圈等。

在稀土球墨铸铁中加入少量的铜钼合金元素,可以制造柴油机曲轴、连杆、主轴承盖,汽车和拖拉机上的主从动减速齿轮。含有铬、镍、铜的合金铸铁,可用来制造汽车、拖拉机和发动机的凸轮轴。

四、汽车有色金属材料

汽车上有些零件,钢和铸铁不能满足它的技术要求,必须采用有色金属。常用的有铜、铅、铝、锡、钨、锌等合金。

1. 铜及铜合金

(1) 黄铜。铜与锌的合金叫黄铜,锌不仅使黄铜的强度提高,而且大大地改善了黄铜的塑性。一般常用的黄铜含锌量在35%~40%的范围内,黄铜的塑性和强度都比较适中。在铜锌合金中再加入其他合金元素,即成为特殊黄铜。常加入的合金为铅、锡、铝、锰、硅、镍等,成为铅黄铜、锡黄铜、铝黄铜等。黄铜在汽车上主要用来作散热器、汽油滤清器滤芯、油管接头以及化油器的零件。特殊黄铜在汽车上用作耐磨损的零件,如转向节衬套、钢板弹簧衬套、离合器与制动蹄支轴衬套、转向臂轴衬套等。

(2) 青铜。以前的青铜仅指铜锡合金即锡青铜。现在把黄铜和白铜以外的合金称为青铜。青铜一般具有较高的耐蚀性,导电、导热性和良好的切削加工性。青铜分压力加工产品和铸造产品两类。压力加工锡青铜,强度高、弹性耐磨性好,用以制造圆簧、片簧及铜丝网,汽车上用作垫片,如轴套垫、轴承垫、齿轮垫。

铸造锡青铜、铸造性、耐蚀性、耐磨性好,汽车上用于阀门、阀体。

2. 铝及铝合金

纯铝的强度很低,塑性很高。铝合金强度较高。因此,凡是要求减轻结构重量的地方,铝及其合金就用得比较多。铝合金分为压力加工铝合金、铸造铝合金。许多重要的铝合金件都是用铸造方法制造的。汽车上所用铝合金件,如活塞、汽缸盖等,都是用铸造方法制造的。汽车用铝合金活塞是因为:活塞在高速、高温、高压、变负荷及润滑不良的条件下工作,所以要求制造活塞的材料必须相对密度小,有较高的耐磨性、导热性、抗蚀性及耐热性,并要求活塞材料的线膨胀系数接近于气缸的线膨胀系数。

铝合金活塞的材料,以铝硅合金为主,另外还加有铜、镁等元素。硅铝合金的优点是:线膨胀系数小,抗腐蚀性、导热性和抗热性都好,而且重量轻,铸造性能也好。加入铜和镁主要是提高它的高温强度。

3. 铅锌及其合金

铅为毒性金属。铅为青灰色,在常用金属中最软。由于铅抗蚀性强,适用于制造蓄电池。锌合金,以锌为主,与铜、铝、镁等元素组成的叫锌合金。在锌合金中,有一种压铸用锌合金,其熔点低,流动性良好,并且有一定的强度和硬度,常用于制造受力不大而形状比较复杂的薄壁零件。如汽车上的化油器、汽油泵、刮水器等的壳体,及汽车仪表压铸零件。

4. 轴承合金

在滑动轴承中,制造轴瓦及内衬的合金称为轴承合金。轴承是支承着轴进行工作的,当轴在其中转动时,在轴颈和轴瓦之间存在着强烈的摩擦磨损。为了确保轴承对轴磨损最小,有一定的使用寿命。因而对制造滑动轴承用的合金,不但要求摩擦系数小,能保存润滑油,有足够的强度、硬度和韧性,还应具有良好的导热性和耐蚀性。为了满足上述要求,除了从原材料的机械性能、物理化学性能及价格方面考虑外,还要求轴承合金应有一种理想组织,即在软的基体上,均匀分布着硬的颗粒,如图2-7所示。当机器运转时,硬的颗粒承受荷载,软的基体则被磨凹,成为储油窝,从而保持最小摩擦系数。

常用的轴承合金有锡基、铅基轴承合金(巴氏合金);铝基轴承合金;铜基轴承合金三大类。锡基、铅基轴承合金(巴氏合金)牌号的表示为Z+基本元素符号+主加元素符号及质量分数+辅助元素符号及质量分数。如ZPbSb15Sn5为铸造铅基轴承合金,主加元素锑质量分数为15%,辅加元素质量分数为5%,余量为铅。

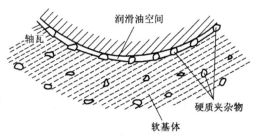

图2-7 轴承合金结构示意图

(1)锡基轴承合金。以锡为基础,加入锑(Sb)、铜(Cu)等合金元素的轴承合金称为锡基轴承合金,又称锡基巴氏合金。这类合金摩擦系数小、塑性和导热性好,并具有良好的耐腐蚀能力,常用作重要轴承。如汽轮机、内燃机、压气机等机器的高速轴承,但抗疲劳强度差,且锡是稀有金属,故这种轴承价格昂贵。常用铸造锡基轴承合金,见表2-2所示。

常用锡基轴承合金的牌号、成分、性能及用途　　　　表2-2

牌号	代号	主要成分(%)			杂质总量不大于(%)	HB (≮)	熔点(℃)	用途
		Sb	Cu	Sn				
1号锡基轴承合金	ZChSnSb12-4-10 (ZChSn1)	11.0~13.0	2.5~5.0	余量	0.55	29		一般机器主轴衬但不适于高温部分
2号锡基轴承合金	ZChSnSb11-6 (ZChSn2)	19.0~12.0	5.5~6.5	余量	0.55	27	液370 固240	1 471kW(约2 000马力)以上的高速蒸汽机
3号锡基轴承合金	ZChSnSn8-4 (ZChSn3)	7.0~8.0	3.0~4.0	余量	0.55	24		一般大机器轴承及轴衬,高速发动机薄壁及金属轴垫
4号锡基轴承合金	ZChSnSb-4 (ZChSn4)	4.0~5.0	4.0~5.0	余量	0.50	20	液223	涡轮内燃机高速轴承内衬

(2)铅基轴承合金。以铅为基础,加入锑、锡(Sn)、铜(Cu)等合金元素的轴承合金称为铅基轴承合金,又称铅基巴氏合金。

铅基轴承合金的特点是:强度、塑性、韧性、导热性及耐蚀性均比锡基轴承合金差,且摩擦系数较大,但价格便宜。不能用在负荷太大的机器上,一般用来制造承受中、低荷载的中速轴承。

无论是锡基轴承合金还是铅基轴承合金,它的强度都比较低,不能承受大的压力,故常用离心浇注法将其镶铸在钢制的轴瓦上(08钢),形成一层均匀的内衬(<0.1mm)。常用铸造铅基轴承合金,见表2-3所示。

铅基轴承合金的牌号、成分、性能及用途　　　　表2-3

牌号	代号	主要成分(%)			杂质总量不大于(%)	HB (<)	熔点(℃)	用途
		Sb	Sn	Pb				
1号铅基轴承合金	ZChPbSb16.16-2（ZCbPbl）	15.0~17.0	15.0~17.0	余量	0.6	30	液410 固240	工作温度<120℃、无显著冲击、重荷载的推力轴承
2号铅基轴承合金	ZChPbSb15-5-3（ZChPb2）	4.0~16.0	5.0~6.0	余量	0.4	32	液416 固232	小于250kW电动机轴承
3号铅基轴承合金	ZChPbSb15-10（ZChPb3）	14.0~16.0	9.0~11.0	余量	0.5	24	液400 固240	中等压力的机械和高温轴承
4号铅基轴承合金	ZChPbSb15-5（ZChPb4）	14.0~15.0	4.0~5.5	余量	0.75	20		低速、轻压力机械轴承
5号铅基轴承合金	ZChPbSb10-6（ZChPb5）	9.0~11.0	5.0~7.0	余量	0.75	18		重负荷、耐蚀、耐磨用轴承

（3）铜基轴承合金。常用的铜基轴承合金是含铅量约30%、含铜量70%的铜铅合金。主要有锡青铜和铅青铜（铍青铜较为少用）。常用的锡青铜牌号有ZCuSn10Pb1（或ZQSn10-1）和ZCuSn5Pb5Zn5（或ZQSn5-5-5）。铜和铅在固态下互不溶解，因而铜基轴承合金的组织是孤立的铅的软质点均匀分布在铜的硬基体上。这种结构组织，能形成良好的润滑条件。铜基轴承合金的抗压强度、疲劳强度、硬度、导热性均比巴氏合金高（达250℃），摩擦系数小，因此可做承受高荷载、高速度及在高温下工作的轴承，例如航空发动机及高速柴油机曲轴轴承。

（4）铝基轴承合金。铝基轴承合金具有耐高、中转速及重荷载的性能。铝基轴承合金是由铝作为基体，含锡17.5%~22.5%，含铜0.75%~1.25%，其合金组织是铝锡共晶构成软质点均匀分布在硬的铝基体上。它由钢带、铝锡合金及夹有纯铝中间层的三层金属轧制而成，中间纯铝层是提高铝锡合金与钢背的粘结强度而添加的。

铝基轴承合金具有很多特点，这种合金承载能力强（可达3 200MPa），胶合性好，且具有工序简单、成本不高、使用寿命长，特别是疲劳强度超过了锡基与铜基，可代替巴氏合金，用于高速、重载的内燃机轴承。所以目前广泛用于汽车、拖拉机、机车等内燃机上。从20世纪60年代起，随着发动机的高速化，铝基轴承合金作为连杆轴承的应用日见增多。进入70年代后，它得到进一步发展，在国外已有72%的连杆轴承和54%曲轴轴承采用铝基轴承合金。但铝基轴承合金也有缺点，特别是热膨胀还存在不少缺陷，尚待研究解决。

单元三　滚动轴承的拆装

单元要点

1. 滚动轴承的结构和类型。

2. 滚动轴承的失效形式和材料。
3. 滚动轴承的固定、调整和拆装。
4. 滚动轴承的润滑和密封。

知识链接

一、滚动轴承的结构和类型

滚动轴承是支持转动轴的标准部件,由专业厂家生产。轴承的功用是支承轴及轴上零件,保持轴的旋转精度,减少转轴与支承之间的摩擦和磨损。滚动轴承的基本结构一般由四部分组成,如图 2-8 所示。

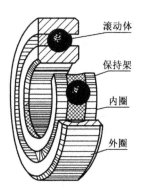

图 2-8　滚动轴承的结构

外圈——装在机体或轴承座内,一般固定不动或偶作少许转动。

内圈——装在轴上,与轴紧密配合在一起。

滚动体——装在内、外圈之间的滚道中,起到传递荷载的作用。

保持架——用以均匀分隔滚动体,防止它们相互之间发生摩擦和碰撞,并改善轴承内部的负荷分配。

常用的滚动体形状有球形、短圆柱滚子,长圆柱滚子、空心螺旋滚子、圆锥滚子、鼓形滚子和滚针等,如图 2-9 所示。

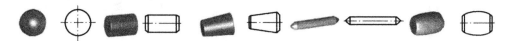

图 2-9　常见滚动体形状

按承受荷载的方向,滚动轴承的类型可分为下述两类(图 2-10):

向心轴承——只能或主要承受径向荷载,如深沟球轴承。

推力轴承——只承受轴向荷载,如推力球轴承。

常用滚动轴承的类型见表 2-4 所示。

图2-10 滚动轴承的类型

常用滚动轴承的类型、代号及特性　　　　　　表2-4

轴承类型	轴承类型简图	类型代号	标准号	特性
调心球轴承		1	GB/T 281—1994	主要承受径向荷载,也可同时承受少量的双向轴向荷载。外圈滚道为球面,具有自动调心性能,适用于弯曲刚度小的轴
调心滚子轴承		2	GB/T 288—1994	用于承受径向荷载,其承载能力比调心球轴承大,也能承受少量的双向轴向荷载。具有调心性能,适用于弯曲刚度小的轴
圆锥滚子轴承		3	GB/T 297—1994	能承受较大的径向荷载和轴向荷载。内外圈可分离,故轴承游隙可在安装时调整,通常成对使用,对称安装
双列深沟球轴承		4	—	主要承受径向荷载,也能承受一定的双向轴向荷载。它比深沟球轴承具有更大的承载能力
推力球轴承	单向	5(5100)	GB/T 301—1995	只能承受单向轴向荷载,适用于轴向力大而转速较低的场合

续上表

轴承类型	轴承类型简图		类型代号	标 准 号	特 性
推力球轴承	双向		5(5200)	GB/T 301—1995	可承受双向轴向荷载,常用于轴向荷载大、转速不高处
深沟球轴承			6	GB/T 276—1994	主要承受径向荷载,也可同时承受少量双向轴向荷载。摩擦阻力小,极限转速高,结构简单,价格便宜,应用最广泛
角接触球轴承			7	GB/T 292—2007	能同时承受径向荷载与轴向荷载,接触角有15°、25°、40°三种。适用于转速较高、同时承受径向和轴向荷载的场合
推力圆柱滚子轴承			8	GB/T 4663—1994	只能承受单向轴向荷载,承载能力比推力球轴承大得多,不允许轴线偏移。适用于轴向荷载大而不需调心的场合
圆柱滚子轴承	外圈无挡边圆柱滚子轴承		N	GB/T 283—2007	只能承受径向荷载,不能承受轴向荷载。承受荷载能力比同尺寸的球轴承大,尤其是承受冲击荷载能力大

二、滚动轴承的失效形式和材料

1.滚动轴承的失效形式

滚动轴承主要失效有:疲劳点蚀、塑性变形、磨损等。

(1)疲劳点蚀:最主要的失效形式,滚动体表面、套圈滚道都可能发生点蚀。在径向荷载

F_r的作用下,由于各元件的弹性变形使轴承内圈沿F_r的作用方向下移一段微小距离,所以轴承上半圈滚动体不承受荷载,下半圈滚动体各自承受大小不等的荷载,处于最下方的滚动体所受荷载最大。由此可见,轴承工作时各元件上所受的荷载是随时间变化的,这种随时间变化的荷载称为交变荷载。在交变荷载作用下,元件内部所产生的应力称为交变应力。在交变荷载长期作用下,元件表面将出现疲劳点蚀,如图2-11所示。

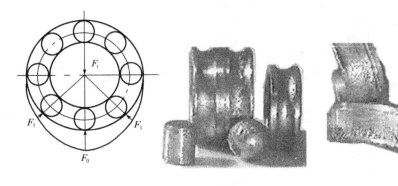

图2-11 疲劳点蚀

(2)塑性变形(图2-12):对于转速很低($n<10$r/min)或偶尔转动轴承,一般不会发生疲劳点蚀。但在很大的静荷载或冲击荷载的作用下,若出现元件工作表面的局部应力超过材料的屈服极限时,则会使元件表面出现塑性变形——不均匀的凹坑,导致轴承丧失工作能力。

(3)磨损、胶合、内外圈和保持架破损等(图2-13):当轴承处于润滑不良、密封不好、配合不当、安装不正确等情况下,很容易出现过度磨损,从而使轴承旋转精度降低、噪声增大,导致轴承失效。

图2-12 塑性变形

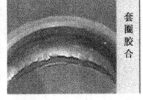

图2-13 磨损、胶合

2.轴承所用的材料

滚动轴承内、外圈和滚动体一般采用GCr15、GCr15SiMn等铬轴承钢制造,淬火硬度达到HRC61~65;保持架多用低碳钢冲压制造,也可用黄铜或塑料等材料制造。

三、滚动轴承的固定、调整和拆装

1.轴承的固定

(1)单个轴承的固定:内圈固定常用四种固定方法,如图2-14所示。最常用的是轴肩固定轴承内圈。

外圈固定常用三种方法,如图2-15所示。最常用的是轴承端盖固定外圈。

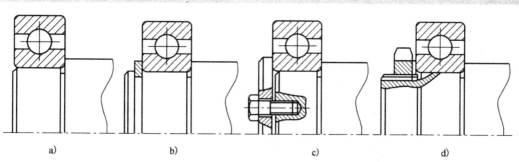

图 2-14 常用内圈固定方法

a)$F_a=0$ 或 F_a 较小时用轴肩；b)F_a 不大时用轴肩+弹性挡圈；c)F_a 较大时轴肩+轴端挡圈或螺栓；d)F_a 较大时轴肩+圆螺母与止动垫圈

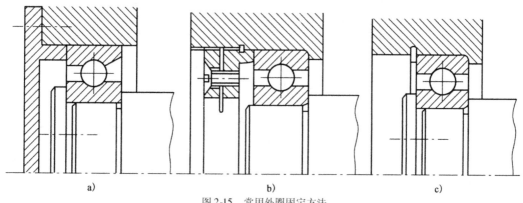

图 2-15 常用外圈固定方法

a)F_a 较大时用轴承端盖+座孔凸肩；b)F_a 较大时用轴承端盖+座孔凸肩；c)F_a 较小时用弹性挡圈

（2）轴承组合的固定：可分为双支点单向固定和单支点双向固定。双支点单向固定：特点是轴承内外圈皆为单向固定，又称两端固定。一般适用于短轴、温升不高的场合。考虑轴受热伸长在一端应留有间隙 $C=0.2\sim0.4$mm 如图 2-16 所示。

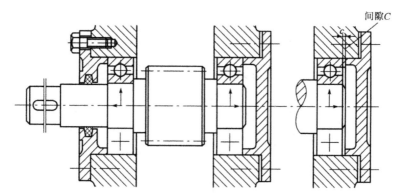

图 2-16 双支点单向固定

单支点双向固定：特点是一个轴承内外圈皆双向固定（称为固定端），另一轴承内圈双向固定，外圈不固定（称为游动端），又称一端固定，一端游动。一般适用于长轴、工作温度较高的场合。但选用内圈或外圈无挡边的短圆柱滚子轴承或滚针轴承作游动支承时，因为这两类轴承内部有游隙，不需另外留间隙，对它们的内外圈都要作双向固定。

2. 轴承组合的调整

(1) 轴承与轴承盖间的间隙：主要注意轴承与轴承盖的间隙，一般加调整垫片或调整螺钉来进行调整，如图 2-17 所示。

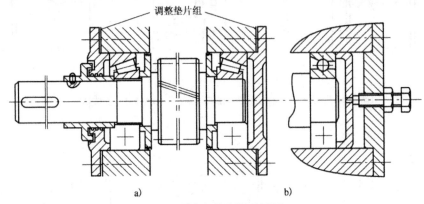

图 2-17　轴承与轴承盖间的间隙
a) 垫片调整；b) 螺钉调整

(2) 轴承的预紧：轴承预紧的目的是为了提高轴承的精度和刚度，以满足机器的要求。在安装轴承时要加一定的轴向预紧力，消除轴承内部游隙后，并使套圈与滚动体产生预变形，在承受外载后，仍不出现游隙，这种方法称为预紧。预紧的方法有两种，可以在一对轴承套圈之间加金属垫片或磨窄外圈，如图 2-18 所示。

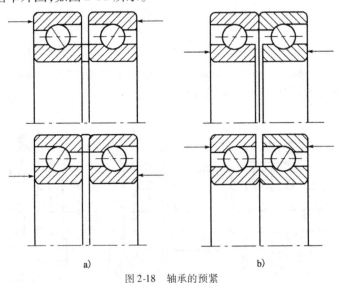

图 2-18　轴承的预紧
a) 加金属垫片；b) 磨窄套圈

(3) 轴承组合位置的调整：锥齿轮锥顶应重合，否则轮齿不能正确啮合，要求整个轴承组合的轴向位置能够调整，如图 2-19 所示。

3. 轴承的配合

内圈与轴采用基孔制，外圈与座孔采用基轴制。选择配合前应先计算当量动负荷与基本额定动负荷的比值,判断负荷的大小,然后查表确定轴承的配合。

四、轴承的装拆

(1)轴承内外圈的定位高度应低于内圈、外圈高度,如图 2-20 所示。

(2)装配时可先加热再套在轴上,一般可加套筒,再通过压力机或用手锤装配,拆卸时要用专门的轴承拆卸工具,如图 2-21 所示。

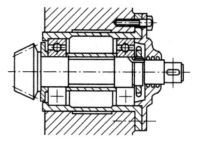

图 2-19 轴承组合位置的调整

(3)外圈应留拆卸高度或设计拆卸螺孔,如图 2-22 所示。

(4)其他应注意事项:①轴承内圈 $R >$ 轴肩处 r;②轴承定位高度不宜过高→拆卸时不损坏;③安装轴承轴段不宜过长→易装易拆。

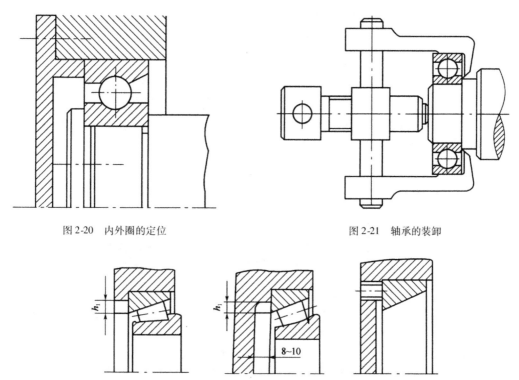

图 2-20 内外圈的定位　　　　　图 2-21 轴承的装卸

图 2-22 外圈应留拆卸高度或设计拆卸螺孔

五、滚动轴承的润滑和密封

滚动轴承必须进行润滑,以降低工作时的摩擦功耗,减少轴颈或轴承磨损(图 2-23)。此外,润滑剂还有冷却、吸振、防锈和减少噪声等作用。

1.润滑剂的种类和选择

根据工作条件不同,常用的润滑剂有三类:润滑油、润滑脂和固体润滑剂。其中固体润滑

图 2-23 滚动轴承的润滑

剂多在高温、高速及要求防止污染的场合使用,在一般情况下多采用润滑油和润滑脂。对于滚动轴承来说,润滑方式的选择主要根据速度因素 $d·n$ 的值不同而不同。其中 d 指轴承的轴颈,单位 mm,n 指轴承的转速,单位转/分。润滑油根据黏度选择,取决于速度、荷载、温度等因素。荷载大、温度高的轴承选用黏度大的润滑油,易形成油膜;荷载小、速度高的轴承选用黏度较小的润滑油,搅油损失小、冷却好。

润滑脂主要用于速度低($d·n < 2 \times 10^5 mm·r/min$)、荷载大,不须经常加油、使用要求不高的场合。润滑脂装填量不得超过轴承空间的 1/3~1/2,否则会引起轴承发热。

2. 轴承的密封

轴承密封的目的是防止润滑油流失及尘埃、水分和其他污物浸入轴承。常用的轴承密封装置可分为端盖密封、轴上密封与轴承室内侧密封。

(1) 端盖密封:用垫片或止口即可密封。

(2) 轴上密封:按工作原理可分为接触式密封(毡圈密封:主要用于润滑脂润滑的轴承;皮碗式密封:主要用于密封性能较高的轴承密封);非接触式密封(间隙密封:温度不高,用润滑脂润滑的轴承;迷宫式密封:高速的轴承密封(圆周速度可达 30m/s))和组合密封(毡圈加迷宫密封、沟槽加迷宫密封等)三种,如图 2-24 ~ 图 2-26 所示。

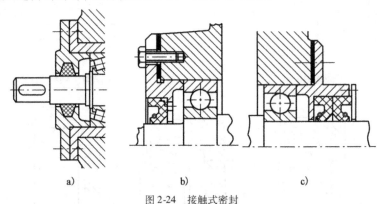

图 2-24 接触式密封

a)毡圈密封;b)皮碗密封:开口向外防灰尘;c)皮碗密封:开口向轴承防杂质

(3) 轴承室内侧的密封。按密封作用可分为封油环和挡油环两种,如图 2-27、图 2-28 所示。封油环用于脂润滑轴承,其作用是使轴承室与箱体内部隔开,防止轴承内的油脂流入箱体内和箱内润滑油侵入轴承室稀释油脂。挡油环用于油润滑轴承,其作用是防止齿轮啮合处的热油和杂质直接进入轴承室内。

在选择润滑与密封方式时,一定要注意润滑与密封方式的对应关系。脂润滑时,轴上密封采用毡圈密封,轴承室内侧密封采用封油环,箱体接合面处铸出回油沟,如图 2-29 所示。油润滑时,轴上密封采用皮碗式密封,轴承室内侧密封采用挡油环,箱体接合面处铸出输油沟,如图 2-30 所示。

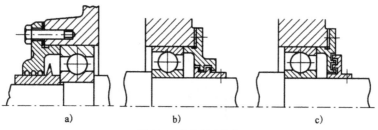

图 2-25 非接触式密封
a)沟槽密封;b)轴向迷宫式密封;c)径向迷宫式密封

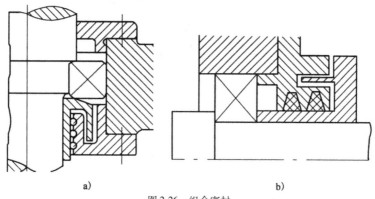

图 2-26 组合密封
a)沟槽+迷宫密封;b)毡圈+迷宫密封

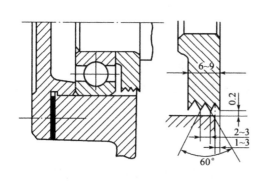
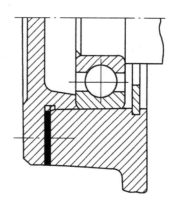

图 2-27 封油环图　　　　　　　　图 2-28 挡油环

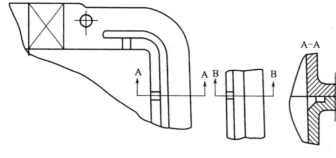

图 2-29 回油沟

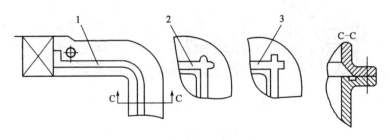

图 2-30 输油沟
1-铸造油沟；2-圆柱铣刀加工的油沟；3-盘铣刀加工的油沟

单元四 键的认识

 单元要点

1. 键的类型。
2. 键连接的作用。

 知识链接

一、键连接的作用

键连接是一种应用很广泛的可拆连接，主要用于轴和轴上的零件（如带轮、齿轮等）之间的连接，起着传递扭矩的作用。当轴转动时，因为键的存在，轴上零件就与轴同步转动，达到传递动力的目的。

二、键的类型

键的种类很多，常用的有普通平键、半圆键和楔键和切向键。其中平键连接和半圆键连接为松键连接，如图2-31所示。楔键连接和切向键连接为紧键连接。

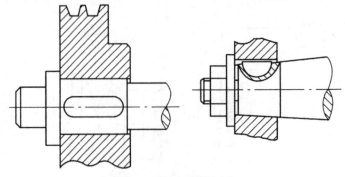

图 2-31 平键和半圆键连接

1. 平键连接

平键连接分为普通平键、导向平键和滑键连接三种。连接靠两侧面传递转矩,对中性良好,结构简单,拆卸方便,但不能轴向固定轴上零件。

(1)普通平键连接:普通平键连接是平键中最主要的形式。普通平键可分为 A 型、B 型和 C 型三种,如图 2-32 所示。

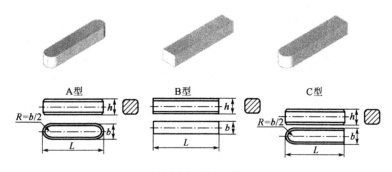

图 2-32　普通平键

(2)导向平键连接(图 2-33)

(3)滑键连接(图 2-34)

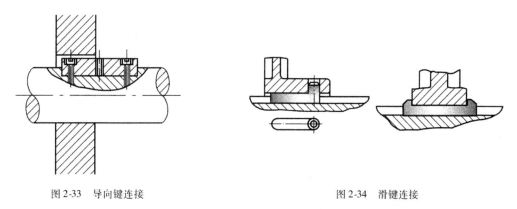

图 2-33　导向键连接　　　　　　　图 2-34　滑键连接

2. 半圆键连接

半圆键连接常用于荷载不大的传动轴上,其工作原理和画法与普通平键相似,键槽的表示方法和装配画法如图 2-35 所示。

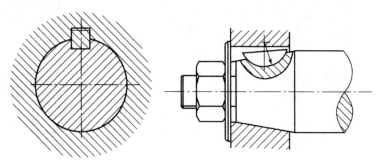

图 2-35　半圆键连接

3. 楔键连接

钩头楔键的上顶面有 1∶100 的斜度,装配时将键沿轴向嵌入键槽内,依靠键的上、下表面将轴和轮毂连接在一起,键的侧面为非工作面,其装配图的画法如图 2-36 所示。

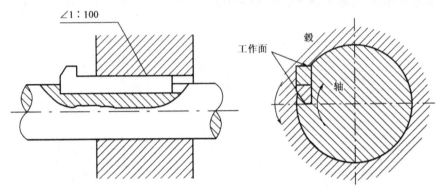

图 2-36　楔键连接

4. 花键连接

当传递的荷载较大时,需采用花键连接。花键连接是由带有多个键齿的花键轴和带键槽的轮毂所组成,如图 2-37 所示为应用较广泛的矩形花键。按照花键的齿形不同,除有矩形花键外,还有渐开线形、三角形等,本书主要介绍矩形花键连接的画法和标记。

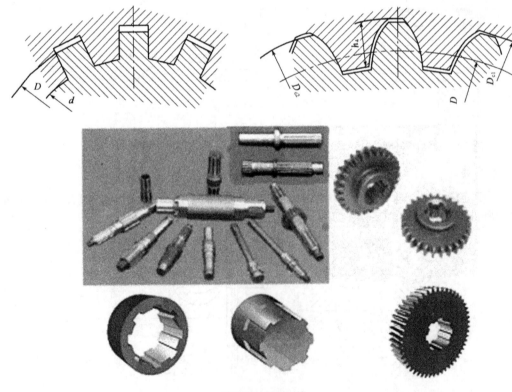

图 2-37　矩形花键

单元五　圆柱齿轮的认识

 单元要点

1. 齿轮传动的特点。
2. 齿轮传动的类型。
3. 渐开线标准直齿圆柱齿轮的主要参数及几何尺寸计算。
4. 齿轮传动的失效形式。
5. 齿轮材料选择。

 知识链接

一、齿轮传动的特点

齿轮传动用来传递任意两轴间的运动和动力,其圆周速度可达到300m/s,传递功率可达105kW,齿轮直径可从不到1mm到150m以上,是现代机械中应用最广的一种机械传动,如图2-38所示。

图2-38　齿轮传动

齿轮传动与带传动相比主要有以下优点:
(1)传递动力大、效率高;
(2)寿命长、工作平稳、可靠性高;
(3)能保证恒定的传动比,能传递任意夹角两轴间的运动。
齿轮传动与带传动相比主要缺点有:
(1)制造、安装精度要求较高,因而成本也较高;
(2)不宜作远距离传动。

二、齿轮传动的类型

齿轮传动的类型及示意图见表2-5 和表2-6。

齿轮传动的类型　　　　　　　　　表2-5

齿轮传动	平面齿轮运动（相对运动为平面运动,传递平行轴间的运动）	直齿圆柱齿轮传动（轮齿与轴平行）	外啮合
			内啮合
			齿轮齿条
		斜齿圆柱齿轮传动（轮齿与轴不平行）	外啮合
			内啮合
			齿轮齿条
		人字齿轮传动(轮齿成人字形)	
	空间齿轮运动（相对运动为空间运动,传递不平行轴间的运动）	传递相交轴运动（锥齿轮传动）	直齿
			斜齿
			曲线齿
		传递交错轴运动	交错轴斜齿轮传动
			蜗轮蜗杆传动
			准双曲面齿轮传动

齿轮传动的类型　　　　　　　　　表2-6

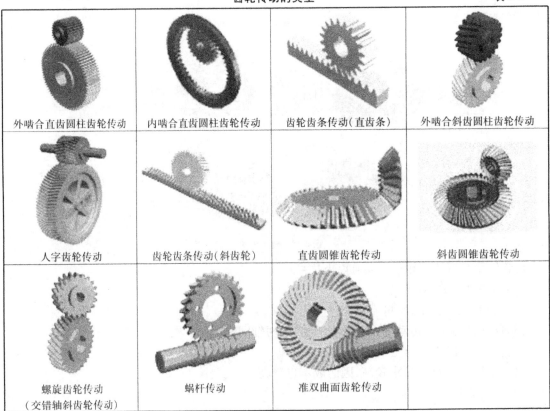

外啮合直齿圆柱齿轮传动	内啮合直齿圆柱齿轮传动	齿轮齿条传动(直齿条)	外啮合斜齿圆柱齿轮传动
人字齿轮传动	齿轮齿条传动(斜齿轮)	直齿圆锥齿轮传动	斜齿圆锥齿轮传动
螺旋齿轮传动（交错轴斜齿轮传动）	蜗杆传动	准双曲面齿轮传动	

三、渐开线标准直齿圆柱齿轮的主要参数及几何尺寸计算

齿轮的齿廓形状主要有渐开线、摆线和圆弧三种,其中渐开线齿廓易于设计制造,便于安装,应用最广。

1. 渐开线标准直齿圆柱齿轮各部分的名称及基本参数

1)分度圆和模数

图 2-39 表示渐开线标准直齿圆柱齿轮的一部分。图中 d_a 为齿顶圆直径,d_f 为齿根圆直径。在齿顶圆和齿根圆之间,可以任意作许多圆。沿任一圆周上相邻两齿同侧齿廓之间的弧长称为该圆上的齿距。在该圆上轮齿两侧齿廓间的弧长、齿槽两侧齿廓间的弧长分别称为该圆周上的齿厚及齿槽宽。在不同的圆周上齿厚和齿槽宽是不同的。为了设计、制造和测量方便。我们在齿轮上规定一个圆作为计算其各部分尺寸的基准,这个圆称为分度圆,其直径用 d 表示。对于渐开线标准齿轮,在分度圆上的齿厚 s 与齿槽宽 e 相等。而分度圆上的齿距 p 则等于齿厚与齿槽宽之和,即 $p = s + e$。通常所说的齿厚、齿槽宽及齿距均对分度圆而言。设齿轮的齿数为 Z,则分度圆直径、齿距与齿数为下列关系:

$$\pi d = zp \tag{2-6}$$

即:

$$d = \frac{p}{\pi} z \tag{2-7}$$

在用上式计算分度圆直径时,由于式中的"π"为无理数,会给齿轮的计算和测量带来不便,通常令 $p/\pi = m$,称为模数,并人为地将 m 规定为一些简单的有理数。这样,便得出了分度圆的计算公式:

$$d = mz(\text{mm}) \tag{2-8}$$

模数是齿轮尺寸计算中的一个基本参数,单位为毫米。在齿数相同的条件下,模数愈大,轮齿愈大,承载能力愈大。为了便于设计和制造,我国国家标准规定的标准模数见表 2-7。

标准模数(mm)系列　　　　　　　　　　　　　表 2-7

第一系列	1,1.25,1.5,2,2.5,3,4,5,6,8,10,12,16,20,25,32
第二系列	1.75,2.25,2.75,(3.25),3.5,(3.75),4.5,5.5,(6.5),7,9,(11),14,18,22,28

目前,有些国家(如美国、英国等)不采用模数,而是用径节来作为齿轮尺寸计算的基础径节是齿数与分度圆直径之比,以 l/in 为单位,即:

$$P = \frac{z}{d}(l/in) \tag{2-9}$$

模数与径节成倒数关系。

2)压力角

由渐开线性质可知,渐开线齿廓上各点的压力角是不等的。通常所说的压力角,是指分度圆上的压力角,用 α 表示。我国规定的标准压力角 $\alpha = 20°$。在其他国家,常采用的压力角除

20°外,还有14.5°、15°、22.5°等。

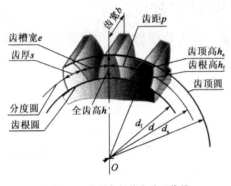

图2-39 齿轮各部分名称及代号

至此,分度圆可准确定义为:齿轮具有标准模数和标准压力角的圆。

渐开线齿廓的形状由基圆半径决定,也就是由模数、齿数及压力角决定,故它们是决定渐开线齿廓形状的三个主要参数。

3)齿顶高、齿根高和全齿高

如图2-39所示,由分度圆到齿顶圆的径向高度称为齿顶高,用符号 h_a 表示;由分度圆到齿根圆的径向高度称为齿根高,用符号 h_f 表示。规定它们的尺寸与模数成正比关系,即

齿顶高 $$h_a = h_a^* m \tag{2-10}$$

齿根高 $$h_f = h_a + c = h_a^* m + c^* m = (h_a^* + c^*)m \tag{2-11}$$

式中:h_a^*——齿顶高系数,对于正常齿轮为1,短齿轮为0.8;

c——称为顶隙;

c^*——顶隙系数,对于正常齿轮为0.25,短齿轮为0.3。

由齿根圆到齿顶圆的径向高度称为全齿高,用符号 h 表示。显然

$$h = h_a + h_f = (2h_a^* + c^*)m \tag{2-12}$$

如图2-40所示,顶隙是指一对齿轮啮合传动时,一齿轮的齿顶圆到另一齿轮齿根圆之间的径向距离。其作用是避免传动时两齿轮的齿顶与齿根相顶撞并便于贮存润滑油。

渐开线直齿圆柱齿轮的几何尺寸是由模数、压力角、齿数、齿顶高系数及顶隙系数决定的,它们是齿轮几何尺寸计算中的五个基本参数。

模数、压力角、齿顶高系数和顶隙系数均采用标准值,分度圆齿厚与齿槽宽相等的齿轮称为标准齿轮,标准直齿圆柱齿轮的几何尺寸计算公式见表2-8。

2.标准圆柱直齿轮正确啮合的条件

虽然一对渐开线齿轮能保证定传动比传动,但并不意味任意两个渐开线齿轮都能配搭起来正确啮合传动。一对渐开线齿轮要满足啮合的要求必须是两轮的模数相等,压力角相等,即:

$$m_1 = m_2 = m \qquad \alpha_1 = \alpha_2 = \alpha$$

因此,正确啮合的条件是:两齿轮的模数和压力角必须相等。

3.标准中心距

如图2-40所示为一对正确安装的渐开线标准直齿圆柱齿轮传动(外啮合)。从理论上讲,正确安装的一对标准齿轮传动是没有齿侧间隙的。此时,两轮得分度圆相切,其中心距 a 称为标准中心距,即:

标准直齿圆柱齿轮的几何尺寸计算公式　　　　　　　　　表2-8

名　称	代　号	计　算　公　式
齿顶高	h_a	$h_a = h_a^* m = m$
齿根高	h_f	$h_f = (h_a^* + c^*)m = 1.25m$
全齿高	h	$h = h_a + h_f = (2h_a^* + c^*)m = 2.25m$
分度圆直径	d	$d = mz$
基圆直径	d_b	$d_b = d\cos\alpha$
齿顶圆直径	d_a	$d_a = d + 2h_a = m(z + 2h_a^*)$
齿根圆直径	d_f	$d_f = d - 2h_f = m(z - 2h_a^* - 2c^2)$
齿距	p	$p = \pi m$
齿厚	s	$s = \dfrac{p}{2} = \dfrac{\pi m}{2}$
齿槽宽	e	$e = \dfrac{p}{2} = \dfrac{\pi m}{2}$
标准中心距	a	$a = \dfrac{1}{2}(d_1 + d_2) = \dfrac{m}{2}(z_1 + z_2)$

$$a = \frac{d_1}{2} + \frac{d_2}{2} = \frac{m}{2}(z_1 + z_2) \qquad (2\text{-}13)$$

由此式可进一步推出传动比计算公式:

$$i_{12} = \frac{\omega_1}{\omega_2} = \frac{r_2}{r_1} = \frac{z_2}{z_1} \qquad (2\text{-}14)$$

4. 渐开线齿轮的切齿原理

(1) 仿形法。仿形法是在普通铣床上用轴向剖面形状与被切齿轮齿槽形状完全相同的铣刀切制齿轮的方法,如图2-41和图2-42所示。铣完一个齿槽后,分度头将齿坯转过3 600/z,再铣下一个齿槽,直到铣出所有的齿槽。

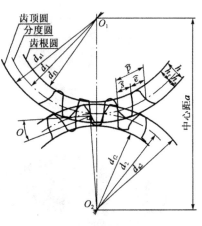

图2-40　标准中心距

仿形法加工方便易行,但精度难以保证。由于渐开线齿廓形状取决于基圆的大小,而基圆半径 rb = (mzcosα)/2,故齿廓形状与 m、z、α 有关。欲加工精确齿廓,对模数和压力角相同的、齿数不同的齿轮,应采用不同的刀具,而这在实际中是不可能的。生产中通常用同一号铣刀切制同模数、不同齿数的齿轮,故齿形通常是近似的。表2-9中列出了8号圆盘铣刀加工齿轮的齿数范围。

图 2-41 铣直齿

图 2-42 铣斜齿

圆盘铣刀加工齿数的范围　　　　　　　　　　表 2-9

刀　号	1	2	3	4	5	6	7	8
加工齿数范围	12~13	14~16	17~20	21~25	26~34	35~54	55~134	135 以上

（2）展成法（范成法）。展成法是利用一对齿轮无侧隙啮合时两轮的齿廓互为包络线的原理加工齿轮的。加工时刀具与齿坯的运动就像一对互相啮合的齿轮，最后刀具将齿坯切出渐开线齿廓。范成法切制齿轮常用的刀具有三种：①齿轮插刀是一个齿廓为刀刃的外齿轮，如图 2-43、图 2-44 所示；②齿条插刀是一个齿廓为刀刃的齿条；③齿轮滚刀像梯形螺纹的螺杆，轴向剖面齿廓为精确的直线齿廓，滚刀转动时相当于齿条在移动，如图 2-45、图 2-46。可以实现连续加工，生产率高。

图 2-43 插直齿

图 2-44 插斜齿

图 2-45 滚直齿

图 2-46 滚斜齿

用展成法加工齿轮时，只要刀具与被切齿轮的模数和压力角相同，不论被加工齿轮的齿数是多少，都可以用同一把刀具来加工，这给生产带来了很大的方便，因此展成法得到了广泛的应用。

四、齿轮传动的失效形式

齿轮传动如失去正常工作能力,则称为失效。齿轮的失效主要发生在轮齿部分,其主要失效形式有轮齿折断、齿面磨损、齿面点蚀和齿面胶合等。

1. 轮齿折断

轮齿在传递动力时,齿根处产生的弯曲应力最大。轮齿在啮合过程中,作用在齿根上的弯曲应力是变应力,轮齿脱离接触后,弯曲应力变为零。当轮齿上的变应力重复一定次数后,齿根将产生疲劳裂纹,随着变应力重复次数的增加,裂纹逐渐扩展,最后轮齿发生折断,如图2-47所示。这种轮齿的折断称为疲劳折断。轮齿折断多属于这种情况。此外,轮齿也可能在严重的冲击荷载或短期过载作用下发生折断,称为过载折断。这种情况通常发生在用铸铁制造的齿轮或淬火钢齿轮上。为了防止齿轮在预期寿命内发生疲劳折断,应对齿轮进行齿根弯曲疲劳强度计算。此外,设计齿轮传动时,降低齿根表面的粗糙度,适当增大齿根圆角、对齿根表面进行强化处理(如喷丸、碾压等)以及采用良好的热处理工艺等,都能提高轮齿的抗折断能力。

2. 齿面磨损

齿轮传动时,齿面间存在着相对滑动和法向压力,因此会引起磨损。刚投入运转的齿轮传动产生的这种磨损称为跑合磨损。跑合磨损起抛光作用,能消除加工痕迹,改善啮合情况,所以,新制造的闭式齿轮传动通常都进行跑合磨损,做法是轻载磨合运转 3～4h,然后更换齿轮箱内的润滑油,以免油中的金属微粒进入齿面,引起磨粒磨损。灰尘、砂粒等进入齿面时,也会引起磨粒磨损。磨粒磨损是开式齿轮传动的主要失效形式。齿面严重磨损后如图2-48所示,齿廓形状不准确,侧隙变大,将会引起很大的附加动荷载,影响传动的平稳性,产生冲击和噪声。采用闭式齿轮传动,能使其得到良好的润滑和维护。此外,提高齿面硬度和减小其表面粗糙度以及选择合适的材料和热处理方法等,都可以减轻齿面磨损。

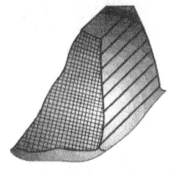

图2-47 轮齿折断

图2-48 齿面磨损

3. 齿面点蚀

齿轮在传动时,齿面间的接触在理论上属于线接触,但因齿面在正压力作用下会产生一定的弹性变形,从而形成接触面很小的面接触。在接触面上作用着很大的脉动循环变化的接触应力。当应力和它的重复作用次数超过材料的接触疲劳极限时,齿面表层会产生微小的疲劳裂纹,裂纹逐渐扩张使轮齿表层金属成小片剥落,形成麻点或小坑如图2-49所示,这种现象称为点蚀。齿面点蚀多发生在齿轮节线附近的齿根表面处。齿面产生点蚀后,破坏了渐开线齿廓的形状,造成传动不平稳,引起冲击及噪声,导致齿轮传动失效。点蚀是润滑良好的闭式齿轮传动常见的失效形式。而开式齿轮传动通常不会产生点蚀,其原因是齿面磨损较快,点蚀未出现前齿面已被磨损。为了防止齿轮在预期寿命内发生点蚀,应进行齿面接触疲劳强度计算。齿面硬度愈高,抗点蚀的能力就愈强,故采用热处理方法提高齿面硬度是防止点蚀的有效措施之一。此外,还可以用降低齿面粗糙度,使用高黏度润滑油及适宜的添加剂等方法提高齿面抗点蚀能力。

图 2-49 齿面点蚀

4.齿面胶合

在高速重载的齿轮传动中,齿面啮合处的金属由于摩擦而产生瞬时高温,润滑油膜被破坏。在一定压力下,接触区金属被熔化并黏结在一起。随着齿面的相对滑动,使较软的金属表面材料沿滑动方向被撕落,从而在齿面上形成沟纹,这种现象称为胶合,如图 2-50 所示。齿面出现胶合后会导致强烈的磨损。为了防止齿面胶合,制造时可适当提高齿面硬度及降低表面粗糙度,使用时采用黏度较大或抗胶合性较好的润滑油等。

图 2-50 齿面胶合

五、齿轮材料选择

1.齿轮材料的基本要求

由轮齿的失效分析可知,对齿轮材料的基本要求为:

(1)齿面应有足够的硬度,以抵抗齿面磨损、点蚀、胶合以及塑性变形等;

(2)齿芯应有足够的强度和较好的韧性,以抵抗齿根折断和冲击荷载;

(3)应有良好的加工工艺性能及热处理性能,使之便于加工且便于提高其力学性能。

最常用的齿轮材料是钢,此外还有铸铁及一些非金属材料等。

2.齿轮常用材料及其热处理

(1)锻钢。锻钢因具有强度高、韧性好、便于制造、便于热处理等优点,大多数齿轮都用锻钢制造。软齿面齿轮和硬齿面齿轮常用的材料如下:

①软齿面齿轮:软齿面齿轮的齿面硬度 <350HBS,常用中碳钢和中碳合金钢,如 45 钢,40Cr、35SiMn 等材料,进行调质或正火处理。这种齿轮适用于强度、精度要求不高的场合,轮

坯经过热处理后进行插齿或滚齿加工,生产便利、成本较低。在确定大、小齿轮硬度时应注意使小齿轮的齿面硬度比大齿轮的齿面硬度高30~50HBS,这是因为小齿轮受荷载次数比大齿轮多,且小齿轮齿根较薄,为使两齿轮的轮齿接近等强度,小齿轮的齿面要比大齿轮的齿面硬一些。

②硬齿面齿轮:硬齿面齿轮的齿面硬度大于350HBS,常用的材料为中碳钢或中碳合金钢经表面淬火处理。

(2)铸钢。当齿轮的尺寸较大(大于400~600mm)而不便于锻造时,可用铸造方法制成铸钢齿坯,再进行正火处理以细化晶粒。

(3)铸铁。低速、轻载场合的齿轮可以制成铸铁齿坯。当尺寸大于500mm时可制成大齿圈,或制成轮辐式齿轮。

单元六　手动变速器中轮系的认识

单元要点

1. 轮系的类型。
2. 定轴轮系。
3. 行星轮系。

知识链接

一、轮系的类型

在机器中,常将一系列相互啮合的齿轮组成传动系统,以实现变速、分路传动、运动分解与合成等功用。这种由一系列齿轮组成的传动系统称为轮系。根据轮系在运动时各齿轮轴线的相对位置是否固定,可以分为定轴轮系和行星轮系两种类型。

二、定轴轮系

如图2-51、图2-52所示,所有齿轮几何轴线的位置都是固定的轮系,称为定轴轮系。

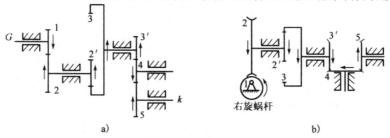

图2-51　定轴轮系(1)

a)平面定轴轮系;b)空间定轴轮系

1. 定轴轮系传动比的计算

轮系的传动比是指轮系中输入轴的角速度 ω_a（或转速 n_a）与输出轴的角速度 ω_b（或转速 n_b）之比，即

$$i_{ab} = \frac{\omega_a}{\omega_b} = \frac{n_a}{n_b} \tag{2-15}$$

在图 2-51a) 所示的平面定轴轮系中，各个齿轮的轴线相互平行，根据一对外啮合齿轮副的相对转向相反，一对内啮合齿轮副的相对转向相同的关系，如果已知各齿轮的齿数和转速，则轮系中各对齿轮副的传动比为（参见图 2-53）：

$$i_{12} = \frac{n_1}{n_2} = -\frac{z_2}{z_1} \tag{2-16}$$

$$i_{23} = \frac{n_2}{n_3} = \frac{z_3}{z_2} \tag{2-17}$$

$$i_{34} = \frac{n_3}{n_4} = -\frac{z_4}{z_3} \tag{2-18}$$

$$i_{45} = \frac{n_4}{n_5} = -\frac{z_5}{z_4} \tag{2-19}$$

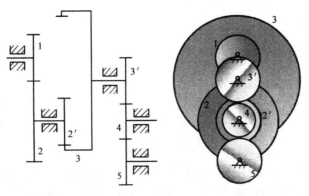

图 2-52　定轴轮系(2)

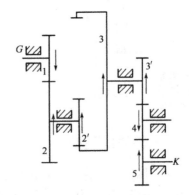

图 2-53　定轴轮系示例

将以上各式等号两边连乘后得：

$$i_{12} i_{23} i_{34} i_{45} = \frac{n_1 n_2 n_3 n_4}{n_2 n_3 n_4 n_5} = \frac{(-1)^3 z_2 z_3 z_4 z_5}{z_1' z_2' z_3' z_4'} \tag{2-20}$$

$$i_{15} = \frac{n_1}{n_5} = \frac{z_2 z_3 z_5}{z_1 z_2' z_3'} \tag{2-21}$$

由上可知，定轴轮系首、末两轮的传动比等于组成轮系各对齿轮传动比的连乘积，其大小还等于所有从动轮齿数的连乘积与所有主动轮齿数的连乘积之比，其正负号则取决于外啮合的次数。传动比为正号时表示首末两轮的转向相同，为负号时表示首末两轮转向相反。假设定轴轮系首 (G)、末 (K) 两轮的转速分别为 n_G 和 n_K，则传动比的一般表达式为：

$$i_{GK} = \frac{n_G}{n_K} = (-1)^m \frac{\text{从 } G \text{ 到 } K \text{ 之间所有从动轮齿数连乘积}}{\text{从 } G \text{ 到 } K \text{ 之间所有主动轮齿数连乘积}} \tag{2-22}$$

2. 传动比符号的确定方法

对于平面定轴轮系,可以根据轮系中从齿轮 G 到齿轮 K 的外啮合次数 m,采用 $(-1)m$ 来确定;也可以采用画箭头的方法,从轮系的首轮开始,根据外啮合两齿轮转向相反、内啮合两齿轮转向相同的关系,依次对各个齿轮标出转向,最后根据轮系首、末两轮的转向,判定传动比的符号,如图 2-51a)所示。

对于空间定轴轮系,由于各轮的轴线不平行,因而只能采用画箭头的方法确定传动比的符号。对于圆锥齿轮传动,表示齿轮副转向的箭头同时指向或同时背离啮合处,如图 2-45b)所示。对于蜗杆蜗轮传动,从动轮转向的判定方法采用左、右手定则。

三、行星轮系

1. 行星轮系的构成

图 2-54 所示的行星轮系由行星齿轮、行星架(系杆)、中心轮等组成。在行星轮系中,活套在构件 H 上的齿轮 2 一方面绕自身的轴线 $O'O'$ 回转,同时又随构件 H 绕轮系主轴线(固定轴线)OO 回转,这种既有自转又有公转的齿轮称为行星轮。H 是支撑行星轮的构件,称为行星架。齿轮 1 和齿轮 3 的轴线与行星轮系固定的主轴线重合,并且它们都与行星轮啮合,称为中心轮,用 K 表示。

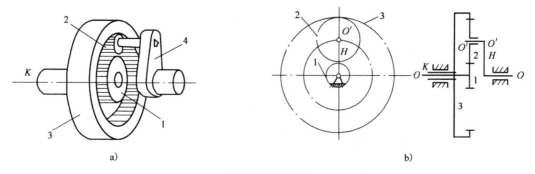

图 2-54 行星轮系
a)结构图;b)行星轮系简图
1-中心轮;2-行星齿轮;3-内齿圈;4-行星架

2. 行星轮系的分类

按中心轮个数的不同,行星轮系可分为两类。

(1)由两个中心轮与一个行星架组成的 2K-H 型行星轮系,如图 2-55 所示,包括单排内外啮合、双排内外啮合、双排外啮合和双排内啮合等四种情况。

(2)由三个中心轮组成的 3K 型行星轮系。行星轮系按其自由度的不同可分为两类:

①简单行星轮系:自由度为1的行星轮系称为简单行星轮系,如图 2-56a)所示。此类行星轮系中有固定的中心轮。

②差动行星轮系:自由度为2的行星轮系称为差动行星轮系,其中心轮均不固定,如图 2-56b)所示。

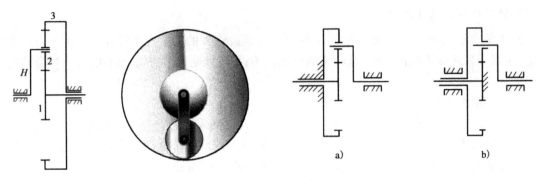

图 2-55　行星轮系　　　　　　　　图 2-56　简单行星轮系

3. 行星轮系的传动比

（1）行星轮系的转化机构。由于行星轮系中包括几何轴线可以运动的行星轮，因此它的传动比不能直接使用定轴轮系传动比的计算公式计算。如果将行星轮系的行星架相对固定，但是各个构件之间的相对运动保持不变，则可将行星轮系转化为假想的定轴轮系称为转化机构，这样就可以参照式（2-15）计算转化机构的相对传动比，这种计算机构传动比的方法称为转化机构法。

在图 2-57 所示的行星轮系中，假想已知各轮和行星架的绝对转速分别为 n_1、n_2、n_3 和 n_H，且都是按顺时针方向旋转的，现在给整个行星轮系加上一个公共转速 $-n_H$，如图 2-57b）所示，各个构件的相对转速就要发生变化。

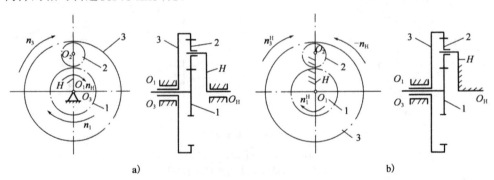

图 2-57　行星轮系的转化机构

（2）行星轮系的传动比。行星轮系在传动时，由于行星轮的运动不是简单的绕固定几何轴线的运动，所以，其各构件间传动比的大小及转向关系不能直接应用定轴轮系的方法求解，而要用另外的方法求解。这里只介绍一种简便而常用的方法—转化机构法。

在图 2-57 所示的行星轮系中，假设各构件的转速及转向如图所示。由理论力学的相对运动原理可知，若假想地给整个行星轮系加上一个公共转速"$-n_H$"，使它绕行星架的轴线 O_H 回转，此时，各构件之间的相对运动关系仍保持不变，但行星架的绝对转速为 0，即行星架成为"静止不动"的构件，行星齿轮就变成定轴齿轮。就是说，行星轮系转化成为定轴轮系了。这种经过一定条件转化所得的假想定轴轮系，称为原行星轮系的转化轮系，上述方法称为转化机构法。

行星轮系成为转化轮系后,设其各构件的转速分别为 n_1^H、n_2^H、n_3^H 和 n_H^H,即各构件相对于行星架 H 的转速。现将行星轮系转化前后各构件转速变化情况列于表 2-10 中:

行星轮系转化前后各构件转速 表 2-10

构件代号	行星轮系中各构件的转速	转化轮系中各构件的转速
1	n_1	$n_1^H = n_1 - n_H$
2	n_2	$n_2^H = n_2 - n_H$
3	n_3	$n_3^H = n_3 - n_H$
H	n_H	$n_H^H = n_H - n_H = 0$

行星轮系经转化后,则可以应用定轴轮系传动比的计算方法来求转化轮系中齿轮 1 相对于齿轮 3 的传动比 i_{13}^H。因此可得:

$$i_{13}^H = \frac{n_1^H}{n_3^H} = \frac{n_1 - n_H}{n_3 - n_H} = (-1)^1 \frac{z_2 \cdot z_3}{z_1 \cdot z_2} = -\frac{z_3}{z_1} \quad (2-23)$$

即:

$$\frac{n_1 - n_H}{n_3 - n_H} = -\frac{z_3}{z_1} \quad (2-24)$$

上式中,齿数比前面的"-"号表示在转化轮系中齿轮 1 与齿轮 3 的转向相反。i_{13}^H 表示在转化轮系中齿轮 1 和齿轮 3 的传动比,其大小和方向按定轴轮系传动比的计算方法确定。

若设 G、K 为行星轮系中的任意两个齿轮,同理可得行星轮系中任意两轮的转速 n_G、n_K 与行星架转速 n_H 之间的关系为:

$$\frac{n_G - n_H}{n_K - n_H} = (-1)^m \frac{\text{齿轮 } G、K \text{ 之间所有从动轮齿数的连乘积}}{\text{齿轮 } G、K \text{ 之间所有主动轮齿数的连乘积}} \quad (2-25)$$

式中:m——转化轮系中齿轮 G、K 之间外啮合的次数。

由上式可知,当各轮的齿数为已知时,若给定转速 n_G、n_K、n_H 中任意两个转速,则另一转速可求。但应注意,将已知两转速代入公式计算时,符号必须一起代入,如两者转向相反,则其中一个用正号,另一个用负号。差动轮系即属于这种情况。

在简单行星轮系中,由于有一个中心轮是固定的,其转速为零(设 $n_K = 0$),只要知道转速 n_G 和 n_H 中任意一个,另一转速则可确定。

在应用公式时,应注意下列几点:

①齿轮 G、K 和行星架的轴线必须互相平行或重合;

②公式也适用于含有圆锥齿轮、蜗杆蜗轮等空间齿轮的行星轮系,不过 G、K 两轮和行星架 H 三者的轴线应互相平行,并且转化轮系传动比 i_{GK}^H 的符号只能用画箭头的方法来确定。

单元七 变速器的拆装与装配练习

一、工作任务

分小组分别对 6 台手动变速器和 4 台自动变速器进行拆装,对如图 2-58 所示的自动变速器进行拆装与装配。

图 2-58　自动变速器

二、练习过程

以小组为单位进行练习。

1. 制订拆装方案,并讨论方案的正确性和可行性。
2. 选择适当的工具。
3. 对变速器进行拆装。
4. 对变速器各零件进行测量。
5. 对变速器装配。

三、考评

1. 组内自评。
2. 组间互评。
3. 教师评价。

学习任务3 螺栓的制作

 学习目标

1. 知道汽车重要金属零件的材料。
2. 能运用热处理的相关知识,对钳工手工工具进行热处理操作。
3. 能根据拆装训练的实物,小组讨论和制定拆装训练工作计划。
4. 会钳工基本操作技能,掌握对拆装训练器螺栓、螺母及成品的制作。并能对所制作的成品进行自检、互检和评价。在制作全过程中,遵守安全操作规范,严格贯彻执行5S。
5. 能描述汽车零件修复的方法,对损伤的螺纹孔进行级差和相关参数的确定。
6. 能利用钳工技术,对断头螺栓进行拆卸和修复损伤的螺纹孔。

 任务描述

加工一个双头螺柱、螺母

 学习引导

本学习任务沿着以下脉络进行学习:

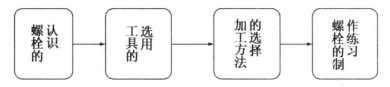

单元一 螺栓的认识

 单元要点

1. 螺纹的认识。
2. 常用螺纹紧固件。
3. 受损螺纹及连接件的修复。

知识链接

一、螺纹

1. 螺纹基本要素

螺纹的基本要素包括牙型、直径(大径、小径、中径)、螺距和导程、线数、旋向等。

(1) 牙型。在通过螺纹轴线的剖面上,螺纹的轮廓形状称为螺纹牙型。

常见的螺纹牙型有三角形(60°、55°)、梯形、锯齿形、矩形等。常见标准螺纹的牙型及符号如图3-1 所示。

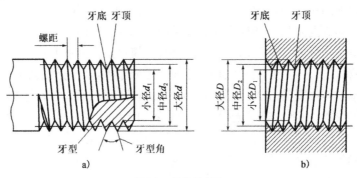

图 3-1 螺纹的直径
a) 外螺纹; b) 内螺纹

(2) 螺纹的直径(图3-1)。

大径 d、D:是指与外螺纹的牙顶或内螺纹的牙底相切的假想圆柱或圆锥的直径。内螺纹的大径用大写字母表示,外螺纹的大径用小写字母表示。

小径 d_1、D_1:是指与外螺纹的牙底或内螺纹的牙顶相切的假想圆柱或圆锥的直径。

中径 d_2、D_2:是指一个假想圆柱或圆锥直径,该圆柱或圆锥的母线通过牙型上沟槽和凸起宽度相等的地方。

公称直径:代表螺纹尺寸的直径,指螺纹大径的基本尺寸。

(3) 线数。螺纹的螺旋线条数称为线数,线数用字母 n 表示。沿一条螺旋线形成的螺纹称为单线螺纹,沿两条以上螺旋线形成的螺纹称为多线螺纹,如图3-2 所示。

(4) 螺距和导程。相邻两牙在中径线上对应两点间的轴向距离称为螺距,螺距用字母 P 表示;同一螺旋线上的相邻两牙在中径线上对应两点间的轴向距离称为导程,导程用字母 P_h 表示,如图3-2 所示。线数 n、螺距 P 和导程 P_h 的之间的关系为: $P_h = P \times n$

(5) 旋向。螺纹分为左旋螺纹和右旋螺纹两种。顺时针旋转时旋入的螺纹是右旋螺纹;逆时针旋转时旋入的螺纹是左旋螺纹,如图3-3 所示。工程上常用右旋螺纹。

国家标准对螺纹的牙型、大径和螺距有统一规定。这三项要素均符合国家标准的螺纹称为标准螺纹;凡牙型不符合国家标准的螺纹称为非标准螺纹;只有牙型符合国家标准的螺纹称为特殊螺纹。

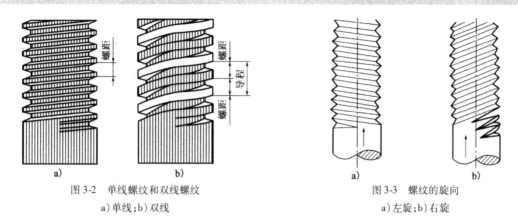

图3-2 单线螺纹和双线螺纹
a)单线；b)双线

图3-3 螺纹的旋向
a)左旋；b)右旋

2.螺纹的规定画法和标注

(1)螺纹的规定画法。螺纹一般不按真实投影作图,而是采用机械制图国家标准规定的画法以简化作图过程。

①外螺纹的画法。外螺纹的大径用粗实线表示,小径用细实线表示。螺纹小径按大径的0.85倍绘制。在不反映圆的视图中,小径的细实线应画入倒角内,螺纹终止线用粗实线表示,如图3-4a)所示。当需要表示螺纹收尾时,螺纹尾部的小径用与轴线成30°的细实线绘制,如图3-4b)所示。在反映圆的视图中,表示小径的细实线圆只画约3/4圈,螺杆端面上的倒角圆省略不画,如图3-4a)、b)、c)所示。剖视图中的螺纹终止线和剖面线画法如图3-4c)所示。

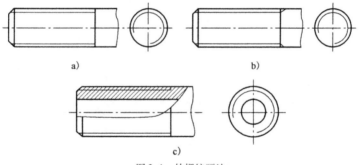

图3-4 外螺纹画法

②内螺纹的画法。内螺纹通常采用剖视图表达,在不反映圆的视图中,大径用细实线表示,小径和螺纹终止线用粗实线表示,且小径取大径的0.85倍,注意剖面线应画到粗实线;若是盲孔,终止线到孔的末端的距离可按0.5倍大径绘制;在反映圆的视图中,大径用约3/4圈的细实线圆弧绘制,孔口倒角圆不画,如图3-5a)、b)所示。当螺孔相交时,其相贯线的画法如图3-5c)所示。当螺纹的投影不可见时,所有图线均画成细虚线,如图3-5d)所示。

③内、外螺纹旋合的画法。只有当内、外螺纹的五项基本要素相同时,内、外螺纹才能进行连接。用剖视图表示螺纹连接时,旋合部分按外螺纹的画法绘制,未旋合部分按各自原有的画法绘制。如图3-6、图3-7所示。画图时必须注意:表示内、外螺纹大径的细实线和粗实线,以及表示内、外螺纹小径的粗实线和细实线应分别对齐;在剖切平面通过螺纹轴线的剖视图中,实心螺杆按不剖绘制。

④螺纹牙型的表示法。螺纹的牙型一般不需要在图形中画出,当需要表示螺纹的牙型时,

可按图3-8的形式绘制。

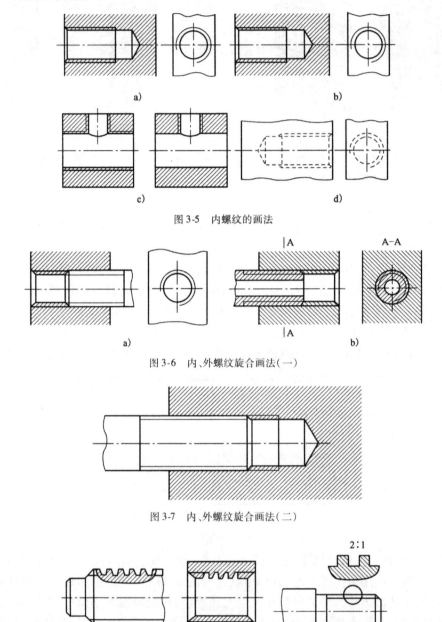

图3-5 内螺纹的画法

图3-6 内、外螺纹旋合画法(一)

图3-7 内、外螺纹旋合画法(二)

图3-8 螺纹牙型的表示法
a)外螺纹局部剖;b)内螺纹全剖;c)局部放大图

⑤圆锥螺纹画法。带有圆锥螺纹的零件,其螺纹部分在投影为圆的视图中,只需画出一端螺纹视图,如图3-9所示。

(2)螺纹的标注方法。由于螺纹的规定画法不能表达出螺纹的种类和螺纹的要素,因此在图中对标准螺纹需要进行正确的标注。下面分别介绍各种螺纹的标注方法。

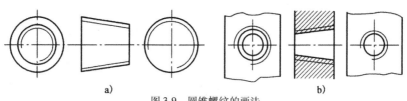

图 3-9　圆锥螺纹的画法
a) 外螺纹；b) 内螺纹

① 普通螺纹。普通螺纹用尺寸标注形式注在内、外螺纹的大径上，其标注的具体项目和格式如下：

螺纹代号　公称直径×螺距　旋向 - 中径公差带代号　顶径公差带代号 - 旋合长度代号

普通螺纹的螺纹代号用字母"M"表示。

普通粗牙螺纹不必标注螺距，普通细牙螺纹必须标注螺距。公称直径、导程和螺距数值的单位为 mm。右旋螺纹不必标注，左旋螺纹应标注字母"LH"。中径公差带代号和顶径公差带代号由表示公差等级的数字和字母组成。大写字母代表内螺纹，小写字母代表外螺纹。顶径是指外螺纹的大径和内螺纹的小径，若两组公差带相同，则只写一组。表示内、外螺纹旋合时，内螺纹公差带在前，外螺纹公差带在后，中间用"/"分开。在特定情况下，中等公差精度螺纹不注公差带代号（内螺纹：5H，公称直径小于和等于 1.4mm 时；6H，公称直径大于和等于 1.6mm 时。外螺纹：5h，公称直径小于和等于 1.4mm 时；6h，公称直径大于和等于 1.6mm 时。）

普通螺纹的旋合长度分为短、中、长三组，其代号分别是 S、N、L。若是中等旋合长度，其旋合代号 N 可省略。图 3-10 所示为普通螺纹标注示例。

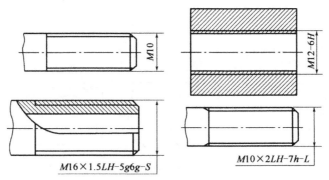

图 3-10　普通螺纹标注示例

② 传动螺纹。传动螺纹主要指梯形螺纹和锯齿形螺纹，它们也用尺寸标注形式，注在内外螺纹的大径上，其标注的具体项目及格式如下：

螺纹代号　公称直径×导程(P 螺距)　旋向—中径公差带代号—旋合长度代号

梯形螺纹的螺纹代号用字母"T_r"表示，锯齿形螺纹的特征代号用字母"B"表示。

多线螺纹标注导程与螺距，单线螺纹只标注螺距。

右旋螺纹不标注代号，左旋螺纹标注字母"LH"。

传动螺纹只注中径公差带代号。

旋合长度只注"S"（短）、"L"（长），中等旋合长度代号"N"省略标注。图 3-11 所示为传动螺纹标注示例。

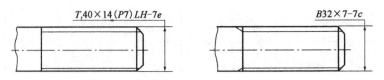

图 3-11　传动螺纹标注示例

③管螺纹。管螺纹的标记必须标注在大径的引出线上。常用的管螺纹分为螺纹密封的管螺纹和非螺纹密封的管螺纹。这里要注意,管螺纹的尺寸代号并不是指螺纹大径,也不是管螺纹本身任何一个直径,其大径和小径等参数可从有关标准中查出。

管螺纹标注的具体项目及格式如下：

螺纹密封管螺纹代号：螺纹特征代号　尺寸代号×旋向代号

非螺纹密封管螺纹代号：螺纹特征代号　尺寸代号　公差等级代号—旋向代号

螺纹密封螺纹又分为：与圆柱内螺纹相配合的圆锥外螺纹,其特征代号是 R_1；与圆锥内螺纹相配合的圆锥外螺纹,其特征代号为 R_2；圆锥内螺纹,特征代号是 R_c；圆柱内螺纹,特征代号是 R_p。旋向代号只注左旋"LH"。

非螺纹密封管螺纹的特征代号是 G。它的公差等级代号分 A、B 两个精度等级。外螺纹需注明,内螺纹不注此项代号。右旋螺纹不注旋向代号,左旋螺纹标"LH"。图 3-12 所示为管螺纹标注示例。

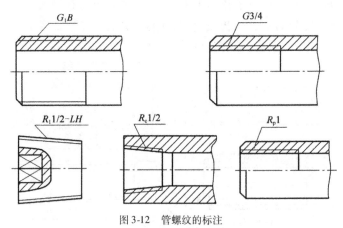

图 3-12　管螺纹的标注

二、螺纹紧固件

1. 常用螺纹紧固件的种类和标记

常用螺纹紧固件有螺栓、双头螺柱、螺钉、螺母和垫圈。它们的结构、尺寸都已分别标准化,称为标准件,使用或绘图时,可以从相应标准中查到所需的结构尺寸。

(1) 螺栓。螺栓由头部及杆部两部分组成,头部形状以六角形的应用最广。决定螺栓的规格尺寸为螺纹公称直径 d 及螺栓长度 L,选定一种螺栓后,其他各部分尺寸可根据有关标准查得。

螺栓的标记形式：名称　标准代号　特征代号　公称直径×公称长度

示例:螺栓 GB/T 5782—2000 M12×80,是指公称直径 $d=12$,公称长度 $L=80$(不包括头部)的螺栓。

(2)双头螺柱。双头螺柱的两头制有螺纹,一端旋入被连接件的预制螺孔中,称为旋入端;另一端与螺母旋合,紧固另一个被连接件,称为紧固端。双头螺柱的规格尺寸为螺柱直径 d 及紧固端长度 L,其他各部分尺寸可根据有关标准查得。

双头螺柱的标记形式:名称　标准代号　特征代号　公称直径×公称长度

示例:螺柱 GB/T 898—1988 M10×50,是指公称直径 $d=10$,公称长度 $L=50$(不包括旋入端)的双头螺柱。

(3)螺母。螺母通常与螺栓或螺柱配合着使用,起连接作用,以六角螺母应用最广。螺母的规格尺寸为螺纹公称直径 D,选定一种螺母后,其各部分尺寸可根据有关标准查得。

螺母的标记形式:名称　标准代号　特征代号　公称直径

示例:螺母 GB/T 6170—2000 M12,指螺纹规格 $D=M12$ 的螺母。

(4)垫圈。垫圈通常垫在螺母和被连接件之间,目的是增加螺母与被连接零件之间的接触面,保护被连接件的表面不致因拧螺母而被刮伤。垫圈分为平垫圈和弹簧垫圈,弹簧垫圈还可以防止因振动而引起的螺母松动。选择垫圈的规格尺寸为螺栓直径 d,垫圈选定后,其各部分尺寸可根据有关标准查得。

平垫圈的标记形式:名称　标准代号　规格尺寸 - 性能等级

弹簧垫圈的标记形式:名称　标准代号　规格尺寸

示例:垫圈 GB/T 97.1—1985 16—140HV,指规格尺寸 $d=16$,性能等级为 140HV 的平垫圈。垫圈 GB/T 93—1987 20,指规格尺寸为 $d=20$ 的弹簧垫圈。

(5)螺钉。螺钉按使用性质可分为连接螺钉和紧定螺钉两种,连接螺钉的一端为螺纹,另一端为头部。紧定螺钉主要用于防止两相配零件之间发生相对运动的场合。螺钉规格尺寸为螺钉直径 d 及长度 L,可根据需要从标准中选用。

螺钉的标记形式:名称　标准代号　特征代号　公称直径×公称长度

示例:螺钉 GB/T 65—2000 M10×40,是指公称直径 $d=10$,公称长度 $L=40$(不包括头部)的螺钉。

2.常用螺纹紧固件及连接图画法

1)螺栓连接

螺栓用来连接两个不太厚并能钻成通孔的零件,并与垫圈、螺母配合进行连接。如图 3-13 所示。

(1)螺栓连接中的紧固件画法。螺栓连接的紧固件有螺栓、螺母和垫圈。紧固件一般用比例画法绘制。所谓比例画法就是以螺栓上螺纹的公称直径为主要参数,其余各部分结构尺寸均按与公称直径成一定比例关系绘制。

尺寸比例关系如下(图 3-14):

螺栓:d、L(根据要求确定)

$d_1 \approx 0.85d$　$b \approx 2d$　$e=2d$　$R_1=d$　$R=1.5d$　$k=0.7d$
$c=0.1d$

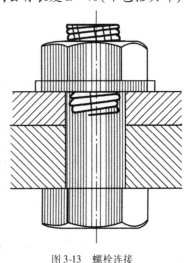

图 3-13　螺栓连接

螺母: D (根据要求确定) $m=0.8d$ 其他尺寸与螺栓头部相同。
垫圈: $d_2=2.2d$ $d_1=1.1d$ $d_3=1.5d$ $h=0.15d$ $s=0.2d$ $n=0.12d$

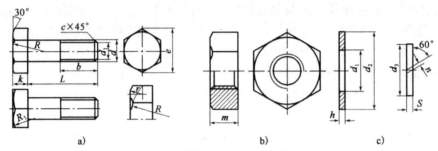

图3-14 螺栓、螺母、垫圈的比例画法
a)六角头螺栓的比例画法;b)六角螺母的比例画法;c)垫圈的比例画法

(2)螺栓连接的画法。用比例画法画螺栓连接的装配图时,应注意以下几点:

①两零件的接触表面只画一条线,并不得加粗。凡不接触的表面,不论间隙大小,都应画出间隙(如螺栓和孔之间应画出间隙)。

②剖切平面通过螺栓轴线时,螺栓、螺母、垫圈可按不剖绘制,仍画外形。必要时,可采用局部剖视。

③两零件相邻接时,不同零件的剖面线方向应相反,或者方向一致而间隔不等。

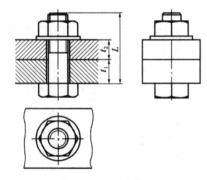

图3-15 螺栓连接图

④螺栓长度 $L \geqslant t_1+t_2+$ 垫圈厚度 + 螺母厚度 + $(0.2\sim0.3)d$,根据上式的估计值,然后选取与估算值相近的标准长度值作为 L 值。

⑤被连接件上加工的螺栓孔直径稍大于螺栓直径,取$1.1d$。螺栓连接的比例画法见图3-15所示。

2)螺柱连接

当两个被连接件中有一个很厚,或者不适合用螺栓连接时,常用双头螺柱连接。双头螺柱两端均加工有螺纹,一端与被连接件旋合,另一端与螺母旋合,如图3-16a)所示。用比例画法绘制双头螺柱的装配图时应注意以下几点:

(1)旋入端的螺纹终止线应与结合面平齐,表示旋入端已经拧紧。

(2)旋入端的长度 b_m 要根据被旋入件的材料而定,被旋入端的材料为钢时,$b_m=1d$;被旋入端的材料为铸铁或铜时,$b_m=(1.25\sim1.5)d$;被连接件为铝合金等轻金属时,取 $b_m=2d$。

(3)旋入端的螺孔深度取 $b_m+0.5d$,钻孔深度取 b_m+d,如图3-16所示。

(4)螺柱的公称长度 $L\geqslant\delta+$ 垫圈厚度 + 螺母厚度 + $(0.2\sim0.3)d$,然后选取与估算值相近的标准长度值作为 L 值。双头螺柱连接的比例画法见图3-16b)所示。

3)螺钉连接

螺钉连接一般用于受力不大又不需要经常拆卸的场合,如图3-17示。用比例画法绘制螺钉连接,其旋入端与螺柱相同,被连接板的孔部画法与螺栓相同,被连接板的孔径取$1.1d$。螺钉的有效长度 $L=\delta+b_m$,并根据标准校正。画图时注意以下两点:

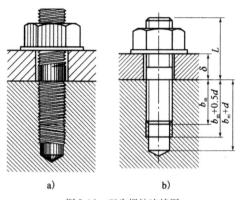
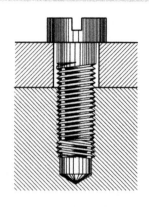

图 3-16　双头螺柱连接图　　　　　图 3-17　螺钉连接

（1）螺钉的螺纹终止线不能与结合面平齐，而应画在盖板的范围内。

（2）具有沟槽的螺钉头部，在主视图中应被放正，在俯视图中规定画成45°倾斜。螺钉连接的比例画法如图3-18所示。

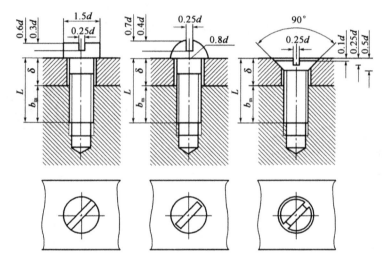

图 3-18　螺钉连接的比例画法

三、受损螺纹及连接件的修复

1）断头螺栓的拆卸

在汽车维修工作中常遇到断头螺栓的拆卸，以下是几种拆卸断头螺栓的常用方法：

方法一：用直径为断头螺栓公称直径0.4~0.6倍的钻头在螺栓中心钻一小孔，然后将一四棱杆的尖头端紧紧敲入螺栓上的小孔，再用扳手将四棱杆旋出，断头螺栓随四棱杆旋出。

方法二：先在断头螺栓的中心上钻一小孔，再攻丝，拧上所攻螺纹规格相同的螺栓，在拧紧的同时将断螺栓同时旋出。

方法三：在部位允许和断螺杆有外露的情况下，对不便钻孔的断头螺栓，可用一螺母或小导管，用电焊或氧、炔焊把导管和螺栓连成一体，再旋出螺栓。

方法四：对于六角头断掉但螺杆外露部分较长的断螺栓，可直接用锁止钳夹紧或双头螺栓拆装器将其旋出,也可在螺杆上套一反扣螺纹,拧上与之相应的反牙螺母将其旋出。

方法五:可将断螺栓中心的孔扩钻成比该螺纹底孔稍小的尺寸,然后按原断螺栓的规格攻丝,可取下断螺栓或重新攻上丝。

方法六:若大直径的螺栓受损,用火(电)焊进行破坏性拆除,更换新的,但这样就造成很大的浪费,可采用螺栓快速修复器,如图 3-19 所示。

2)受损螺纹的修复

在汽车维修工作中常遇到螺纹受损,对受损螺纹尤其过度损坏的螺纹,修复方法如下:在原螺纹位置钻一个直径更大的孔,嵌入螺纹护套后攻丝,新攻内螺纹为螺栓提供一个全新的螺纹。螺纹护套(简称螺套)是一种新型内螺纹紧固件,是修复和增强内螺纹的新技术。它通常是用高强度的冷轧菱形不锈钢丝精确成形的螺旋线圈。螺套装好后能形成一个标准的高精度内螺纹,其各项性能均优于直接用丝锥攻丝形成的内螺纹。

螺纹护套按螺纹规格可分为公制(粗牙和细牙)、统一粗牙螺套(UNC)和统一细牙螺套(UNF),另外还有英国标准(粗牙 BSW 和细牙 BSF)和管螺纹(G)规格的螺纹护套。螺套按其自身结构可分为:(普通型 free running,如图 3-20a)和(锁紧型 screw lock,如图 3-20b),锁紧型螺套是在螺套的中间通过一圈或多圈多边形线圈来实现对安装在其中的螺栓产生夹持作用,起到防松的效果。附加的防松垫片等就没有必要了,这样可以降低成本并确保简化装配。

图 3-19 螺栓快速修复器

a)　　　　b)

图 3-20 螺纹护套
a)普通型;b)锁紧型

(1)螺纹护套的应用:

增强连接强度:将其旋入金属或非金属材料上形成高强度的标准内螺纹。在铝、铜、镁合金、塑料等低强度工程材料上应用可明显提高螺纹的连接强度和耐磨性。

维修:在出现螺纹加工错误或对已损坏的内螺纹孔修复时,使用螺套作为修复手段,可以经济方便地地维修,并仍使用原规格螺钉。

不同螺纹规格转换:利用螺套进行公制←→英制←→统一螺纹等系列螺纹孔相互转换。

(2)螺纹护套安装所需的工具:

①钻头:螺纹护套安装首先需在母体材料上钻孔,可用通用钻头。

②丝锥:在母体材料上攻出螺纹护套相应的安装内螺纹,此丝锥为螺纹护套配套使用的专用丝锥。

③安装工具:将螺纹护套旋进母体材料,以形成标准的内螺纹孔。

④卡断工具:螺纹护套安装后,应用卡断工具将螺套头部的弯头去掉,以免弯头与螺栓头部干涉。

⑤取出工具:必要时可将螺纹护套取出。

(3)钢丝螺套的安装过程如图 3-21 所示:

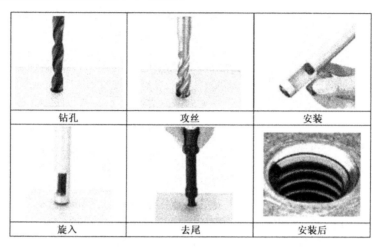

图 3-21 螺套安装步骤

单元二 工具的选用

单元要点

各类常用工具的使用

知识链接

一、扳手

扳手用以紧固或拆卸带有棱边的螺母和螺栓,常用的扳手有开口扳手、梅花扳手、套筒扳手、活动扳手、扭力扳手和内六角扳手等。

1. 开口扳手

开口扳手是最常见的一种扳手,如图 3-22 所示。其开口的中心平面和本体中心平面成 15°角,这样既能适应人手的操作方向,又可降低对操作空间的要求。其规格是以两端开口的宽度 $S(\mathrm{mm})$ 来表示的,如 8—10、12—14 等;通常是成套装备,有八件一套、十件一套等;通常用 45 号、50 号钢锻造,并经热处理。

2. 梅花扳手

梅花扳手同开口扳手的用途相似。其两端是花环式的。其孔壁一般是 12 边形,可将螺栓和螺母头部套住,扭转力矩大,工作可靠,不易滑脱,携带方便,如图 3-23 所示。使用时,扳动

30°后,即可换位再套,因而适用于狭窄场合下操作。与开口扳手相比,梅花扳手强度高,使用时不易滑脱,但套上、取下不方便。其规格以闭口尺寸 $S(\mathrm{mm})$ 来表示,如 8-10、12-14 等;通常是成套装备,有八件一套、十件一套等;通常用 45 号钢或 40Cr 锻造,并经热处理。

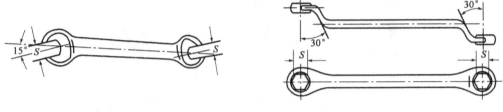

图 3-22　开口扳手　　　　　　　　图 3-23　梅花扳手

3. 套筒扳手

套筒扳手的材料、环孔形状与梅花扳手相同,适用于拆装位置狭窄或需要一定扭转力矩的螺栓或螺母,如图 3-24 所示。套筒扳手主要由套筒头、滑头手柄、棘轮手柄、快速摇柄、接头和接杆等组成,各种手柄适用于各种不同的场合,以操作方便或提高效率为原则,常用套筒扳手的规格是 10~32mm。在汽车维修中还采用了许多专用套筒扳手,如火花塞套筒、轮毂套筒、轮胎螺母套筒等,如图 3-25 所示。

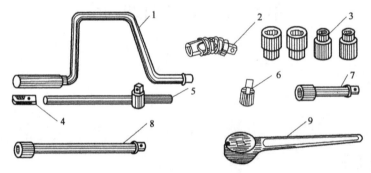

图 3-24　套筒扳手

1-快速摇柄;2-万向接头;3-套筒头;4-直接杆;5-滑头手柄;6-旋具接头;7-短接杆;8-长接杆;9-棘轮手柄

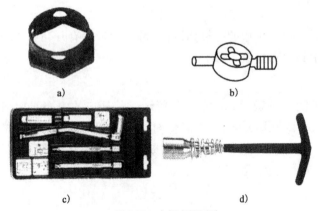

图 3-25　专用套筒扳手

a)叉形凸缘及转向螺母套筒扳手;b)气门芯扳手;c)火花塞扳手组件;d)万向火花塞扳手

4. 活动扳手

活动扳手的开口尺寸能在一定的范围内任意调整,使用场合与开口扳手相同,但活动扳手操作起来不太灵活。如图 3-26 所示,其规格是以最大开口宽度(mm)来表示的,常用的有 150mm、300mm 等,通常由碳素钢(T)或铬钢(Cr)制成的。

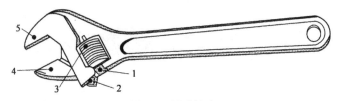

图 3-26　活动扳手
1-蜗轮轴；2-蜗杆；3-蜗轮；4-活动扳口；5-扳手体

5. 扭力扳手

扭力扳手是一种可读出所施力矩大小的专用工具,如图 3-27 所示。其规格是以最大可测力矩来划分的,常用的有 294N·m、490N·m 两种。扭力扳手除用来控制螺纹件旋紧力矩外,还可以用来测量旋转件的起动转矩,以检查配合、装配情况(图 3-28)。

图 3-27　扭力扳手

6. 内六角扳手

内六角扳手是用来拆装内六角螺栓(螺塞)用的,如图 3-29 所示。规格以六角形对边尺寸表示,有 3~27mm 尺寸的 13 种,汽车维修作业中使用成套内六角扳手拆装 M4~M30 的内六角螺栓。

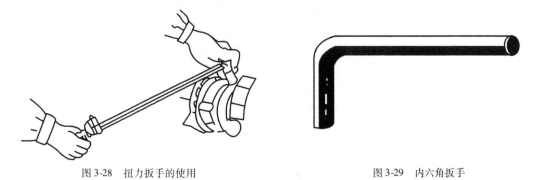

图 3-28　扭力扳手的使用　　　　　　图 3-29　内六角扳手

二、螺钉旋具

螺钉旋具俗称螺丝刀,主要用于旋松或旋紧有槽螺钉。螺钉旋具(以下简称旋具)有很多类型,其区别主要是尖部形状,每种类型的旋具都按长度不同分为若干规格。常用的旋具是一字槽螺钉旋具和十字槽螺钉旋具。

1. 一字槽螺钉旋具

一字螺钉旋具又称一字起子、平口改锥,用于旋紧或松开头部开一字槽的螺钉,如图3-30所示。一般工作部分用碳素工具钢制成,并经淬火处理。其规格以刀体部分的长度表示,常用的规格有100mm、150mm、200mm和300mm等几种。使用时,应根据螺钉沟槽的宽度选用相应的规格。

图 3-30　螺钉旋具

2. 十字槽螺钉旋具

十字槽螺钉旋具又称十字形起子、十字改锥,用于旋紧或松开头部带十字槽的螺钉,材料和规格与一字槽螺钉旋具相同,如图3-30所示。

三、钳子

钳子多用来弯曲或安装小零件、剪断导线等。钳子有很多类型和规格,如图3-31所示。

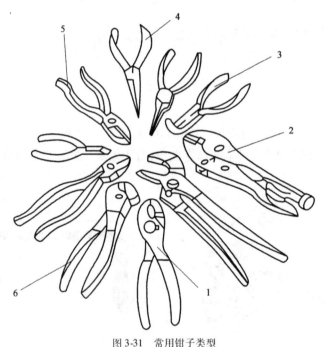

图 3-31　常用钳子类型

1-鲤鱼钳；2-夹紧钳；3-钩钳；4-尖嘴钳；5-钢丝钳；6-剪钳

1. 鲤鱼钳和钢丝钳

如图3-31所示,鲤鱼钳钳头的前部是平口细齿,适用于夹捏一般小零件;中部凹口粗长,用于夹持圆柱形零件,也可以代替扳手拧小的螺栓和螺母;钳口后部的刃口可剪切金属丝。由于一片钳体上有两个互相贯通的孔,又有一个特殊的销子,所以操作时钳口的张开度可很方便地变化,以适应夹持不同大小的零件,是汽车维修作业中使用最多的手钳。其规格以钳长来表示,一般有165mm、200mm两种,用50号钢制造。钢丝钳的用途和鲤鱼钳相仿,但其支销相对于两片钳体是固定的,故使用时不如鲤鱼钳灵活,但剪断金属丝的效果比鲤鱼钳要好,规格有150mm、175mm、200mm三种。

2. 尖嘴钳

如图3-31所示,因其头部细长,所以能在较小的空间内工作,带刃口的能剪切细小零件,使用时不能用力太大,否则钳口头部会变形或断裂。其规格以钳长来表示,常用160mm一种。

在汽车维修中,应根据作业内容选用适当类型和规格(按长度分)的钳子,不能用钳子拧紧或旋松螺纹连接件,以防止螺纹件被倒圆,也不可用钳子当撬棒或锤子使用,以免损坏钳子。

四、锤子

汽车维修中常用的锤子有手锤、木锤和橡胶锤。手锤通常用工具钢制成,规格按锤头质量划分。使用时应使锤头安装牢靠,手握锤柄末端,用锤头正面击打物体。木锤和橡胶锤主要用于击打零件加工表面,以保护零件不被损坏。

五、活塞环拆装钳

活塞环拆装钳是一种专门用于拆装活塞环的工具,如图3-32所示。维修发动机时,必须使用活塞拆装钳拆装活塞环。使用活塞环拆装钳时,将拆装钳上的环卡卡住活塞环开口,握住手把稍稍均匀地用力,使拆装钳手把慢慢地收缩,环卡将活塞环徐徐地张开,使活塞环能从活塞环槽中取出或装入。使用活塞环拆装钳拆装活塞环时,用力必须均匀,避免用力过猛而导致活塞环折断,同时还能避免伤手事故。

六、气门弹簧拆装架

气门弹簧拆装架是一种专门用于拆装顶置气门弹簧的工具,如图3-33所示。使用时,将拆装架托架抵住气门,压环对正气门弹簧座,然后压下手柄,使得气门弹簧被压缩。这时可取下气门弹簧锁销或锁片,慢慢地松抬手柄,即可取出气门弹簧座、气门弹簧和气门等。

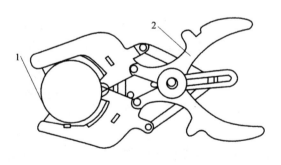

图3-32 活塞环拆装钳
1-活塞环;2-活塞环拆装钳

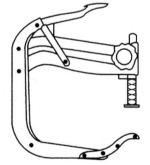

图3-33 气门弹簧拆装架

七、拉器

拉器是用于拆卸过盈配合安装在轴上的齿轮或轴承等零件的专用工具。常用拉器为手动式,在一杆式弓形叉上装有压力螺杆和拉爪。使用时,在轴端与压力螺杆之间垫一块垫板,用拉器的拉爪拉住齿轮或轴承,然后拧紧压力螺杆,即可从轴上拉出齿轮等过盈配合安装零件,如图3-34所示。

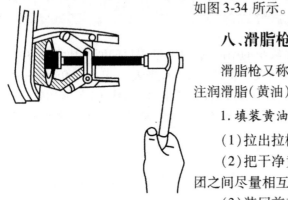

八、滑脂枪

滑脂枪又称黄油枪,如图3-35所示,是一种专门用来加注润滑脂(黄油)的工具。使用方法如下:

1.填装黄油

(1)拉出拉杆使柱塞后移,拧下滑脂枪缸筒前盖。

(2)把干净黄油分成团状,徐徐装入缸筒内,且使黄油团之间尽量相互贴紧,便于缸筒内的空气排出。

(3)装回前盖,推回拉杆,柱塞在弹簧作用下前移,使黄油处于压缩状态。

图3-34 拉器

2.注油方法

(1)把滑脂枪接头对正被润滑的黄油嘴(滑脂嘴),直进直出,不能偏斜,以免影响黄油加注,减少浪费。

(2)注油时,如注不进油,应立即停止,并查明堵塞的原因,排除后再进行注油。

3.加注润滑脂时,不进油的主要原因有:

(1)滑脂枪缸筒内无黄油或压力缸筒内的黄油间有空气。

(2)滑脂枪压油阀堵塞或注油接头堵塞。

(3)滑脂枪弹簧疲劳过软而造成弹力不足或弹簧折断而失效。

(4)柱塞磨损过度而导致漏油。

(5)油脂嘴被泥污堵塞而不能注入黄油。

九、千斤顶

千斤顶是一种最常用、最简单的起重工具,按照其工作原理可分为机械丝杆式和液压式,如图3-36所示。按照所能顶起的质量可分为3000kg、5000kg、9000kg等多种不同规格。目

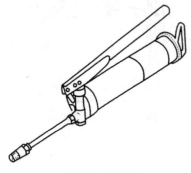

图3-35 滑脂枪

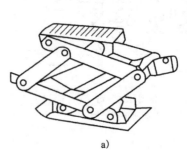
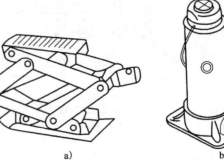

a)

b)

图3-36 千斤顶
a)机械丝杆式;b)液压式

前广泛使用的是液压式千斤顶。现以液压式千斤顶为例,介绍其使用方法。

(1)顶起汽车前,应把千斤顶顶面擦拭干净,拧紧液压开关,把千斤顶放置在被顶部位的下部,并使千斤顶与被顶部位相互垂直,以防千斤顶滑出而造成事故。

(2)旋转顶面螺杆,改变千斤顶顶面与被顶部位的原始距离,使顶起高度符合汽车需要的顶置高度。

(3)用三角形垫木将汽车着地车轮前后塞住,防止汽车在顶起过程中发生滑溜事故。

(4)用手上下压动千斤顶手柄,被顶汽车逐渐升到一定高度,在车架下放入搁车凳,禁止用砖头等易碎物支垫汽车。落车时,应先检查车下是否有障碍物,并确保操作人员的安全。

(5)徐徐拧松液压开关,使汽车缓缓平稳地下降,架稳在搁车凳上。

使用注意事项:

①汽车在顶起或下降过程中,禁止在汽车下面进行作业。

②应徐徐拧松液压开关,使汽车缓慢下降,汽车下降速度不能过快,否则易发生事故。

③在松软路面上使用千斤顶顶起汽车时,应在千斤顶底座下加垫一块有较大面积且能承受压力的材料(如木板等),防止千斤顶由于汽车重压而下沉。千斤顶与汽车接触位置正确、牢固。

④千斤顶把汽车顶起后,当液压开关处于拧紧状态时,若发生自动下降故障,则应立即查找原因,及时排除故障后方可继续使用。

⑤如发现千斤顶缺油时,应及时补充规定油液,不能用其他油液或水代替。

⑥千斤顶不能用火烘热,以防皮碗、皮圈损坏。

⑦千斤顶必须垂直放置,以免因油液渗漏而失效。

十、汽车举升器

为了改善劳动条件,增大空间作业范围,汽车举升器在汽车维修中使用日益广泛。汽车举升器按立柱数可分为单立柱式、双立柱式、四立柱式。按结构特点可分为电动机械举升器和电动液压举升器。

汽车举升器使用注意事项:

(1)车辆的总质量不能大于举升器的举升能力。

(2)根据车型和停车位置的不同,尽量使汽车的重心与举升器的重心相接近;严防偏重,为了打开车门,汽车与立柱间应留有一定的距离。

(3)转动、伸缩、调整举升臂至汽车底盘指定位置并接触牢靠。

(4)汽车举高前,操作人员应检查汽车周围人员的动向,防止意外。

(5)汽车举升时,要在汽车离开地面较低位置进行反复升降,无异常现象时方可举升至所需高度。

(6)汽车举升后,应落槽于棘牙之上并立即进行锁紧。

十一、起重吊车

常用的吊车有门式、悬臂式、单轨式和梁式四种类型。在汽车拆装实训中,使用最多的是悬臂式吊车,它分为机械式和液压式两大类。

1. 机械式悬臂吊车

通过手柄转动绞盘和棘轮,收缩或放长铁链使重物上升或下降,可作短距离移动。

2. 液压式悬臂吊车

起吊时,由于油泵的作用,使压力油进入于作油缸内,推动顶杆外移,使重物起吊。打开放油阀,工作缸内的油流回油箱,压力降低,使重物下降。

起重设备使用注意事项:

(1)吊运重物不允许超过核定荷载。

(2)钢丝绳及绳扣应安装牢固。

(3)吊件应尽量靠近地面,以减小晃动。下放吊件时,要平稳,不可过急。

(4)严禁用吊车拖拉非起吊范围内的吊件。

单元三 加 工 方 法

单元要点

各种机加工方法

知识链接

一、划线的基本知识

1. 划线的概念与种类

1) 划线的概念

零件加工前,按照图纸,在零件的毛坯或半成品的表面准确地划出切割界线、定位标记的作业称为划线。划线的作用是多方面的,其中主要有两条:

(1)通过划线可以检查毛坯是否正确。

(2)确定零件表面各要素相对位置、各表面的加工余量,使机械加工有明确的标志。

2) 划线的种类

划线分为平面划线和立体划线两种。平面划线是在工件或毛坯的一个平面上划线。如图3-37a)所示。立体划线是平面划线的复合,是在工件或毛坯的几个表面上划线,即在工件的长、宽、高三个方向划线,如图3-37b)所示。

2. 划线工具

划线的工具很多,按用途分有以下几类:基准工具、量具、直接划线工具以及夹持工具等。

1) 基准工具

划线平台(图3-38)是划线的主要基准工具。其安放时要平稳牢固,上平面要保持水平。

平面的各处要均匀使用,不许碰撞或敲击其表面,要注意其表面的清洁。长期不用时,应涂防锈油防锈,并盖保护罩。

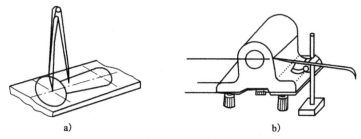

图 3-37 划线的种类
a)平面划线;b)立体划线

2)量具

量具有钢尺、直角尺、游标卡尺、高度游标尺等。其中高度游标尺(图 3-39)能直接测量出高度尺寸,其读数精度和游标卡尺一样,可作为精密划线量具。

图 3-38 划线平台　　　　　　　　　　　　图 3-39 高度游标尺

3. 直接划线工具

直接划线工具有划针、划规、划卡、划针盘和样冲。划针是在工件表面划线的工具。其一般为工具钢或弹簧钢丝制成,尖端磨成 15°~20°的尖角,并经过热处理,硬度达 HRC55~60。

(1)划针。如图 3-40 所示,要依靠钢尺或直尺等导线工具而移动,并向外侧倾斜 15°~20°,向划线方向倾斜 45°~75°,如图 3-41 所示。要尽量做到一次划成,以使线条清晰、准确。

图 3-40 划针

(2)划规。如图 3-42 所示、划规是划圆或划弧线、等分线段及量取尺寸等操作所使用的工具。其用法与制图中的圆规相同。

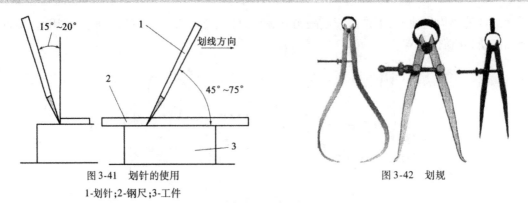

图 3-41 划针的使用
1-划针;2-钢尺;3-工件

图 3-42 划规

(3)划卡。也称为单脚划规,是用来确定轴和孔的中心位置。其使用方法如图 3-43 所示。先划出四条圆弧线,再在圆弧线中冲一样冲点。

(4)划针盘。如图 3-44 所示,划针盘主要用于立体划线和工件位置的校正。用划针盘划线时,应注意划针装夹要牢固,伸出不宜过长,以免抖动。底座要保持与划线平板紧贴,不能摇晃和跳动。

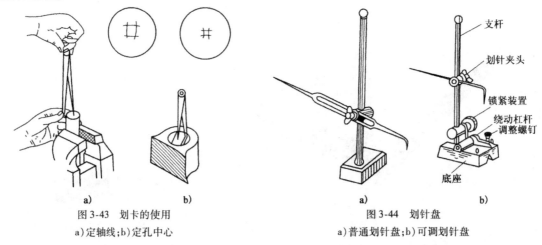

图 3-43 划卡的使用
a)定轴线;b)定孔中心

图 3-44 划针盘
a)普通划针盘;b)可调划针盘

(5)样冲。如图 3-45a)所示,样冲是在划好的线上冲眼用的工具,通常用工具钢制成,尖端磨成 60°左右,并经过热处理,硬度高达 HRC60。冲眼是为了强化显示用划针划出的加工界线;在划圆时,需先冲出圆心的样冲眼,利用样冲眼作圆心,才能划出圆线。样冲眼也可以作为钻孔前的定心。冲眼方法如图 3-45b)所示。

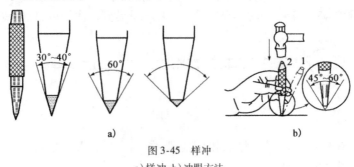

图 3-45 样冲
a)样冲;b)冲眼方法

4. 夹持工具

夹持工具有 V 形铁、方箱等。

(1) 方箱。如图 3-46 所示,方箱是用铸铁制成的空心立方体,其六个面都经过精加工,相邻的各面相互垂直。一般用来夹持、支承尺寸较小而加工面较多的工件。通过翻转方箱,可在工件的表面上划出相互垂直的线条。

(2) V 形铁是用于支承圆柱形工件,使工件轴心线与平台平面平行,一般两块为一组,如图 3-47 所示。

图 3-46 方箱

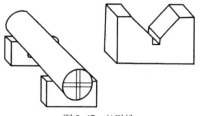
图 3-47 V 形铁

5. 划线的基准

用划针盘划各水平线时,应选定某一基准作为依据,并以此来调节每次划线的高度。它通常与零件图的设计基准相一致。合理选择划线基准,能够提高划线质量和划线速度,并可以避免失误。通常选择重要孔的轴线为划线基准,若工件上有的平面已加工,则应选该平面为划线基准,如图 3-48 所示。

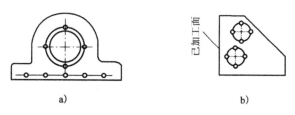

图 3-48 划线的基准
a) 以孔的轴线为基准；b) 以已加工面为基准

6. 划线步骤

(1) 首先是工件和工具的准备,工件的准备包括其清理、检查和表面涂色,有时还需在工件的中心设置中心塞块。

(2) 再根据工件图样要求,选择合适的工具,并检查和校验工具看懂图样,确定出划线基准,装夹好工件。

(3) 然后进行划线,最后在线条上打样冲眼。

7. 平面划线实例

如图 3-49 所示为划线样板,要求在板料上把全部线条划出。其具体划线过程如下:按图中尺寸所示,应首先确定以底边和右侧边这两条直线为基准。

沿板料边缘划两条垂直基准线；划尺寸 42 水平线；划尺寸 75 水平线；划尺寸 34 水平线；以 O_1 为圆心,$R78$ 为半径作弧并截取 42 水平线得 O_2 点,通过 O_2 点作垂直线；分别与 O_1、O_2

点为圆心、R78 为半径作弧相交得 O_3 点,通过 O_3 点作水平线和垂直线;通过 O_2 点作45°线,并以 R40 为半径截取获得小圆的圆心;通过 O_3 点作与水平线成20°线,并以 R32 为半径截取获得另一小圆的圆心;划垂直线与 O_3 垂直线距离为15,并以 O_3 为圆心,R52 为半径作弧截取获得 O_4 点;划尺寸28 水平线;按尺寸95 和115 划出左下方的斜线;划出 φ32、φ80、φ52、φ38 圆周线;把 φ80 圆周按图作三等份;划出5 个 φ12 圆周线;以 O_1 为圆心、R52 为半径划圆弧,并以 R20 为半径作相切圆弧;以 O_3 为圆心,R47 为半径划圆弧,并以 R20 为半径作相切圆弧;以 O_4 为圆心、R20 为半径划圆弧,并以 R10 为半径作两处的相切圆弧;以 R42 为半径作右下方的相切圆弧。

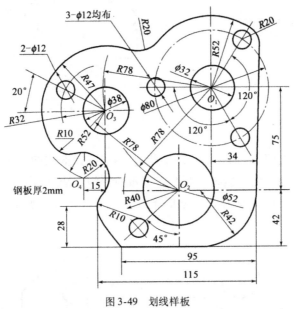

图 3-49　划线样板

在划线过程中,找出圆心后打样冲眼,以备圆规划圆弧,在划线交点以及划线上按一定间隔也要打样冲眼,以保证加工界限清楚可靠和质量检查。对于表面经过磨削加工过的精密工件,也可以在划线后不打样冲。

二、锯削的基本知识

锯削是用手锯对材料或工件进行分割的一种切削加工。其工作范围包括:分割各种材料或半成品;锯掉工件上多余的部分;以及在工件上开槽,如图 3-50 所示。

1. 锯削工具

锯削加工时所用的工具为手锯,它主要由锯弓和锯条组成。

(1)锯弓。用来安装并张紧锯条,如图 3-51 所示,分为固定式和可调式。固定式锯弓只能安装一锯条;而可调锯弓通过调节安装距离,可以安装几种长度规格的锯条。

(2)锯条。用碳素工具钢或合金钢制成,并经过热处理淬硬,如图 3-52 所示。常用的手工锯条长300mm、宽12mm、厚0.8mm。从图中可以看出,锯齿排列呈左右错开状,人们称之为锯路。其作用就是防止在锯削时锯条夹在锯缝中,同时可以减少锯削时的阻力和便于排屑。

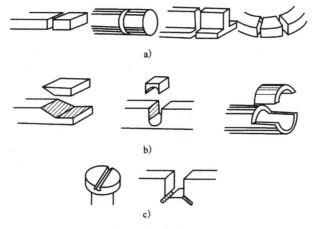

图 3-50 锯削工作范围

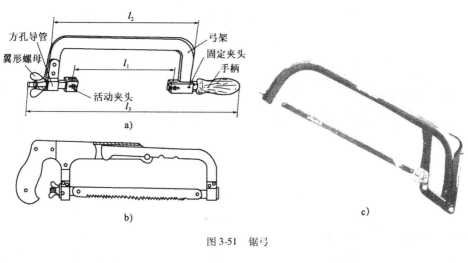

图 3-51 锯弓

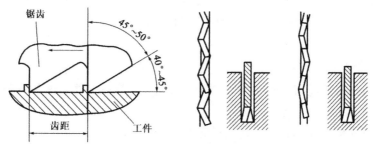

图 3-52 锯条

锯齿的粗细是按照锯条上每 25mm 长度内的齿数来表示,14~18 齿为粗齿,24 齿为中齿,32 齿为细齿。其中粗齿锯条用于加工软材料或厚材料;中等硬度的材料选用中齿锯条;硬材料或薄材料锯削时一般选用细齿锯条。

2. 锯削操作

（1）工件的装夹。工件应夹在虎钳的左边，以便于操作；同时工件伸出钳口的部分不要太长，以免在锯削时引起工件的抖动；工件夹持应该牢固，防止工件松动或使锯条折断。

（2）锯条的安装。安装锯条时松紧要适当，过松或过紧都容易使锯条在锯削时折断。因手锯是向前推时进行切削，而在向后返回时不起切削作用，因此安装锯条时一定要保证齿尖的方向朝前。

（3）起锯。起锯是锯削工作的开始，起锯的好坏直接影响锯削质量。起锯的方式有远边起锯和近边起锯两种，一般情况下采用远边起锯，因为此时锯齿是逐步切入材料，不易被卡住，起锯比较方便。如采用近边起锯，掌握不好时，锯齿由于突然锯入且较深，容易被工件棱边卡住，甚至崩断或崩齿。

无论采用哪一种起锯方法，起锯角 α 以 15° 为宜。如起锯角太大，则锯齿易被工件棱边卡住；起锯角太小，则不易切入材料，锯条还可能打滑，把工件表面锯坏。

为了使起锯的位置准确和平稳，可用左手大拇指挡住锯条来定位。起锯时压力要小，往返行程要短，速度要慢，这样可使起锯平稳，如图 3-53 所示。

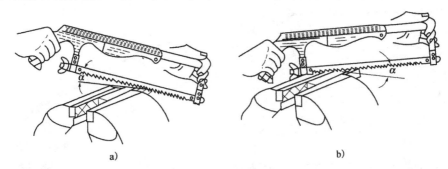

图 3-53　起锯
a）远起锯；b）近起锯

推锯时锯弓运动方式有两种：

一种是直线运动，适用于锯缝底面要求平直的槽和薄壁工件的锯削；另一种是锯弓做上、下摆动，这样操作自然，两手不易疲劳。手锯在回程中因不进行切削，故不施加压力，以免锯齿磨损。

3. 锯削操作时的注意事项如下：

（1）锯条要装得松紧适当，锯削时不要突然用力过猛，防止工件中锯条折断从锯弓上崩出伤人。

（2）工件夹持要牢固，以免工件松动、锯缝歪斜、锯条折断。

（3）要经常注意锯缝的平直情况，如发现歪斜应及时纠正。若歪斜过多纠正困难，则不能保证锯削的质量。

（4）工件将锯断时压力要小，避免压力过大使工件突然断开，手向前冲造成事故。一般工件将锯断时要用左手扶住工件断开部分，以免落下伤脚。

（5）在锯削钢件时，可加些机油，以减少锯条与工件的摩擦，提高锯条的使用寿命。

三、錾削的基本知识

1. 錾削的概念

錾削是用手锤打击錾子对金属进行切削加工的操作方法。其作用就是錾掉或錾断金属，使其达到所需的形状和尺寸。錾削加工具有很大的灵活性，它不受设备、场地的限制，可以在其他设备无法完成加工的情况下进行操作。目前，一般用在凿油槽、刻模具和錾断板料等方面。它是钳工需要掌握的基本操作技能之一。

2. 錾削工具

錾削工具主要是錾子和手锤。

（1）錾子。一般由碳素工具钢 T7 或 T8，经过锻造后，再进行刃磨和热处理而制成。其硬度要求是切削部分为 HRC52～57，头部为 HRC32～42。它由切削刃、斜面、柄部、头部四个部分组成，如图 3-54 所示。柄部一般做成八棱形，头部近似为球面形，全长 170mm 左右，直径为 18～20mm。常用的錾子有扁錾、窄錾和油槽錾，如图 3-55 所示。

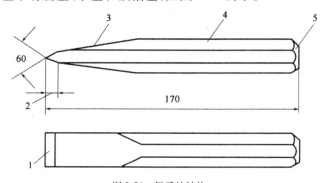

图 3-54 錾子的结构
1-切削刃；2-切削部分；3-斜面；4-柄部；5-头部

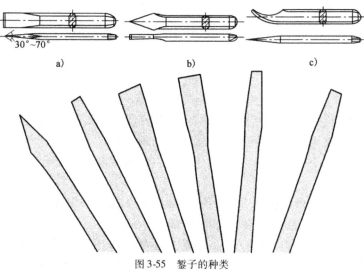

图 3-55 錾子的种类
a）扁錾（阔錾）；b）窄錾；c）油槽錾

(2) 手锤由锤头和锤柄组成。锤头一般由碳素工具钢制成,并经过热处理淬硬。锤柄一般由坚硬的木材制成,且粗细和强度应该适当,应和锤头的大小相称,如图3-56所示。

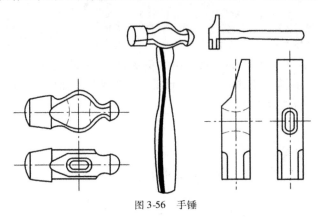

图 3-56　手锤

3. 錾削操作

(1) 手锤的握法。錾削时,右手握锤有两种方法,即松握法和紧握法。

松握法:只有大拇指和食指始终紧握锤柄。在锤打时中指、无名指和小指依次握紧锤柄;挥锤时则相反,小指、无名指和中指依次放松。这种握法锤击力大,且手不易产生疲劳,如图3-57a)所示。

紧握法:用右手五指紧握锤柄,大拇指放在食指上。锤打和挥锤时,五个手指的握法不变,如图3-57b)所示。

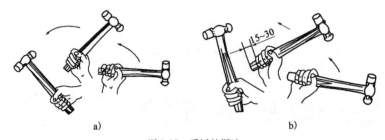

图 3-57　手锤的握法
a) 松握法;b) 紧握法

(2) 錾子的握法。錾子的握法随工作条件的不同而不同,常有以下3种方法。

正握法:手心向下,用虎口夹住錾身,拇指和食指自然伸开,其余三指自然弯曲靠拢,握住錾身。这种握法适于在平面上进行錾削,如图3-58a)所示。

反握法:手心向上,手指自然握住錾柄,手心悬空。这种握法适用于小的平面或侧面錾削,如图3-58b)所示。

立握法:虎口向上,拇指放在錾子的一侧,其余四指放在另一侧捏住錾子。这种握法适于垂直錾切工件,如在铁砧上錾断材料等,如图3-58c)所示。

(3) 挥锤的方法。挥锤的方法有三种,即腕挥、肘挥和臂挥三种,如图3-59所示。

腕挥:只是用手腕的运动挥锤,锤击力较小。一般用于錾削的开始和收尾,或油槽、打样冲眼等用力不大的地方。

肘挥:用手腕和肘部一起挥锤,它的运动幅度大,锤击力较大,应用广泛。
臂挥:用手腕、肘部和整个臂一起挥动,其锤击力大,用于需要大力錾削的场合。

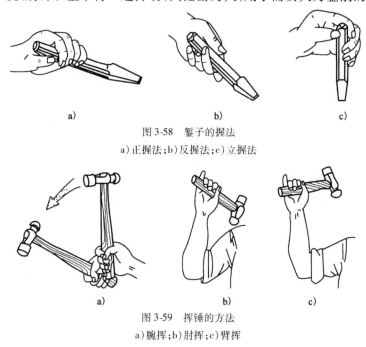

图3-58 錾子的握法
a)正握法;b)反握法;c)立握法

图3-59 挥锤的方法
a)腕挥;b)肘挥;c)臂挥

4. 錾削时的步位和姿势

錾削时,操作者的步位和姿势应便于用力。身体的重心偏于右腿,挥锤要自然,眼睛要正视錾刃,而不是看錾子的头部,正确姿势如图3-60所示。

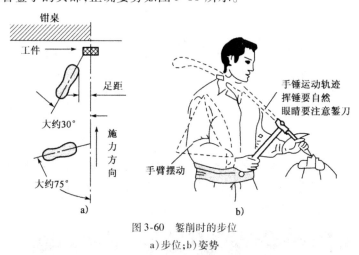

图3-60 錾削时的步位
a)步位;b)姿势

5. 錾削的方法

(1)錾平面。较窄的平面可用平錾进行,每次厚度为0.5~2mm。对于宽平面,应先用窄錾开槽,再用平錾錾平,如图3-61所示。

(2)錾油槽。錾油槽时,要先选与油槽同宽的油槽錾錾削。必须使油槽錾得深浅均匀,表面平滑,如图 3-62 所示。

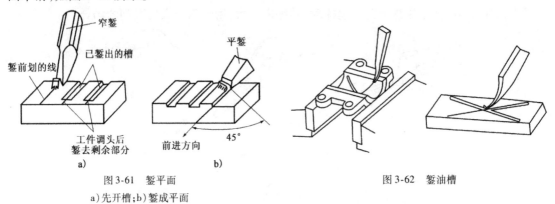

图 3-61 錾平面
a)先开槽;b)錾成平面

图 3-62 錾油槽

（3）錾断。錾断 4mm 以下的薄板和小直径棒料可以在虎钳上进行,如图 3-63a)所示。对于较长或较大的板材,可在铁砧上錾断,如图 3-63b)所示。

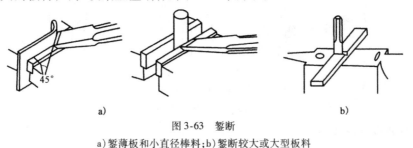

图 3-63 錾断
a)錾薄板和小直径棒料;b)錾断较大或大型板料

四、锉削的基本知识

1. 锉削的概念

用锉刀对工件表面进行切削,使其达到零件图所要求的形状、尺寸和表面粗糙度的加工方法称为锉削。锉削加工简便,工件范围广,多用于錾削、锯削之后。可对工件上的平面、曲面、内外圆弧、沟槽以及其他复杂表面进行加工。其最高加工精度可达 IT8 级,表面粗糙度 R_a 可达 $0.8\mu m$。

2. 锉削工具

锉刀是锉削的主要工具,常用碳素工具钢 T12、T13 制成,并经热处理淬硬至 HRC62~67。它由锉刀面、锉刀边、锉刀舌、锉刀尾、木柄等部分组成,如图 3-64 所示。

图 3-64 锉刀

锉刀按用途来分,可分为普通锉、特种锉和整形锉（什锦锉）三类。普通按其截面形状可分为平锉、方锉、圆锉、半圆锉及三角锉五种。按其长度可分为 100mm、150mm、200mm、250mm、300mm、350mm 及 400mm 等七种。按其齿纹可分单齿纹、双齿纹。按其齿纹粗细可分为粗齿、中齿、细齿、粗油光(双细齿)、细油光五种,如图3-65所示。

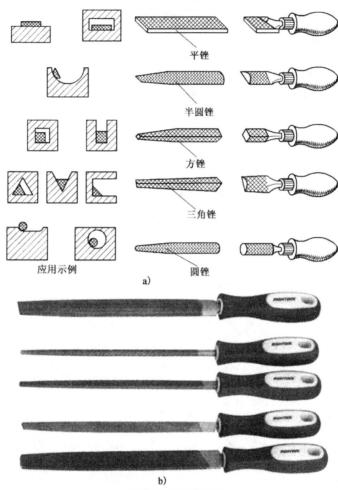

图3-65 锉刀的种类
a)锉刀的种类及应用示例;b)实物图

合理选用锉刀,对保证加工质量,提高工作效率和延长锉刀寿命有很大的影响。锉刀的一般选择原则是:

根据工件形状和加工面的大小选择锉刀的形状和规格;

根据材料软硬、加工余量、精度和粗糙度的要求选择锉刀齿纹的粗细。

3. 锉削操作方法

(1)锉刀的握法。

①锉刀的握法如图3-66所示,无论何种姿势,左手肘部均应抬起。

②锉削时足的位置、身体姿势和工作方法如图3-67所示。

③注意清除锉刀上的积屑(图3-68)。

(2)锉削加工方法。

①平面锉削。这是最基本的锉削,常用的方法有三种,即顺向锉法、交叉锉法及推锉法,如图3-69所示。

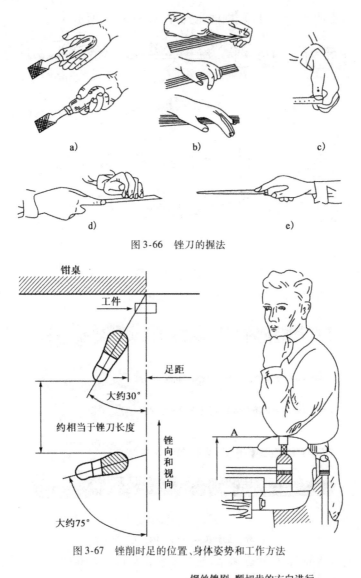

图 3-66　锉刀的握法

图 3-67　锉削时足的位置、身体姿势和工作方法

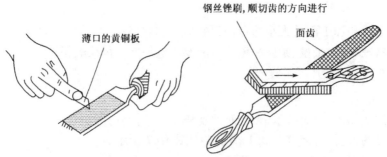

图 3-68　清除锉刀上的积屑

顺向锉法，锉刀沿着工件表面横向或纵向移动，锉削平面可得到正直的锉痕，比较整齐美观。适用于锉削小平面和最后修光工件。

交叉锉法,是以交叉的两方向顺序对工件进行锉削。由于锉痕是交叉的,容易判断锉削表面的不平程度,因而也容易把表面锉平。交叉锉法去屑较快,适用于平面的粗锉。

推锉法,两手对称地握住锉刀,用两大拇指推锉刀进行锉削。这种方法适用于较窄表面且已经锉平、加工余量很小的情况下,来修正尺寸和减小表面粗糙度。

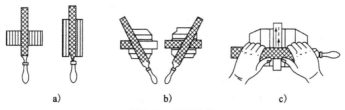

图 3-69　平面锉削
a)顺向锉法;b)交叉锉法;c)推锉法

②圆弧面(曲面)的锉削。外圆弧面锉削。锉刀要同时完成两个运动:锉刀的前推运动和绕圆弧面中心的转动。前推是完成锉削,转动是保证锉出圆弧形状。

常用的外圆弧面锉削方法有两种(图 3-70):滚锉法、横锉法。

图 3-70　圆弧面锉削
a)滚锉法;b)横锉法

滚锉法,是使锉刀顺着圆弧面锉削,此法用于精锉外圆弧面。

横锉法,是使锉刀横着圆弧面锉削,此法用于粗锉外圆弧面或不能用滚锉法的情况下。

内圆弧面锉削,锉刀要同时完成三个运动:锉刀的前推运动、锉刀的左右移动和锉刀自身的转动。否则,锉不好内圆弧面,如图 3-71 所示。

图 3-71　内圆弧面锉削

③通孔的锉削。根据通孔的形状、工件材料、加工余量、加工精度和表面粗糙度来选择所需的锉刀。如图 3-72 所示。

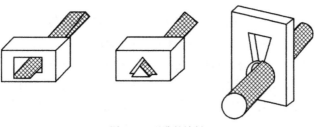

图 3-72　通孔的锉削

4. 锉削操作要点

操作时要把注意力集中在以下两方面：

一是操作姿势、动作要正确。

二是两手用力方向、大小变化正确、熟练。要经常检查加工面的平面度和直线度情况，来判断和改进锉削时的施力变化，逐步掌握平面锉削的技能。

锉削操作时应注意事项如下：

（1）不准使用无柄锉刀锉削，以免被锉舌戳伤手。

（2）不准用嘴吹锉屑，以防锉屑飞入眼中。

（3）锉削时，锉刀柄不要碰撞工件，以免锉刀柄脱落伤人。

（4）放置锉刀时不要把锉刀露出钳台外面，以防锉刀落下砸伤操作者。

（5）锉削时不可用手摸被锉过的工件表面，因手有油污会使锉削时锉刀打滑而造成事故。

（6）锉刀齿面塞积切屑后，用钢丝刷顺着锉纹方向刷去锉屑。

五、刮研

1. 刮削的概念

刮削是机械加工的一个重要工艺手段，有相对运动的配合表面只有经过刮削，才能达到完美的结合。刮削的任务除了要把机械加工遗留下来的走刀丝纹、表面细微的不平消除外，还要把工件的扭曲、中部凹陷或凸起等误差消除。刮削能提高工件的形状精度和配合精度；形成存油空间隙减少摩擦阻力；提高工件表面质量，从而提高工作的耐磨性，延长其使用寿命；刮削还能使工件表面美观。

刮削在机器制造和修理中都占重要的地位，也是钳工的基本功之一。

2. 显示剂

机械加工后的平面误差，只有用一块标准平板才能校验出来。校验时，是在工件刮削面（或平板表面）涂上一层颜料，然后将两个平面互相摩擦，这样凸起处就被磨成黑点（或被着色）。曲面（内孔和外圆）是用心轴、标准套或与其配合的轴、套相互摩擦的方法来校验的。这种颜料叫显示剂。利用显示剂校验的方法叫显示法，工厂中俗称磨点子（图3-73）。

目前常用的显示剂主要有以下两种：

红丹粉——红丹粉有铅丹和铁丹两种。铅丹（呈橘黄色）和铁丹（呈紫红色）的粒度极细，用时与机油调和。红丹粉由于显示清晰，价格较低，因此使用最广，通常在铸铁和钢件上使用。

蓝油——由普鲁士蓝和蓖麻油混合而成。常在铜、铅等工件上使用。

显示剂的使用方法：

显示剂使用得是否正确与刮削质量有很大的关系。红丹粉与机油调和时，油不能加得太多，只要能润开就行了。粗刮时，红丹粉可调得稍薄些，便于涂布，显示的点子大。精刮时，红丹粉要调得厚些，否则点子要模糊。刮削时红丹粉可以涂在工件表面上，也可涂在标准平板上。涂在工件表面上，显示后呈红底黑点，不闪光，看得比较清楚。涂在标准平板上，工件只在高点处着色，显示也清楚，同时切屑不易粘附在刀口上，刮削方便，且可减少涂布次数。但随着刮削工作的进行，点子逐渐增多，尤其是在细刮的最后阶段和精刮时，显示点子就模糊，此时应将红丹粉涂在被刮削工件表面上。

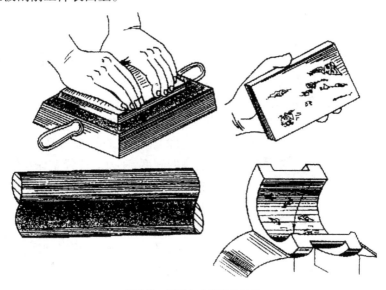

图 3-73　平面与曲面的显示法

3. 刮削精度的检查

检查刮削精度的方法主要有下列两种：

（1）以贴合点的数目来表示：就是用在任意抽查的边长为 25mm 的正方形方框内，点子数目的多少及点子分布的均匀程度来表示（图 3-74）。各种平面所要求的点子数见表 3-1。

（2）用平面的平整度表示：工件平面大范围内的中凸、中凹、波形以及两导轨面的扭曲等是用水平仪检查的，它们的允许误差根据不同的要求来规定。例如车床导轨要求中部略为凸起一些（一般为 0.02mm/1 000mm）以增加导轨的使用期限，而相配的大拖板面要求中部略凹些以与导轨紧密贴合。平面刮好后，就应该根据工件的技术要求，用水平仪来检查。

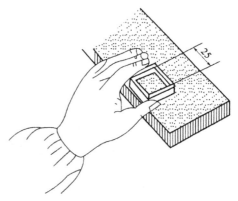

图 3-74　用方框检查点子

平面要求的点子数　　　　　　　　　　　　表 3-1

平面总类	质量情况（边长 25mm 正方形内的点数）	常用范围
普通平面	6~10	固定接触面
中等平面	8~15	机器台面和量具的接触面
高等平面	16~24	平板、直尺和精密机器的导轨
超等平面	25 以上	精密工具的平面

4. 刮削工具

（1）校准工具。校准工具是用来磨点子和检验刮削面准确性的工具。它有下列 3 种：

①标准平板。标准平板用来检验宽的平面,是用一级铸铁制成的,经过精刨、粗刮、细刮和精刮,有较高的精度。

②校准直尺。校准直尺用来检验狭长的平面。

③角度直尺。角度直尺用来检验燕尾导轨的角度。尺的两面经过精刮并成所需的标准角度,如55°、60°等。第三面只须刨光,此面在放置时作支承面。

各种直尺不用时一般将其吊起。桥式直尺要安放平整,以防止变形。刮削曲面时,往往用相配的轴作为校准工具。如无现成轴,可自制一根标准心棒来检验。

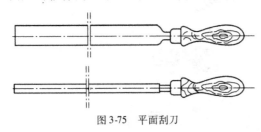

图3-75 平面刮刀

(2)刮削工具。刮刀是刮削的主要工具,具有高的硬度,使刃口能经常保持锋利。刮刀的材料一般采用碳素工具钢或轴承钢。刮削硬工件时,也可焊上硬质合金刀头。刮刀的种类分平面刮刀和曲面刮刀两大类。

①平面刮刀——用来刮削平面和外曲面,如图3-75所示。平面刮刀又分普通刮刀和活头刮刀两种。

普通刮刀是平面刮刀中最常见的一种。按所刮表面精度的不同,可分为粗刮刀、细刮刀和精刮刀三种。

②曲面刮刀——用来刮削内曲面,如滑动轴承等。曲面刮刀分为三角刮刀和蛇头刮刀两种,其形状如图3-76所示。

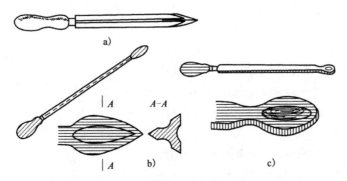

图3-76 三角刮刀、蛇头刮刀形状

三角刮刀可由三角锉刀改制,或用工具钢将头部50mm处锻成等边三角形,柄部为圆柱形(图3-76b))。一般三角刮刀具有三个长的弧形刀刃和三条长的凹槽。它是内曲面刮削的主要刀具。

蛇头刮刀如图3-76c)所示,它利用两圆弧面刮削内曲面,特点是有四个刃口。蛇头刮刀圆弧的大小依据粗、精刮而定。粗刮刀圆弧的曲率半径大,这样接触面积大,使工件很快达到所需尺寸和全面贴合的要求。精刮刀圆弧的曲率半径小,这样容易刮点子,而且凹坑刮得深,有足够的存油空隙,使滑动轴承和转轴得到充分的润滑。

(3)刮刀的磨锐和保养。在刮削过程中,为保持刮刀刃口锋利,要经常在油石上磨锐。平面刮刀主要磨顶端,然后修磨平面几下,去除刃口毛刺。蛇头刮刀主要磨其圆弧面,最后修磨几下平面去除毛刺即可。

磨出刮刀的质量好坏,与是否合理使用油石有很大的关系。新油石使用前应先放在油中浸几天,使用时油石面上要有足够的润滑油,否则磨出的刮刀刃口不光洁,油石也容易损坏。油石上用的油要清洁,避免铁屑嵌入油石。如油石上已嵌入铁屑,可将油石在水泥地上磨去一层或放在刨床上刨去一层。油石不使用时仍将它浸在油中。

刮刀是精加工工具,它的刃口一定要保护好。用毕要用布包好或放在分格架中以免刃口碰坏和出工伤事故。刮刀不能当撬棒用,也不能当其他工具使用。

5. 平面刮削步骤

(1) 粗刮。一般要进行粗刮的表面有以下三种情况:经过机械加工(如车、铣、刨等)的表面还留有较深的加工纹路;由于保养不妥,表面有严重缺陷;工件经测量,尚有较多的余量(如0.05mm以上)。所谓粗刮,就是拿锋利的粗刮刀,用较大的力气将工件表面刮去一层,在工件整个刮削面上达到边长25mm的正方形内有2~3点时,粗刮就结束了。

(2) 细刮。经过粗刮后的表面,还不平整,与标准平板的接触点很少,因此须进行细刮。细刮采用短刮法(刮的刀印短),刀的宽度应该小些,约为刮刀宽度的1/3~1/2。细刮开始时,刀印长度与刮刀宽度相等,随着点子的增加,刀印应短些。细刮刀刃可稍带圆弧,以便对准点子。刮削时,要沿着一定的方向刮,刮完一遍,刮二遍时要交叉刮。要防止刮刀的倾斜,以免将表面划出深痕。为了使贴合点子很快增加,不仅要将着色的斑点刮去,其周围部分也应刮去。这是因为当最高点刮去后,周围的次点就显示出来了,将这些次高点刮去,各次高点周围的点子又会很快地显示出来。这样就可加快刮削速度。随着点子的逐渐增多,红丹粉要涂布得薄而均匀。显示出的点子硬(斑点发亮),刮重些;点子软(斑点发暗),刮轻些。直至显示出的点子软硬均匀,在工件整个刮削面上,边长25mm的正方形内达12~15点,细刮就结束了。

(3) 精刮。精刮时,红丹粉应涂在被刮削工件上,点子显示清晰。精刮时落刀要轻,起刀应挑起。对准点子刮时,每刀一点,不应重复刮,并始终交叉地刮。当点子逐渐增多到20点以上,再刮时,可将点子分为三类:最大最亮的点子全部刮去;中等点子在点子中刮去一小片;小点子留着不刮。这样连续刮几遍就可以很快的达到在工件整个刮削面的任何地方,边长25mm的正方形内均达30点左右。

(4) 刮花。刮花的目的,除了增加美观外,还能保证良好的润滑条件,并且还可借刀花的消失来判断平面的磨损程度。一般常见的花纹有斜纹花纹、鱼鳞花纹、半月花纹等。

6. 曲面刮削操作法

曲面刮削的原理和平面刮削一样,但内曲面所用的工具跟平面刮削不同。内曲面刮削用三角刮刀或蛇头刮刀,刀具做螺旋运动。以标准心棒或相配合的轴作内曲面研点子的校准工具。校准时将兰油涂在心棒或轴上,将心棒或轴塞在轴承孔中来回转来显示点子(图3-77),然后就可以针对高点子刮削。内曲面的刮削姿势有两种。

第一种如图3-77b)所示。右手握刀柄,左手掌向下用四指横握刀杆。刮时右手作半圆的转动,左手顺着曲面的方向拉动或推动,与此同时,刮刀在轴向还要移动一些(即刮刀做螺旋运动)。

第二种如图3-77c)所示。刮刀柄搁在右手手臂上,双手握住刀身。刮时左、右手动作与上一种姿势一样。

刮时用力不可太大,否则容易发生抖动,表面产生震痕。曲面刮削也要交叉进行,不可只顺着一个方向刮,否则要产生波纹。波纹可从点子有规则的排列上看出。

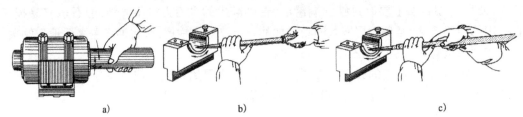

图 3-77 内曲面的显示方法与刮削姿势
a)显示方法;b)、c)刮削姿势

内孔刮削精度的检查,也是以边长 25mm 正方形内接触点数而定。一般轴承中间点子可以少些,在 6~8 点范围内;而前、后端则要求在 10~15 点范围内。

六、钻孔

1. 钻孔的工具通常有钻床和钻头

(1)钻床。常用的钻床有台式钻床、立式钻床、摇臂钻床三种(图 3-78)。手电钻也是常用钻孔工具。

图 3-78 钻床

(2)钻头。钻头是钻孔用的主要刀具,用高速钢制造,工作部分热处理淬硬至 HRC62~65。它由柄部、颈部及工作部分组成,如图 3-79 所示。

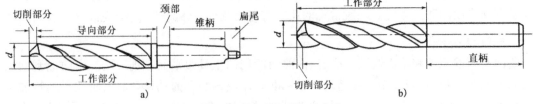

图 3-79 锥柄钻头、直柄钻头图
a)锥柄钻头;b)直柄式

① 柄部。是钻头的夹持部分,起传递动力的作用,有直柄和锥柄两种。直柄传递扭矩力较小;锥柄顶部是扁尾,起传递扭矩作用。

② 颈部。是在制造钻头时砂轮磨削退刀用的,钻头直径、材料、厂标一般也刻在颈部。

③ 工作部分。包括导向部分与切削部分。

(3)标准麻花钻的刃磨。钻头的刃磨直接关系到钻头切削能力的优劣、钻孔精度的高低、表面粗糙度值的大小等,当钻头磨钝或在不同材料上钻孔要改变切削角度时,也必须进行刃磨,使切削部分恢复锋利,保持正确的几何形状。麻花钻的刃磨一般采用手工刃磨,主要刃磨两个主后刀面,如图3-80、图3-81所示。

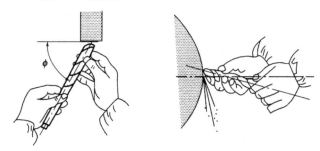

图3-80　钻头刃磨时与砂轮的相对位置

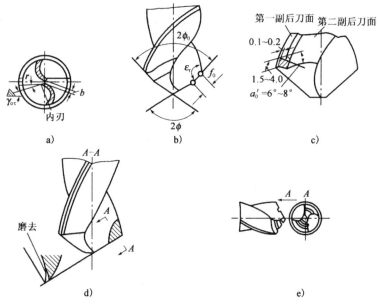

图3-81　麻花钻的修磨

刃磨要求:

① 获得符合要求的顶角,$2\Phi = 118° \pm 2°$。
② 获得准确、合适的后角,当钻头直径为15mm以下时,$\alpha = 10° \sim 14°$。
③ 横刃斜角,$\varphi = 55°$。
④ 两个主切削刃长度相等,与钻心对称。
⑤ 后刀面光滑。

2. 钻孔方法(图3-82)

切削用量的选择。钻孔切削用量是指钻头的切削速度、进给量和切削深度的总称。切削用量越大,单位时间内切除量越多,生产效率越高。但切削用量受到钻床功率、钻头强度、钻头耐用度、工件精度等许多因素的限制,不能随意提高。

钻孔时选择切削用量的基本原则是:在允许范围内,尽量先选较大的进给量,当进给量受孔表面粗糙度和钻头刚度的限制时,再考虑较大的切削速度。

按划线位置钻孔。工件上的孔径圆和检查圆均需打上样冲眼作为加工界线,中心眼应打大一些。钻孔时先用钻头在孔的中心锪一小窝(占孔径的1/4左右),检查小窝与所划圆是否同心。如稍偏离,可用样冲将中心冲大矫正或移动工件借正。若偏离较多,便可逐渐将偏斜部分矫正过来。

(1)钻通孔。在孔将被钻透时,进给量要减少,变自动进给为手动进给,避免钻头在钻穿的瞬间抖动,出现"啃刀"现象,影响加工质量,损坏钻头,甚至发生事故。

(2)钻盲孔(不通孔)。要注意掌握钻孔深度,以免将孔钻深出现质量事故。控制钻孔深度的方法有:调整好钻床上深度标尺挡块;安置控制长度量具或用粉笔作标记。

(3)钻深孔。直径(D)超过30mm的孔应分两次钻。第一次用$(0.5\sim0.7)D$的钻头先钻,然后再用所需直径的钻头将孔扩大到所要求的直径。分两次钻削,既有利于钻头的使用(负荷分担),也有利于提高钻孔质量。

钻削时的冷却润滑。钻削钢件时,为降低粗糙度多使用机油作冷却润滑液(切削液);为提高生产效率则多使用乳化液。钻削铝件时,多用乳化液、煤油。钻削铸铁件则用煤油。

3. 钻头的装拆

(1)直柄钻头装拆:直柄钻头用钻夹头夹持。先将钻头柄塞入钻夹头的三卡爪内,夹持长度不能小于15mm,然后用钻夹头钥匙旋转外套,使环形螺母带动三只卡爪移动,作夹紧或放松动作(图3-83)。

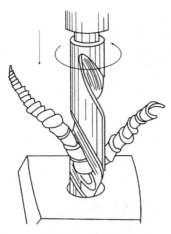

图3-82 钻孔方法

图3-83 用钻夹头夹

(2)锥柄钻头装拆:锥柄钻头用柄部的莫氏锥体直接与钻床主轴连接。连接时必须将钻头锥柄及主轴锥孔揩擦干净,且使矩形舌部的长向与主轴上的腰形孔中心线方向一致,利用加速冲力装接(图3-84a)。当钻头锥柄小于主轴锥孔时,可加过渡套(图3-84b)来连接。用斜铁敲入套管或钻床主轴上的腰形孔内,可拆卸套管内的钻头和在钻床主轴上的钻头,斜铁带圆弧的一边要放在上面,利用斜铁斜面的向下分力,使钻头与套管或主轴分离(图3-84c)。

钻头在钻床主轴上应装接牢固,且在旋转时径向跳动应最小。

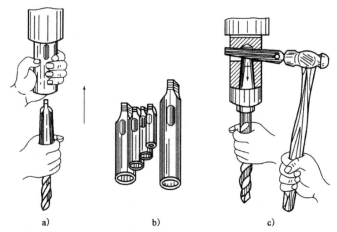

图 3-84 锥柄钻头的装拆及过渡锥套

4. 钻床转速的选择

选择时要首先确定钻头的允许切削速度 v,用高速钢钻头钻铸件时,V 取 14～22m/min;钻钢件时 V 取 16～24m/min;青铜或黄铜件时,V 取 30～60m/min。当工件材料的硬度和强度较高时取较小值;钻头直径小时也取较小值(以 ϕ16mm 为中值);钻孔深度 $L>3d$ 时,还应将取值乘以 0.7～0.8 的修正系数。然后用下式求出钻床转速 n。

$$n = 1\,000v/\pi d \tag{3-1}$$

式中:n——钻床转速,r/min;

v——切削速度,m/min;

d——钻头直径,mm。

5. 钻孔操作

(1)起钻:钻孔时,先使钻头对准孔中心处钻出一浅坑,观察钻孔位置是否正确,并要不断校正,使前坑与划线圆同轴,如有偏位,应先纠正后起钻(图 3-85)。

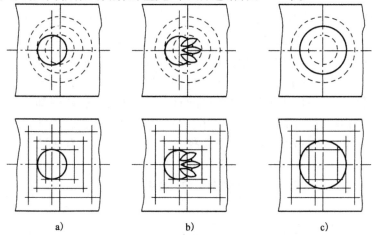

图 3-85 用錾槽来校正起钻偏位的孔

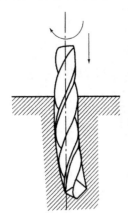

图3-86 钻孔时轴线的歪斜

(2)手进给操作:当起钻达到钻孔的位置要求后,即可压紧工件完成钻孔。手进给时,进给用力不应使钻头产生弯曲现象,以免钻孔轴线歪斜(图3-86);钻小直径孔或深孔,进给力要小,并要经常退钻排屑,以免切屑阻塞而扭断钻头,一般在钻孔深度达直径的3倍时,一定要退钻排屑;钻孔将穿时,进给力必须减小,以防进给量突然过大,增大切削抗力,造成钻头折断,或使工件随着钻头转动造成事故。

(3)钻孔时的切削液:为了使钻头散热冷却,减少钻削时钻头与工件、切屑之间的摩擦,以及消除粘附在钻头和工件表面上的积屑瘤,从而降低切削抗力,提高钻头寿命和改善加工孔表面的质量,钻孔时要加注足够的切削液。钻钢件时,可用3%~5%的乳化液;钻铸铁时,不加冷却液,如果钻头温度升高,可将钻头提起,用另外的容器盛水,对钻头单独进行冷却。

(4)快钻穿时动作要轻,手动进刀时要钻穿时不但不能再用劲,反而要轻轻把钻头抬着一点。

(5)钻孔时,选择转速和进给量的方法为:

用小钻头钻孔时,转速可快些,进给量要小些;

用大钻头钻孔时,转速要慢些,进给量适当大些;

钻硬材料时,转速要慢些,进给量要小些;

钻软材料时,转速要快些,进给量要大些;

用小钻头钻硬材料时可以适当地减慢速度。

七、攻套螺纹

用丝锥在加工工件孔的内表面加工出螺纹的操作叫攻螺纹,用板牙在加工件外表面加工出螺纹的操作叫套螺纹。

1.攻螺纹操作:

(1)丝锥与铰杠:丝锥是加工小内螺纹的工具。按加工螺纹种类的不同有:普通三角螺纹丝锥,其中M6~M24的丝锥为二只一套,小于M6和大于M24的丝锥为三只一套;圆柱管螺纹丝锥,大小尺寸均为单只。按加工方法分有:机用丝锥和手用丝锥。

铰杠是用来夹持丝锥的工具。有普通铰杠(图3-87)和丁字铰杠两类(图3-88)两类。丁字铰杠又称棘轮丝锥铰杠,主要用在攻工件凸台旁的螺纹或机体内部的螺纹。各类铰杠又有固定式和活动式两种。固定式铰杠常用在攻M5以下的螺纹,活动式铰杠可以调节夹持孔尺寸。铰杠长度应根据丝锥尺寸大小选择,以便控制一定的攻螺纹扭矩,可参考表3-2选用。

攻螺纹铰杠的长度选择　　　　　　　　　　表3-2

丝锥直径(mm)	≤6	8~10	12~14	≥16
铰杠长度(mm)	150~200	>200~250	250~300	400~450

图3-87 普通铰杠

图3-88 丁字铰杠

(2)攻螺纹时底孔直径的确定:确定底孔直径的大小要根据工件的材料性质、螺纹直径的大小考虑,其方法可查表或用下列经验公式得出。

普通螺纹底孔直径的经验计算式:

脆性材料: $$D_{底} = D - 1.05P \tag{3-2}$$

韧性材料: $$D_{底} = D - P \tag{3-3}$$

式中:$D_{底}$——底孔直径,mm;

　　D——螺纹大径,mm;

　　P——螺距,mm。

(3)不通孔螺纹的钻孔深度:钻不通孔的螺纹底孔时,钻孔深度至少要等于需要的螺纹深度加上丝锥切削部分的长度,这段增加的长度大约等于螺纹大径的0.7倍,即

$$L = l + 0.7D \tag{3-4}$$

式中:L——钻孔深度,mm;

　　l——需要的螺纹深度,mm;

　　D——螺纹大径,mm。

(4)攻螺纹方法。

①划线,打底孔。

②螺纹底孔的孔口倒角,通孔螺纹两端都倒角,倒角处直径可略大于螺孔大径,这样可使丝锥开始切削时容易切入,并可防止孔口出现挤压出的凸边。

③用头锥起攻。起攻时,可一手用手掌按住铰杠中部,沿丝锥轴线用力加压,另一手配合作顺向旋进(图3-89a));或两手握住铰杠两端均匀施加压力,并将丝锥顺向旋进(图3-89b))。应保证丝锥中心线与孔中心线重合,不使歪斜。在丝锥攻入1~2圈后,应及时从前后、左右两个方向用90°角尺进行检查(图3-90),并不断校正至要求。

④当丝锥的切削部分全部进入工件时,就不需要再施加压力,而靠丝锥作自然旋进切削。此时,两手旋转用力要均匀,并要经常倒转1/4~1/2圈,使切屑碎断后容易排除,避免因切屑阻塞而使丝锥卡住。

⑤攻螺纹时,必须以头锥、二锥、三锥顺序攻削至标准尺寸。在较硬的材料上攻螺纹时,可轮换各丝锥交替攻下,以减小切削部分负荷,防止丝锥折断。

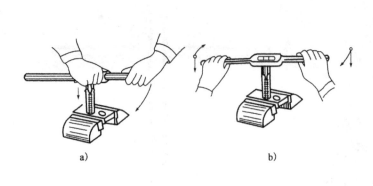
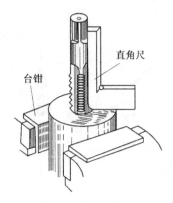

图3-89 攻螺纹　　　　　图3-90 检查丝锥中心线与孔中心线重合

⑥攻不通孔时,可在丝锥上做好深度标记,并要经常退出丝锥,清除留在孔内的切屑,否则会因切屑堵塞使丝锥折断或达不到深度要求。当工件不便倒向进行清屑时,可用弯曲的小管子吹出切屑,或用磁性针棒吸出。

⑦攻韧性材料的螺孔时,要加切削液,以减小切削阻力,延长丝锥寿命。攻钢件时用机油,螺纹质量要求高时可用工业植物油;攻铸铁件可加煤油。

2. 套螺纹操作

(1)圆板牙与铰杠(板牙架)。板牙是加工外螺纹的工具,常用的圆板牙(见图3-91a))所示。其外圆上有四个锥坑和一条 U 形槽,图中下面两个锥坑,其轴线与板牙直径方向一致,借助铰杠(图3-91b))上的两个相应位置的紧固螺钉顶紧后,用以套螺纹时传递扭矩,如图3-92所示。

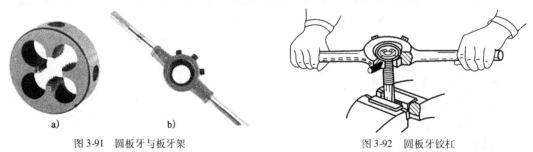

图3-91 圆板牙与板牙架
a)圆板牙;b)板牙架图　　　　图3-92 圆板牙铰杠

(2)套螺纹时的圆杆直径及端部倒角。与攻螺纹一样,套螺纹切削过程中也有挤压作用,因此,圆杆直径要小于螺纹大径,可查表或用下列经验计算式确定。

$$d_{杆} = d - 0.13p \tag{3-5}$$

式中:$d_{杆}$——圆杆直径,mm;
　　　d——圆杆大径,mm;
　　　p——螺距,mm。

为了使板牙起套时容易切入工件并作正确的引导,圆杆端部要倒角—倒成锥半角为15°~20°的锥体。其倒角的最小直径,可略小于螺纹小径,避免螺纹端部出现锋口和卷边。

(3)套螺纹时的切削力矩较大,且工件都为圆杆,一般要用 V 形块或厚铜衬作衬垫,才能保证可靠夹紧。

（4）起套方法与攻螺纹起攻方法一样，一手用手掌按住铰杠中部，沿圆杆轴向施加压力，另一手配合作顺时针方向切进，转动要慢，压力要大，并保证板牙端面与圆杆轴线的垂直度，不使歪斜。在板牙切入圆杆2~3牙时，应及时检查其垂直度并作准确校正。

（5）正常套螺纹时，不要加压，让板牙自然引进，以免损坏螺纹和板牙，也要经常倒转以断屑。

（6）在钢件上套螺纹时要加切削液，以减小加工螺纹的表面粗糙度和延长板牙使用寿命。一般可用机油或较浓的乳化液，要求高时可用工业植物油。

单元四　螺栓的制作练习

一、工作任务

1. 制作图3-93所示的双头螺纹柱。

2. 制作图3-94所示的六角螺母。

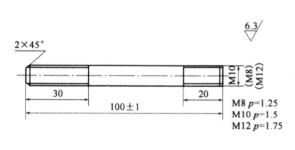

图3-93　双头螺栓

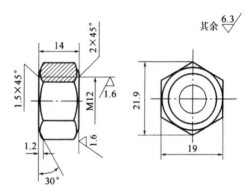

图3-94　六角螺母

二、练习过程

以小组为单位进行练习。

1. 制订制作方案，并讨论方案的正确性和可行性。

2. 选择适当的工、量具。

3. 制作螺柱。

4. 制作螺母。

三、考评

1. 组内自评。

2. 组间互评。

3. 教师评价。

学习任务4　电子电压调节器的制作

 学习目标

1. 能识别汽车电路中常用的电阻、电容、电感、变压器、二极管、三极管、集成电路等元器件,描述元件的结构及功能特点。
2. 能熟练规范地使用万用表进行电子元件及电路的检测。
3. 能使用电烙铁、剥线钳等工具对电路进行电子元件的更换安装、线路连接等。
4. 能规范地绘制简单电路、分析简单电路实现的功能。
5. 根据电子元件手册或网络资源进行电子元件的技术参数查找、型号替换。

 任务描述

能进行电子调压器等电子小产品的制作,根据汽车发动机整流输出直流电的稳压调节原理,会进行电路的设计、安装、调试。

 学习引导

本学习任务沿着以下脉络进行学习:

单元一　电路及元件基本参数测量

 单元要点

1. 电路基本参数测量。
2. 万用表使用。

3. 安全用电。
4. 基本电子元件检测。
5. 基本电子元件的应用。

 知识链接

电路基本参数,电压、电流、电阻的定义,电路的连接方式及简单计算,导线的选择,万用表使用及电路参数测量和元件检测。

一、概述

汽车上的电子电压调节器的作用:

电子电压调节器是把汽车上的发电机输出电压控制在规定范围内的装置,其功用是在发电机转速变化时,自动控制发电机电压保持恒定,使其不因发电机转速高时电压过高烧坏用电器和导致蓄电池过充电;也不会因发电机转速低而电压不足导致用电器工作失常。汽车发电机用电子电压调节器如图4-1所示。

要进行电子电压调节器的工作原理学习和实际电路制作,涉及相关如下内容的学习:

图4-1 电子电压调节器
a)三极管调节器;b)集成电路调节器

二、电路

电路是电流所经过的路径,一般是由电源、用电器、导线和开关四部分组成的闭合电路。日常生活中的手电筒是一个最简单的直流电路。汽车上的照明系统也是直流电路的典型应用。简单灯光控制电路如图4-2所示。

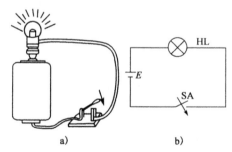

图4-2 灯光控制实际电路和电路图
a)实际电路;b)电路图

电源是把其他形式的能转换成电能的装置。常见的电源有干电池、蓄电池和发电机等。用电器是把电能转变成其他形式能的元件或设备,也常称为电源的负载。常见的负载有电灯、电炉、电烙铁、扬声器和电动机等。导线是连接电源与用电器的金属线,它把电源产生的电能输送到用电器,常用铜、铝等材料制成。开关是控制电路接通或断开的器件。

用国家统一规定的电气元件或设备的符号来表示电路连接情况的图叫电路图,如图4-2b)。图4-2a)表示的是实际电路的电路图。电路图能帮助人们了解整个电路的工作原理和电器安装顺序。

识图就是看懂电路图,它包括三个方面:认识电路图中的符号,看懂电路的结构,了解各部分的作用和工作原理。

1. 基本电气参数

1）电压

当电路中的两点,如蓄电池正负两极之间存在电子数量差时就会产生电压,即正电荷与负电荷分别位于不同两侧时便产生了电压。产生电压的装置就是电源。电压物理量符号用 U 表示,计量单位:伏特,单位符号用 V 表示。蓄电池如图4-3所示。

2）电流

通过导线将用电器与电源的正负极连通,则会有自由电子在电源电压的作用下定向移动通过用电器,使用电器工作,如图4-4所示。自由电子的定向移动形成了电流。电流的大小表示在一定时间内流过导体横截面的电子的多少。电流物理量符号用 I 表示,计量单位:安培,单位符号用 A 表示。

图4-3 车辆蓄电池的正极和负极(②正①负)

图4-4 闭合电路中的电流

3）电阻

在流经导体过程中,自由电子由于与导体中其他粒子的碰撞而移动受阻,产生能量损失,电流的这种阻力称为电阻。物理量符号用 R 表示,计量单位:欧姆,单位符号用 Ω 表示。电阻符号如图4-5所示。

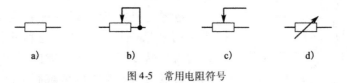

图4-5 常用电阻符号

4）直流电与交流电

(1) 直流电。数值和极性保持不变的电压和电流称为恒定直流电压和电流。如图4-6所示为直流电压图。

(2) 交流电。数值大小和极性不断变化的电压和电流称为交流电压和交流电流,如图4-7所示。交流电压的特点是其方向呈周期性变化。平常所说的交流电一般指正旋交流电,在我国,日常生活中使用的交流电压为220V,频率为50Hz。该频率(通常也称为电源频率)表示每秒钟电流流动方向交替变化的次数。

图4-8 正旋交流电波形图中, U_m 是电压最大值, U 是正旋交流电电压有效值,也叫均方根值。让交流电和直流电分别通过阻值完全相同的电阻,如果在相同的时间内这两种电流产生

的热量相等，就把此直流电的数值称为该交流电的有效值。最大值与有效值公式如下：

$$U = \frac{U_m}{\sqrt{2}} \approx 0.707 U_m \tag{4-1}$$

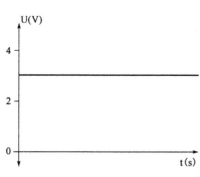

图 4-6　直流电压

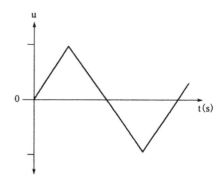

图 4-7　交流电压

5）电动势

电动势是衡量电源将非电能转化为电能本领的物理量。电动势的定义为：在电源内部，电源力把单位正电荷从电源负极移到电源正极所做的功，用字母 E 表示，计量单位：伏特，单位符号用 V 表示。

6）电位及参考点

电路中某点的电位就是与参考点之间的电压，用字母 V 表示，计量单位：伏特，单位符号用 V 表示。如电路中 A 点的电位用 V_A 表示。电压即电路中两点的电位差，如电路中 A 点与 B 点的电压用 U_{AB} 表示，表明电压的方向假定从 A 点指向 B 点。为了确定电路中各点的电位值，可任意选择电路中的某一点作为参考点，假定其电位为零，此时电路中其他各点的电位都是与参考点进行比较而言的。为了分析方便，一般以电源负极为参考点。在进行电路分析时，经常要测量和计算电路中各点的电位值，从而确定电路的工作状态。

$$U_{AB} = V_A - V_B \tag{4-2}$$

2. 电源的工作状态

电源的状态有三种：空载、有载和短路。

通常一个实际电源都可用一个电动势和电阻串联来表示，如图 4-9 中，电动势 E 与电阻 R_0 串联表示一个实际电源，R_0 为电源的内电阻。

（1）空载状态。外电路处于断路状态称为空载，如图 4-9a）。此时，相当于负载电阻 $R \to \infty$，电路电流 $I = 0$，电源的输出电压等于电源的电动势，即 $U = E$。

（2）有载状态。外电路接以负载电阻 R，电源向电路供给能量，称为有载，如图 4-9b）。有载时电路中的电流为

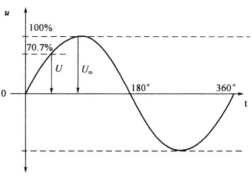

图 4-8　正旋交流电波形图

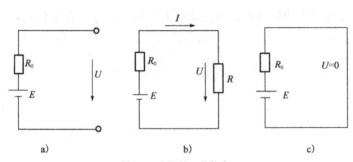

图 4-9 电源的三种状态

a)空载状态;b)有载状态;c)短路状态

$$I = \frac{E}{R + R_0} \tag{4-3}$$

电源的输出端电压为

$$U = E - IR_0 \tag{4-4}$$

有式(4-4)可知此时电源的输出电压小于电动势,即

$$U < E$$

(3)短路状态。电源外电路电阻为零称为短路,如图 4-9c),此时电路中的电流叫短路电流,且

$$I_S = \frac{E}{R_0} \tag{4-5}$$

由于 R_0 一般很小,所以 I 很大,可能损坏设备和线路,这是不允许的。短路时,$U=0$。通常可用万用表的电压挡测量电源的端电压来判断电源处于何种状态。

电源的三种状态见表 4-1。

电源的三种状态　　　　　　表 4-1

电源状态	负载电阻	电源电流	电源端电压
空载	$R \to \infty$	$I = 0$	$U = E$
负载	$R = $ 常数	$I = \dfrac{E}{R + R_0}$	$U = E - IR_0$ $= IR < E$
短路	$R \to 0$	$I_S = \dfrac{E}{R_0}$	$U = 0$

3. 负载及导线选择

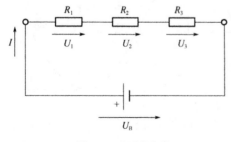

图 4-10 电阻的串联

负载是取用电能的装置,它把电能转换为其他形式的能量。实际的负载可能是一个元件,也可能是一个网络。

1)负载的连接方式

通常,负载多采用串联、并联或混联等连接方式。下面以电阻串联和并联为例,来说明负载串、并联电路的特点。

(1)串联。两个或两个以上的电阻依次相连,中间无分支的联接方式叫做电阻的串联,如图 4-10 所示。

电阻串联电路的特点:

①串联电路中流过每个电阻的电流都相等,即
$$I = I_1 = I_2 = I_3 \tag{4-6}$$

②串联电路两端的总电压等于各电阻两端的电压之和,即
$$U = U_1 + U_2 + U_3 \tag{4-7}$$

③串联电路的等效电阻(即总电阻)等于各串联电阻之和,即
$$R = R_1 + R_2 + R_3 \tag{4-8}$$

串联的自然法则:

①串联连接方式的电路中通过同一电流。
②串联连接时,各部分电压之和与所施加的电压相等。
③总电阻与各电阻之和相等。
④最大电压施加在最高阻抗上。
⑤电压与相应阻抗成正比。
⑥串联连接时对总电压进行分配。因此,这种连接也称为分压。

例 4-1 假设有一个电流表,电阻 $R_g = 1\,000\Omega$,满偏电流 $I_g = 100\mu A$,要把它改装成量程是 3V 的电压表,应该串联多大的电阻?

解:电流表指针偏转到满刻度时,它两端的电压 $U_g = R_g I_g = 0.1V$,这是它能承担的最大电压。现在要让它测量最大为 3V 的电压,分压电阻 R 就必须分担 2.9V 的电压。由于串联电路中电压跟电阻成正比,即 $\dfrac{U_g}{R_g} = \dfrac{U_R}{R}$,则

$$R = \frac{U_R}{U_g} R_g = \frac{2.9}{0.1} \times 1\,000 = 2.9 \times 10^4 \Omega = 29k\Omega$$

可见,串联 $29k\Omega$ 的分压电阻后,就把这个电流表改装成量程是 3V 的电压表。

(2)并联。两个或两个以上的电阻接在电路中相同的两点之间的连接方式叫做电阻的并联,如图 4-11 所示。

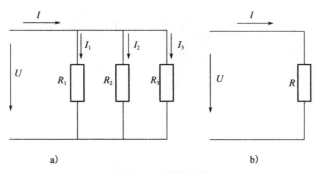

图 4-11 电阻的并联
a)三个电阻的并联;b)等效电路

电阻并联电路的特点:

①并联电路中各电阻两端的电压相等,且等于电路两端的电压,即

$$U = U_1 = U_2 = U_3 \tag{4-9}$$

②并联电路中的总电流等于流过各并联电阻的电流之和,即

$$I = I_1 + I_2 + I_3 \tag{4-10}$$

③并联电路的等效电阻(即总电阻)的倒数等于各并联电阻的倒数之和,即

$$\frac{1}{R} = \frac{1}{R_1} + \frac{1}{R_2} + \frac{1}{R_3} \tag{4-11}$$

并联的自然法则:
①总电流等于各部分电流之和。
②每个电器负载都与供电电源连接在一起,因此所有电器负载的电压都应相同。
③总电阻小于最小的单个电阻。
④电流与电阻成反比。
⑤并联会使电流分流。

(3)负载的额定值。我们把用电设备长期安全工作时允许的最大电流、电压和电功率分别叫做该用电设备的额定电流(I_N)、额定电压(U_N)、额定功率(P_N),统称为额定值。对于电阻性负载,其额定电流和额定电压的乘积就等于它的额定功率,即 $P_N = I_N U_N$。

一般用电设备的额定值都标在明显位置(设备名牌上),也可以在产品目录中查得。我们把用电设备在额定功率下的工作状态叫做额定工作状态,也叫满载;低于额定功率的工作状态叫做轻载;超过额定功率的工作状态叫做过载或超载。由于过载很容易烧坏用电设备,因此一般都不允许出现过载。防止过载的常用方法是在电路中安装熔断器。

熔断器主要起短路或过载保护作用,串联在被保护的线路中。线路正常工作时如同一根导线起通路作用;当线路短路或过载时熔断器熔断,起到保护线路上其他电气设备的作用。熔断器一般由夹座、外壳和熔体组成。熔体有片状和丝状两种,用电阻率较高的易熔合金或截面积很小的良导体制成。如图4-12所示为汽车常用熔断器的结构及符号。

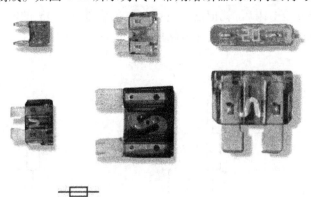

图4-12　汽车常用熔断器

熔断器的选用,主要是选择熔体的额定电流。选择熔体额定电流的方法如下:
①电灯支线的熔体:熔体额定电流≥支线上所有电灯的工作电流之和。
②一台电动机的熔体:熔体额定电流≥$\dfrac{电动机的启动电流}{2.5}$,如果电动机启动频繁,则为:

熔体额定电流 ≥ $\dfrac{\text{电动机的启动电流}}{1.6 \sim 2}$。

③几台电动机合用的总熔体：

熔体额定电流:$(1.5 - 2.5) \times$ 容量最大的电动机的额定电流 + 其余电动机的额定电流之和。

用电设备工作时,它要从电网中吸收一定数量的电能,并做一定数量的功。用电设备功率越大,通电时间越长,则做的功也越大。用以下公式计算电功:

$$W = Pt = UIt \tag{4-12}$$

电功率 P 的单位是瓦特(W),电功 W 的单位是焦耳(J),或者千瓦小时(kW·h)。

例 4-2 在卤素灯的灯头上标有 12V/60W 字样。该灯泡通电 4h。求:流过灯泡的电流和灯泡消耗电能是多少?

解:
$$I = \frac{P}{U} = \frac{60\text{W}}{12\text{V}} = 5\text{A}$$
$$W = Pt = 60\text{W} \times 4\text{h} = 864\,000\text{J}$$

2)导线的选择

(1)常用导线的分类。按材料不同分为铜线和铝线。铜线具有电阻率小、机械强度大等优点。铝线有质量轻、价格便宜的优点,但机械强度小、较脆。汽车电路和移动电器接线一般用铜线。固定电器接线尽量采用铝线。

按所加电压不同分为低压导线和高压导线。高压导线用于传送高电压,如点火系统的高压线。

按有无绝缘分为裸线和绝缘线。裸线外面没有保护层,绝缘线外面有绝缘保护层。

按绝缘材料不同分为聚氯乙烯(塑料)绝缘线和橡皮绝缘线。

(2)汽车上的导线使用情况。我国的导线规格是以其截面积作为标称值。导线标称截面是经过换算的线芯截面积,而不是实际几何面积。

一般根据电路的额定电压、工作电流和绝缘要求等选取导线截面、绝缘层的类型,不同规格或用途的导线可通过导线的颜色加以区分。

常见汽车的导线有多股细铜丝绞制而成,外层为绝缘层。绝缘层一般采用聚氯乙烯绝缘包层或聚氯乙烯—丁腈复合绝缘包层。

启动电缆用于连接蓄电池与起动机开关的主接线柱,导线截面大,允许通过的电流达1 000A,电缆每通过 100A 电流电压降不得超过 0.1~0.15V。蓄电池的搭铁电缆通常采用由铜丝织成的扁形软铜线,应搭铁可靠,以满足大电流启动的要求。汽车各电路的导线规格见表4-2。

点火系统的高压线,由于工作电压一般为 15kV 以上,电流小,因此高压导线绝缘包层厚、耐压性能好、线芯截面较小。国产汽车用高压导线有铜芯线和阻尼线两种。高压阻尼线的线芯采用聚氯乙烯树脂、葵二酸二辛脂等有机材料配制而成,又称半导体塑芯高压线。线芯具有一定阻值,具有低电磁辐射的特点,可减小点火系统的电磁波公害。

为使线路排列整齐,便于安装、拆卸和绝缘保护,避免振动和牵拉而引起导线损坏,一般都将汽车各电器之间的导线按最短路径排列,并用绝缘带把同一路径的若干导线包扎成束,称为线束。

汽车各电路系统的导线规格 表4-2

各电路系统	标称截面(mm^2)	各电路系统	标称截面(mm^2)
仪表灯、指示灯、后灯、牌照灯、燃油表、刮水器、电子电路等	0.5	5A以上的电路	1.3~4.0
转向灯、制动灯、停车灯、分电器等	0.8	电源电路	4~25
前照灯、3A以下的电喇叭等	1.0	起动电路	16~95
3A以上的电喇叭	1.5	柴油机电热塞电路	4~6

4. 电路基本定律(基尔霍夫定律)

1)相关概念

简单电路:能够用串并联关系和欧姆定律求解的电路。

复杂电路:用串并联关系和欧姆定律不能求解的电路。

支路:一段包含电路元件(电源、电阻等)的无分支电路。

节点:三条或三条以上支路的交汇点。

回路:任意的闭合路径。

网孔:不可再分的回路,即最简单的回路。

例4-3 根据定义判断图4-13所示的复杂电路中有几条支路,几个节点,几个网孔?

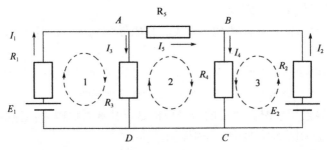

图4-13 复杂电路

答:由支路的定义可知:图4-13中有5条支路,分别为$A→R_1→E_1→D$,$A→R_3→D$,$A→R_5→B$,$B→R_4→C$,$B→R_2→E_2→C$。

由节点的定义可知:图4-13中有3个节点,分别为A点、B点和C(或D)点。由于C点和D点之间没有电路元件,不属于一条支路,所以它们实际上是一个节点。

由网孔的定义可知:图4-13中有3个网孔,分别为$A→R_3→D→E_1→R_1→A$,$A→R_5→B→R_4→C→D→R_3→A$,$B→R_2→E_2→C→R_4→B$。

2)基尔霍夫定律

(1)基尔霍夫电流定律。基尔霍夫电流定律指出:对电路中任意一个节点而言,流入该节点的电流之和必定等于流出该节点的电流之和,即:

$$\sum I_入 = \sum I_出 \tag{4-13}$$

例如:由基尔霍夫电流定律可得,图4-13中的节点A有:$I_1 = I_3 + I_5$;节点B有:$I_2 + I_5 = I_4$;节点C(或D)有:$I_3 + I_4 = I_1 + I_2$。

(2)基尔霍夫电压定律。基尔霍夫电压定律指出:在一时刻,沿任一回路绕行一周,回路

中各电位升之和必定等于各电位降之和。或在一时刻,对任一回路,沿回路绕行方向上各段电压的代数和为零,即:

$$\sum U_升 = \sum U_降 \quad 或 \quad \sum U = 0 \tag{4-14}$$

根据这一定律列出的方程称为回路电压方程式。在列方程时,关键是要正确确定电位的升降。通常,先在回路中选择一个绕行方向,然后按此方向绕行,当经过电阻 R 时,若绕行方向与流过该电阻的电流方向一致,则电位变化 IR 为 $U_升$,否则为 $U_升$;当经过电动势时,若从正极绕行到负极,电位变化 E 为 $U_降$,否则为 $U_升$。

3)复杂电路计算

通常求解复杂电路都是已知电源电动势和电阻值,求各支路中的电流和电压。最常用的方法是支路电流法。

(1)支路电流法。所谓支路电流法是先假设各支路的电流方向和回路方向,再根据基尔霍夫定律列出方程式进行计算的方法。

(2)支路电流法解题步骤。

①先标出各支路的电流方向和回路方向。

电流方向和回路方向都是可以任意假设的。对于具有两个以上电动势的回路,通常取电动势大的方向为回路绕行方向。

②用基尔霍夫电流定律列出节点电流方程式。

一个具有 n 条支路、m 个节点($n>m$)的复杂电路,需列出 n 个相互独立的方程式来联立求解。由于 m 个节点只能列出($m-1$)个独立方程式,这样不足的 $n-(m-1)$ 个方程式可由基尔霍夫电压定律列出。

③用基尔霍夫电压定律列出回路电压方程式。

为保证方程式独立,一般每一个网孔列一个方程式。

④代入已知数,解联立方程式求出各支路的电流,并根据其正负确定各支路电流的实际方向。

若计算结果是正值时,说明实际方向与假设方向相同;若计算结果是负值时,实际方向与假设方向相反。

例 4-4 如图 4-14 所示是两个电源并联对负载供电的电路。已知 $E_1 = 45V$,$E_2 = 54V$,$R_1 = 1\Omega$,$R_2 = 1.2\Omega$,$R = 24\Omega$,求各支路的电流。

解: ①假设各支路电流方向和回路绕行方向,如图 4-14 所示。

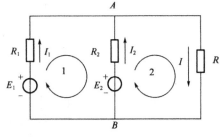

图 4-14 例 4-4

②电路中只有两个节点,所以只能列出一个独立的节点电流方程式。对节点 A 有

$$I_1 + I_2 = I$$

③电路中有三条支路,需列出三个方程式。现已有一个,另外两个方程由基尔霍夫电压定律列出。对于网孔 1 和网孔 2 分别列出:

$$R_1 I_1 - R_2 I_2 + E_2 - E_1 = 0$$
$$R_2 I_2 + RI - E_2 = 0$$

④代入已知数得：

$$I_1 + I_2 - I = 0$$
$$I_1 - 1.2I_2 + 54 - 45 = 0$$
$$1.2I_2 + 24I - 54 = 0$$

解联立方程组得：

$I_1 = -3A$　　方向与假设相反

$I_2 = 5A$　　方向与假设相同

$I = 2A$　　方向与假设相同

三、数字万用表使用

数字万用表是一种新型的电工、电子测量工具。数字万用表具有很高的灵敏度和准确度，显示清晰直观，功能齐全，性能稳定，输入阻抗高，测量速度快，过载能力强，便于携带，在电路测量中被广泛使用。下面以 DT890 型 3 位半手持数字万用表为例，如图 4-15 所示，介绍其基本构造和使用方法。它可以用来测量直流电压/电流、交流电压/电流、电阻、电容、二极管、三极管 h_{FE} 和温度。

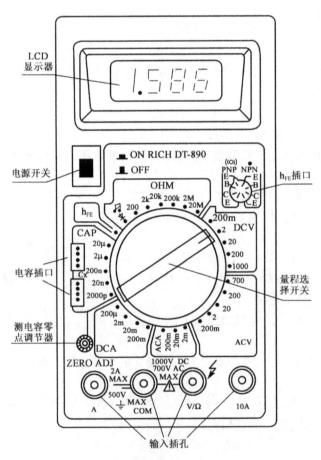

图 4-15　DT890 型数字万用表

1. 技术规格

(1) 交、直流电压量程：200mV、2V、20V、200V、1 000V 各 5 个挡位，输入阻抗 10MΩ。

(2) 交、直流电流量程：2mA、20mA、200mA、10A 四挡。

(3) 电阻挡量程：200Ω、2K、20K、200K、2M、20M、200M 五挡。

(4) 电容量程：2nF、20nF、200nF、2μF、20μF、五挡。

(5) 二极管：正向直流电流约 1mA，反向直流电压约 2.8V。

(6) 三极管：可测 PNP、NPN 三极管的 H_{fe} 参数 $\beta=0\sim 1\,000$ 基极电流 10μA，V_{ce} 约 2.8V。

2. 使用方法

(1) 直流（DC）和交流（AC）电压测量。将红色测试笔插入"V/Ω"插口，黑色笔插入"COM"中。把功能量程选择开关置于 DCV（直流电压）或 ACV（交流电压）相应的位置上，如果所测电压超过量程，显示器出现最高位"1"，此时应将量程改高一挡，直至得到合适的挡位，交流电压测试与直流电压相似，只是把功能量程选择开关置于交流电压 ACV 挡。

(2) 直流（DC）和交流（AC）电流测量：将红色测试笔插入"A"插口，（最大电流 200mA）或"10A"插口（最大 10A，测量时长为 10s。）将量程功能选择开关转到 DCA（直流电流）或 ACA（交流电流）位置，并将测试笔串入被测电路中，即可读数。

(3) 电阻测量：将红测试笔插入"V/Ω"，黑表笔插入"COM"中，将功能量程选择开关置于 OHM（欧姆）相应的位置上，将二测试笔跨接在被测电阻的两端，即可直接读出电阻值。

(4) 电容测量：将被测试电容插入电容插座中，将量程功能选择开关置于 CAP（电容）相应量程上，即得电容值。

(5) 三极管测量：将量程功能开关转到 H_{fe} 位置，将被测三极管 PNP 型或 NPN 型的发射极，基极和集电极的脚插放到相应的 E、B、C 插座中，即得 H_{fe} 参数，测试条件 $V_{ce} \approx 3V$，$I_C \approx 10mA$。

(6) 二极管和通断测量：将红色测试笔插入"V/Ω"插口中，黑色笔插入"COM"中。

将量程功能开关转到相应位置上，将红笔接二极管正极，黑笔接在二极管负极上，显示器即显示二极管的正向导通压降，单位为 mV。如测试笔反接，则显示过量程状"1"。用来测量通断状态时，如被测量点的电阻低于 30Ω 时，蜂鸣器会发出声音表示导通状态。

四、安全用电

在触电事故中，主要是低压交流触电，其中又以 250V 以下占绝大多数，而 380V 触电事故较少。在缺乏安全常识及没有执行安全工作制度的情况下也容易发生触电事故。因此，安全用电是劳动保护和安全生产中的主要教育内容之一。

1. 电流对人体的伤害

人体接触或接近带电体所引起的人体局部受伤或死亡的现象称为触电。根据人体受到伤害的程度不同，触电可分为电伤和电击两种。

(1) 电伤。电伤是指在电弧作用下或熔断丝熔断时飞溅的金属沫对人体外部的伤害，如烧伤、金属溅伤等。

(2) 电击。电击是指电流通过人体，使内部器官组织受到损伤，是最危险的触电事故。如受害者不能迅速摆脱带电体,则最后会造成死亡事故。根据大量触电事故资料的分析和实验证明,电击所引起的伤害程度,由人体电阻的大小、通过人体的电流强度、电流通过人体的途径、作用于人体的电压及电流通过人体的时间长短等因素决定。

若电流流过大脑,会对大脑造成严重损伤,电流流过脊髓,会造成瘫痪,电流流过心脏,会引起心室颤动甚至心脏停止跳动。总之,以电流通过或接近心脏和脑部最为危险。通电时间愈长,触电的伤害程度就越严重。

实践证明,常见的50Hz至60Hz工频电流的危险性最大,高频电流的危害性较小。人体通过工频电流1mA时就会有麻木的感觉,10mA为摆脱电流,人体通过50mA的工频电流时,中枢神经就会遭受损害,从而使心脏停止跳动而死亡。

(3)安全电压和人体电阻。人体电阻主要集中在皮肤,一般在40~80kΩ,皮肤干燥时电阻较大,而皮肤潮湿、有汗或皮肤破损时人体电阻可下降到几十至几百欧姆。根据触电危险电流和人体电阻,可计算出安全电压为36V。但电气设备环境越潮湿,安全电压就越低,在特别潮湿的场所中,必须采用不高于12V的电压。

2. 触电形式

人体触电形式有单相触电(图4-16)、两相触电(图4-17)和电气设备外壳漏电(图4-18)等多种形式。

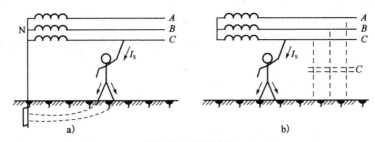

图 4-16 单相触电
a)电源中性点接地;b)电源中性点不接地

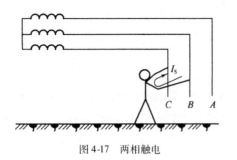

图 4-17 两相触电

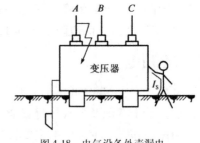

图 4-18 电气设备外壳漏电

1)单相触电

人体的某一部位接触一根相线,另一部位接触大地,人体承受相电压。

(1)电源中性点接地的单相触电,如图4-16a),危险性较大。如果人体与地面的绝缘性较好,危险性可大大减小。

(2)电源中性点不接地的单相触电,如图4-16b),这种触电也有危险。在交流的情况下,导线与地面间存在的电容可构成电流通路,使人体中通过电流。

2)双相触电

人的双手或人体的某两部位分别接触三相电中的两根火线时,人体承受线电压,这时,就会有一个较大电流通过人体。这种触电不常见,但最危险。

3)电气设备外壳漏电

电气设备的外壳本来是不带电的,由于绝缘损坏等原因会使外壳带电。人体触及这些设备时,相当于单相触电。大多数触电事故属于这一种。为了防止这种触电事故,对电气设备常采用保护接地和保护接零的保护装置。

3. 保护接地和保护接零

为了人身安全和电力系统工作的需要,要求电气设备采取保护措施。主要可分为工作接地、保护接地和保护接零三种。

1)工作接地

电力系统由于运行和安全的需要,常将中性点接地,这种接地称为工作接地。工作接地有下列目的:

(1)降低触点电压,在中性点不接地的系统中,当一相接地而人体触及另外两相之一时,触点电压等于线电压。而在中性点接地的系统中,当一相接地而人体触及另外两相之一时,触点电压就降低到等于或接近相电压。

(2)在中性点接地的系统中,当一相接地时会形成很大的接地电流,这样,电路中的保护装置会迅速动作,断开故障点。

2)保护接地

将电动机、变压器、铁壳开关等电气设备的金属外壳用电阻很小的导线同接地极可靠地连接起来。这样,当人体触及带电外壳时,由于人体电阻远大于接地电阻,所以通过人体的电流很小,不会有危险。适用于中性点不接地的低压系统中。如图4-19是电动机的保护接地电路。

3)保护接零

将电气设备的金属外壳接到零线(或称中性线)上。适用于中性点接地的低压系统中。如图4-20是电动机的保护接零电路。当电动机某相绕组的绝缘损坏而与外壳相接时,就形成单相短路,迅速将这一相的熔断器熔断,使外壳不再带电。即使在熔丝熔断前人体触击带电外壳,也由于人体电阻远大于线路电阻,通过人体的电流是很微弱的。

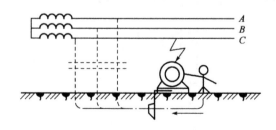

图4-19 电动机的保护接地电路

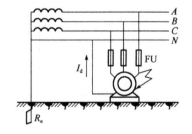

图4-20 电动机的保护接零电路

必须指出,在同一电力网中,不允许一部分设备接地,而另一部分设备接中性线。此外,若有人既接触到接地的设备外壳,又接触到接零的设备外壳,则人将承受电源的相电压。显然,这是很危险的。

为了确保安全,零线必须连接牢固,开关和熔断器不允许装在零线上。引入住宅和办公场所的一根相线和一根零线上一般都装有双极开关,并都装有熔断器以增加短路时熔断的机会。

4.安全用电常识

(1)在任何情况下都不得用手来确认导体是否带电。

(2)更换熔断器时应先切断电源,不得带电操作。

(3)拆开或断裂的暴露在外部的带电接头,必须及时用绝缘物包好并悬挂到人体不会碰到的高处,防止有人触及。

(4)工厂车间内一般只允许使用36V的照明灯;在特别潮湿的场所只允许使用12V以下的照明灯。

5.触电的救护知识

人体触电后不一定立即死亡,应及时采取急救措施。抢救首先是要使触电者脱离电源,其次是迅速对症救治。

1)断开电源

若离电源开关或插头较近时,应首先拔下电源插头、断开电源开关、用绝缘性能完好的电工钳切断电线;若离电源开关或插头较远,应用干木棒挑开触电者身上的电线或带电体。

2)现场救护方法

(1)当触电者脱离电源后,应将其移到安静、空气流通的地方,解开他的衣领、裤带等,使触电者保持呼吸畅通。

(2)如果被救者已失去知觉,但有心跳、呼吸,则应使其安静休息,并立即请医生救治。

(3)如果被救者的呼吸、心跳已经停止,应立即进行人工呼吸和胸外心脏挤压抢救,直到医生来为止。

五、电容

1.电容的储能

电容器是一个能够存储电荷或电能的元件。最简单的电容器由两个对置的金属板和金属板之间的一个绝缘体组成,如图4-21所示。将电容器与一个 DC 供电电源连接起来时,电荷就会开始移动。因此会使一个导电板上的电子过剩(负电荷),而使另一个导电板上的电子不足

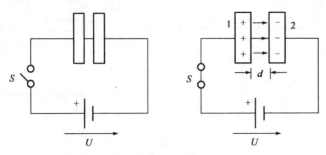

图4-21 电容器上的电荷分布

（正电荷）。在两个导电板之间形成电场。电容器充满电后,即使供电电源仍保持着连接状态,也不再通过电流。切断供电电源后,电容器的两个极板上仍保持有电荷,像蓄电池的两个正负极板一样还具有电动势。电容器能够存储电能。

2. 电容的容量

电容器的容量取决于导电板的面积 A、导电板距离 d 和两板之间绝缘材料（电介质）的性质,介电常数 ε。

$$C = \varepsilon \frac{A}{d} \tag{4-15}$$

电容的单位是:法拉。在实际应用中,电容器的数值小于一法拉:

$$1\text{mF} = 10^{-3}\text{F}$$

$$1\mu\text{F} = 10^{-6}\text{F}$$

$$1\text{nF} = 10^{-9}\text{F}$$

$$1\text{pF} = 10^{-12}\text{F}$$

3. 电容的作用

在机动车中电容器作为短期的电荷存储装置,用于稳定电压和抗干扰,在收音机电路中具有通交流电、隔离直流电、阻抗匹配等作用。根据实际情况决定使用非极化或是极化电容器。

非极化电容器的符号如图 4-22 所示,非极化电容器的两个引脚是相同的,也就是说它们可以互换。非极化电容器可用于直流和交流电路。

极化电容器的符号如图 4-23 所示,极化电容器具有一个正极引脚和一个负极引脚。这两个引脚千万不能互换,否则会导致电容的损坏甚至爆炸。极化电容器不适合交流电路工作。

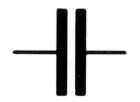

图 4-22 非极化电容器的电路符号

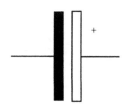

图 4-23 极化电容器的电路符号

4. 电容的计算

（1）电容器并联。电容器并联后的总电容为各电容值之和。并联连接电容器时电容增大,所存储的电荷亦随之增多,如图 4-24 所示。

$$C = C_1 + C_2 + C_3 \tag{4-16}$$

（2）电容器串联。串联连接电容器时,各部分电压之和即为总电压。总电容小于最小的单个电容,如图 4-25 所示。如果单个电容器的标称电压小于总电压 U,只有当电压较高时,才采取串联连接电容器的连接方式。

$$\frac{1}{C} = \frac{1}{C_1} + \frac{1}{C_2} + \frac{1}{C_3} \tag{4-17}$$

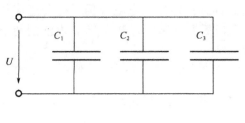 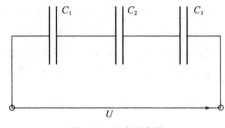

图 4-24　电容的并联　　　　　　图 4-25　电容的串联

5. 时间常数 τ

如果通过电阻器 R 将电容器与 DC 电压进行连接，接通电源的瞬间时就会通过大电流。该电流呈指数方式减弱。最初，电容器相当于短路的作用。电流受到电阻器 R 的限制。电容器充电达到电源电压 U_B 的 63% 时所需的时间称为时间常数 τ，单位：秒。在 5τ 后可达到电压 U_B 的 99.3%，即认为电容器充满电荷，电压等于电源电压 U_B，电容器的充放电电路图及波形图如图 4-26 所示，充放电时间曲线和充放电时间表如图 4-27、表 4-3 所示。

$$\tau = R \cdot C \tag{4-18}$$

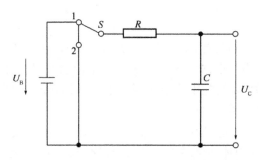 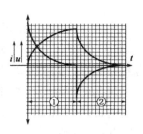

图 4-26　电容充放电电路及波形图
①充电；②放电

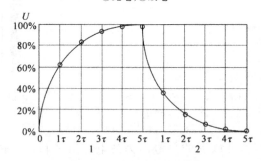

图 4-27　电容充放电时间曲线

电容充放电时间表　　　　　　　　　　　　　　　　表 4-3

时间 t	充电时的 U_C	放电时的 U_C	时间 t	充电时的 U_C	放电时的 U_C
1τ	63.2%	36.8%	4τ	98.2%	1.8%
2τ	86.4%	13.6%	5τ	99.3%	0.7%
3τ	95.0%	5.0%			

6. 电容的实际应用

（1）高通滤波器。通过高通滤波器分开 DC 电压和 AC 电压。输入端电压 U_1 是一种混合电压或波动电压。它由一个带有叠加 AC 电压的 DC 电压构成。充满电后，电容器对直流电呈断路状态。只有 AC 电压可促使电容器反复进行电荷交换。在此过程中通过的电流会在电阻器 R 上产生 AC 电压 U_2，如图 4-28 所示。这种电路用在带有三极管的放大器系统内，用于从混合电压

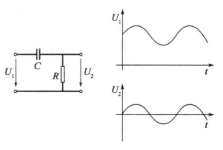

图 4-28　带有 RC 元件的高通滤波器

中过滤出 AC 电压。如收音机音响电路，扬声器发声只需要放大器输出的放大后的音频交流信号。

（2）脉动 DC 电压平滑处理（滤波）。通过 RC 元件对脉动 DC 电压进行平滑处理，以降低电压波动（交流部分），如图 4-29 所示。输出电压已非常接近恒定 DC 电压。输出电压平滑处理程度取决于电容 C 和电路中通过的负载电流。这种电路在机动车电子系统内用于降低控制单元内 DC 供电电源的波动，并过滤掉干扰电压。

（3）汽车的车内照明灯关闭延迟。电容器 C 与继电器的线圈并联在一起，如图 4-30 所示。因此，释放开关 S 后仍有电流通过继电器线圈，继电器开关保持闭合，电流继续流过照明灯使灯泡保持发光。通过继电器的励磁线圈使电容器放电后，继电器就会断开照明灯电路，照明灯电流在开关 S 释放后延迟一小段时间才中断。

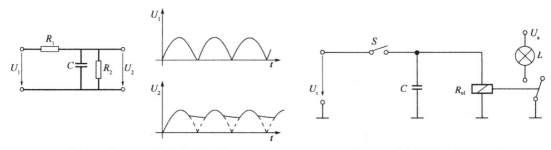

图 4-29　带有 RC 元件的低通滤波器　　　　图 4-30　车内照明灯关闭延迟电路

六、线圈

1. 概述

线圈在机动车电气系统内用途广泛，例如用作点火线圈，用于继电器和电机内。在机动车电子系统内，线圈可用于感应式传感器内，例如曲轴位置传感器和凸轮轴位置传感器。

2. 线圈的工作原理

（1）电磁学工作原理。所有通电导体都会产生散发型磁场，如图 4-31 所示。当直流电通过线圈时，在线圈绕组内产生稳定的磁场，如图 4-32、图 4-33 所示。线圈的各绕组相互影响。线圈绕组越多，磁导率越高（例如铁芯），如图 4-34 所示，电磁感应就越强。电流方向及产生磁场极性可用右手螺旋定则判定。

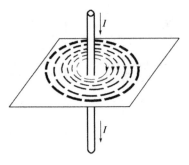

图 4-31 通电直线导体产生的磁力线

图 4-32 线圈

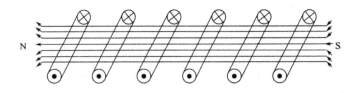

图 4-33 通电线圈的磁场

⊙ 流出插图平面的电流　⊗ 流入插图平面的电流

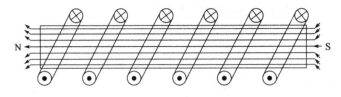

图 4-34 铁芯线圈的磁场

磁力线从线圈端面以束状发出,此处为北极。这些磁力线以束状从线圈的另一端(即南极)进入。北极(N)和南极(S)均为磁极。磁力线是闭合的,即连续的。在磁铁外部磁力线从北极向南极行进。铁芯用于加强磁场,线圈的磁场强度取决于:绕组的数量、电流强度(安培)、线圈的结构(线圈的结构又称为线圈常数)。线圈电路符号如图 4-35 所示。

图 4-35 普通/铁芯线圈的电路符号

(2)磁感应的工作原理。一个导体包围的曲线面积内磁场强度发生变化时,导体内就会产生电压。这一过程称为电磁感应现象,所产生的电压称为感应电压如图 4-36 所示。在机动车应用中,这个原理用于感应式传感器和次级点火线圈。感应电压的电平取决于:磁场强度、切割磁场的速度、线圈绕组的数量。

磁通量的变化不仅会使其他导体内产生电压,也会使产生磁场的线圈内产生电压,这种现象称为自感应。

  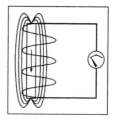

图 4-36 磁感应

3. 线圈中高压电的形成

如图 4-37 所示,利用开关 S,线圈 L 经电阻器 R 与 DC 电压连接起来时,最初电感会抑制电流通过。线圈内电流增大的速度越慢,电感 L 就越强。切断电压 U_B 时,线圈内产生的磁场消退并形成电压(自感应)。该电压使电流通过电阻器 R,直到磁场完全转化为电能并以热能形式在电阻器中体现出来。如果切断电压 U_B 后并不存在闭合电路,感应电压就会增大,直到火花击穿断开的开关。

4. 电感线圈时间常数 τ

时间常数 τ 表示电流变化的时间有多快。该常数取决于线圈的电感以及串联连接的电阻。

$$\tau = \frac{L}{R} \tag{4-19}$$

式中:τ——时间常数,单位,秒(s);

L——电感,单位,亨利(H)。

接通瞬间全部电压 U_B 都作用到线圈上。此时线圈有阻碍电流通过的作用,也就是说,它与电容器的作用相反。通过线圈的电流随时间常数 τ 增加,且线圈内的电压降低。5τ 后,最大电流通过,此时全部电压 U_B 都会作用到电阻器 R 上。电流变化曲线如图 4-38 所示。

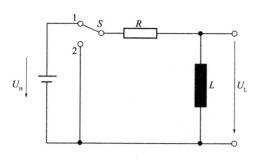

图 4-37 线圈高压形成电路

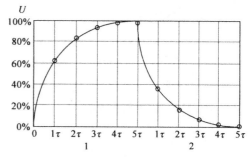

图 4-38 接通和断开线圈时的电流变化情况

感应定律对断开时出现的感应电压 U_0 如公式 4-20:

$$U_0 = -L \cdot \frac{\Delta I}{\Delta t} \tag{4-20}$$

式中:U_0——感应电压(V);

ΔI——电流变化(A);

Δt——电流发生变化的时间(s)。

5. 通电导体在磁场中受力情况

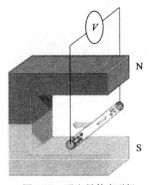

图 4-39　通电导体在磁场中受力情况

如图 4-39 所示，通电导体在磁场中会受电磁力的作用向左运动。受力方向与导体中电流方向可用左手定则判定。受力大小与电流和磁场大小有关，同时还与导体在磁场中在垂直方向的长度有关。汽车中的电动机就是按这个原理工作的。

如果通过机械或其他方式推动导体切割磁力线运动，那么在导体两端会产生感应电动势。汽车上的发电机即是依此原理进行发电的。可用右手定则判定导体的推力方向和产生的感应电流方向。

单元二　半导体器件及应用

单元要点

1. 二极管特性及应用。
2. 三极管特性及应用。
3. 运算放大器特性。
4. 比较器的特性及应用。
5. 稳压集成电路特性及应用。
6. 数字门电路基础。
7. 元件的检测。

知识链接

半导体材料特性，二极管、三极管、运算放大器、比较器、稳压集成电路应用，数字门电路基础，元件检测。

一、电子元件材料基础

1. 半导体材料

目前车辆工程中的开环和闭环控制系统几乎都是使用电子方式实现的。在设计方面，电子元件（二极管、三极管）不同于电气系统中的元件（电阻、电容、线圈）。它们采用半导体材料制造。

半导体元件主要采用半导体材料硅（Si）、锗（Ge）、砷化镓（GaAs）。由于锗的边界层温度低，只有 75℃，锗在早期制造三极管的半导体技术中用作基极材料，在现在它只能起有限的作用了。

在导电性方面，半导体界于导体和绝缘体之间。低温下半导体为绝缘体，半导体的导电性随着温度的升高而升高。半导体的导电性不仅取决于自由电荷载流子,而且取决于其他因素。比如温度、光和压力能够改变半导体材料的导电性。固态时,纯净的硅形成晶格并呈现高阻抗,即为不良导体。

硅晶体内部是由单个硅原子构成的固态结构。每个原子的外部电子层内都有4个电子,称为价电子,如图4-40所示。原子各个方向上都有一个价电子与相邻元素的相应电子相连,与其形成稳定的电子对,称为共价键。每个原子都以这种方式同相邻电子形成四个稳定的共价键。

2. 掺杂

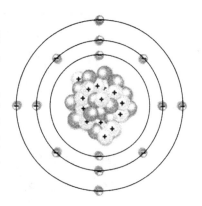

图4-40 硅原子结构图

通过有目的地加入更高或更低化合价的杂质可提高纯硅晶体的电导率。硅晶格结合外部原子的过程称为"掺杂"。

(1) N 掺杂。将一个五价元素(例如磷)作为杂质加入一个硅晶体内时,磷原子可以顺利地加入硅晶格结构内,如图4-41所示。虽然磷原子有五个价电子,但其中只有四个电子能与相邻的硅原子形成共价键,还剩余一个自由电子。因此,加入到硅晶体内的磷原子因剩余一个电子改变晶体结构。以这种方式掺杂形成的晶体为 N 型半导体。在实际应用中,通常在每一百万个硅原子中加入一个磷原子形成这种结构。

(2) P 掺杂。P 掺杂是指向一个硅晶体内加入一个三价元素(例如硼)的杂质,如图4-42所示。一个硼原子的最外侧电子轨道上有三个电子,但需要四个电子与其四个相邻元素形成共价键。在缺少一个电子的部位留下了一个"洞",称为空穴。掺杂后带有这种电子空穴的晶体称为 P 型半导体。电子空穴很容易从相邻位置吸收电子,重新达到中性状态,相邻位置因缺失电子而出现新的空穴,因此空穴是可以移动的。电子空穴相当于一个自由正电荷。

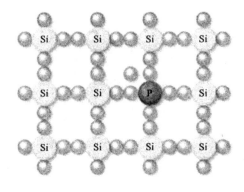

图4-41 N 型半导体

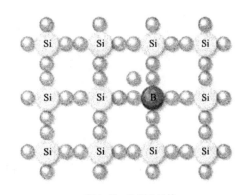

图4-42 P 型半导体

3. PN 结

(1) PN 结结构。通过采用不同的掺杂方式,现在形成了两种不同的半导体。将 P 型半导体材料和 N 型半导体材料结合在一起时,两种材料之间就会形成一个边界层,称为 PN 结,如图4-43所示。它的特性是大多数半导体元件的基础。

在环境热量的影响下,两个区域边界层上的电子由 N 半导体移入 P 半导体并填补那里的

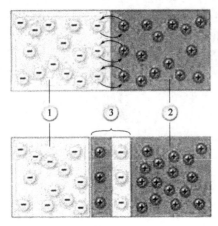

图 4-43　PN 结空间电荷区

电子空穴,同时在 N 半导体内留下电子空穴。这样就在 P 与 N 半导体之间的边界处形成了一个空间电荷区,在空间电荷之间产生一个电压。20℃时硅元素的该电压大约为 0.6V 至 0.7V。所产生空间电荷电压的大小取决于所使用的半导体材料,见表 4-4。

(2) PN 结单向导电性。在 PN 节两端加外部电压:如果电源正极连接在 N 半导体上,负极连接在 P 半导体上,N 掺杂半导体中多余的电子就会通过电源进入 P 掺杂半导体的电子空穴内。这样边界层就会扩大,且没有电流经过硅晶体。如图 4-44 所示。

相反,如果左侧连接电压电源负极,右侧连接正极,那么经过 N 掺杂边界层就会从电压电源获得大量电子,而 P 掺杂边界层的电子则被吸收,从而在 N 掺杂边界层内会出现更多的剩余电子,而右侧区域内则会出现更多的电子空穴。这样绝缘层就会完全消失并有电流流过,如图 4-45 所示。

不同半导体形成的 PN 结空间电荷电压　　　　表 4-4

材　料	空间电荷电压 U_D	材　料	空间电荷电压 U_D
锗	0.2V ~ 0.4V	砷化镓	1.5V ~ 1.7V
硅	0.6V ~ 0.8V		

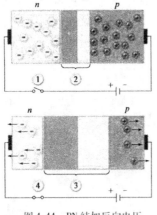

图 4-44　PN 结加反向电压

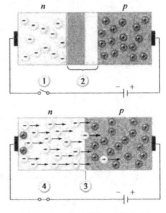

图 4-45　PN 结加正向电压

结论:PN 结作为整流器(二极管),允许电流朝一个方向流动并阻止其向另一个方向流动。PN 节具有单向导电性。

二、二极管

1. 二极管结构及符号

通过 P 半导体和 N 半导体结合形成的元件称为半导体二极管,简称二极管。二极管的正极,也叫阳极(A)与 P 层连接;二极管的负极,也叫阴极(K)与 N 层连接。为区分二极管的两个接头时,"N 侧"通过一个圆圈或一个点标记出来。

在电路图中使用图4-46所示电路符号;电路符号中的箭头表示流通方向。因此可以作为用于交流电流整流的元件。如果在阳极上施加正电压,且电压大于PN节空间电荷区电压,电流流过二极管,一般硅二极管导通电压0.7V左右。为了防止电流造成二极管损坏,通过负载电阻限制电流,防止电流超过二极管所能通过的最大电流。如果在阳极上施加负电压则没有电流经过二极管,二极管反向截止,不导通。反向电压过高时可能导致二极管损坏,该电压称为反向击穿电压。具体型号的二极管则可以通过相应的电子元件手册查出其工作参数。

 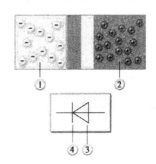

图4-46　二极管元件及电路图符号

2. 二极管的特性曲线

为了测试二极管的特性曲线,必须施加一个可变的电压。改变电压并测量流过二极管的电流以及二极管上的电压降。二极管特性曲线的测试电路图,如图4-47所示。曲线如图4-48所示。

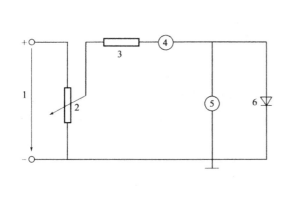 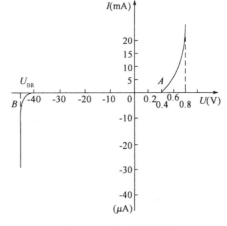

图4-47　二极管特性曲线测试电路　　　　　　图4-48　二极管特性曲线

增加电压时,正向电流(导通)也增加。但是,只有当外部电压达到能够克服内部空间电荷电压的电位时电流才开始流动。

反方向的电压称为反向电压,简称U_R(反向)。从反向的特性曲线看出实际上没有电流(几个微安)流过。反向电流随温度的增加而增加。不得超出最高反向击穿电压U_{BR},否则二极管将呈导通状态,流过的电流会导致二极管损坏。

在车辆电子系统内,二极管用作整流器、去耦元件,用于抑制感应电压以及提供反极性保护等。

3. 稳压二极管

(1) 稳压二极管特性。稳压二极管也称齐纳二极管,电路符号如图4-49所示,是一个特殊的面接触型的半导体硅二极管,其V-A特性曲线与普通二极管相似,但反向击穿曲线比较陡。稳压二极管工作于反向击穿区,由于它在电路中与适当电阻配合后能起到稳定电压的作用,故称为稳压管。稳压管反向电压在一定范围内变化时,反向电流很小,当反向电压增高到击穿电压时,反向电流突然猛增,稳压管从而反向击穿,此后,电流虽然在很大范围内变化,但稳压管两端的电压的变化却相当小,利用这一特性,稳压管就在电路中起到稳压的作用了。而且,稳压管与其他普通二极管不同之处在于,在限定的通过电流范围内反向击穿是不会损坏的,当去掉反向电压稳压管又恢复正常,但如果反向电流超过允许范围,二极管将会发热击穿损坏,所以,与其配合的电阻往往起到限流的作用,必须将电流控制在合适的范围内。

(2) 稳压二极管的应用。

①电子系统中的二极管稳压:使用稳压二极管可以稳定直流电压,如图4-50所示。选用型号1N4733A稳压二极管,它能够在输入电压U_E于12V至15V之间摆动时,使输出电压U_A稳定在5.1V。

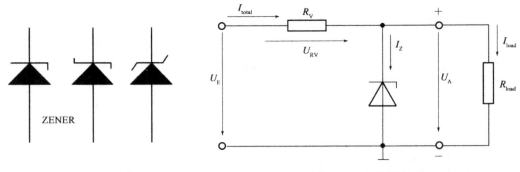

图4-49　稳压二极管符号　　　　　图4-50　二极管稳压电路

②抑制干扰电压峰值:切换电流时由于线路电感会产生干扰电压峰值,即短时出现的高电压。必须滤掉这些电压峰值,否则这些电压可能会造成控制单元中元件损坏。电路如图4-51所示。

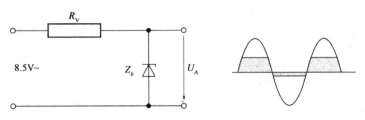

图4-51　二极管电压峰值抑制电路及电压波形

型号1N4734A稳压二极管在5.6V的击穿电压处限制正向电压峰值。因为稳压二极管正向偏置,即在流动方向导通,所以负向干扰电压被限制在-0.7V。

4. 发光二极管

(1) 发光二极管的结构。与其他二极管一样,发光二极管(LED)也由两个半导体层构成,即 P 层和 N 层。但是它们不采用硅来制造,通常情况下使用砷化镓制造。如图 4-52 所示:1 为发出的光线,2 为 PN 结,3 为外壳,4 为电极。

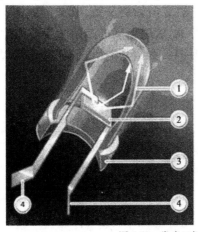
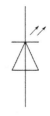

图 4-52　发光二极管

（2）发光二极管的工作原理。LED 的 N 层为高掺杂,而 P 层仅仅是轻微掺杂。因此,当二极管工作于导通方向时,电流几乎都是由电子携载的。当空穴和电子在 P 层中重新组合时,能量被释放。根据所用半导体材料,这种能量以可见光或红外辐射的方式释放。

LED 相对于白炽灯泡的优势在于:使用寿命很长(大约 100 倍),不会突然发生故障,而是光强度随着时间减弱,响应时间更快,抵抗机械作用的能力较强。

与以前的信号灯相似,LED 在车辆上用作指示灯。其特点是耗电量低且使用寿命长。LED 的开发方向是用于汽车尾灯和部分前灯。LED 的阈值电压 U_F 在实际应用中非常重要（表 4-5）,典型的电流值为 $I_F = 20\text{mA}$,使用中要注意加限流电阻,工作电流应小于 I_F。

LED 的阈值电压　　　　表 4-5

LED	红外(IR)	红光	橙光	黄光	绿光	蓝光	白光
阈值电压 U_F(V)	1.4	1.6~1.8	2.0	2.2	2.4	3~4	3~4.5

5. 作为整流器的二极管

半导体二极管可以让电流朝一个方向流动,而在另一个方向则阻碍电流的流动。它起一种电流阀门的作用。因此半导体二极管是一种用于交流电整流的有效元件。

（1）单相半波整流。整流器电路允许交流电压的正半波通过,阻止交流电压 U_1 的负半周。电容器按照指数规律,以时间常数 $\tau = RC$ 进行充放电,进行整流后的脉动直流电滤波。如图 4-53。

整流后直流电压平均值 U_2：

$$U_2 = 0.45 U_1 \tag{4-21}$$

U_2 经电容滤波后直流电压 U_L：

$$U_L = U_1 \tag{4-22}$$

（2）单相全波（桥式）整流器电路。为了克服半波整流的缺点,通常采用桥式整流电路。桥式整流的电路如图 4-54 所示,电路中采用了四只二极管,接成电桥的形式。下面分析其工作原理。

当 u_2 为正半周时，V_1 和 V_3 正向导通，V_2 和 V_4 反向截止；当 u_2 为负半周时，V_1 和 V_3 反向截止，V_2 和 V_4 正向导通。而流过负载的电流方向始终一致，其波形如图 4-55 所示。由此可见，桥式整流电路中，V_1、V_3 和 V_2、V_4 轮流导通，流过负载的是两个半波的电流，而且电流方向相同，故称为全波整流。从桥式整流的波形图可看出其输出直流电压的脉动程度比半波整流降低了。

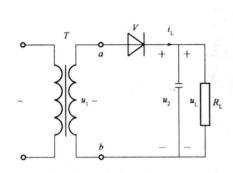 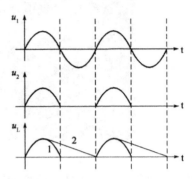

图 4-53 单相半波整流电路及整流波形

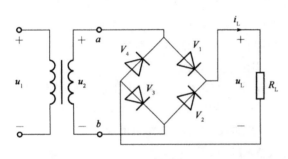 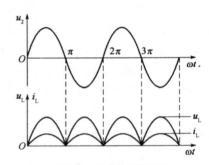

图 4-54 桥式整流电路　　　　　图 4-55 桥式整流波形图

显然，全波整流输出的直流电压为半波整流的二倍。由于两组二极管轮流工作，所以通过各个二极管的电流为负载电流的一半。有关计算公式如下：

负载两端的直流电压平均值 U_L：

$$U_L = 0.9 U_2 \tag{4-23}$$

如果，在负载电阻 R_L 两端并联滤波电容，则滤波后直流电压值 U_0：

$$U_0 = 1.2 U_2 \tag{4-24}$$

(3) 三相桥式整流器电路。汽车发电机（交流发电机）采用三相桥式整流器电路的原理。是用铅蓄电池而不是电容来进行平滑处理。这样即可产生低纹波的直流电压。U_1、U_2、U_3 是三相交流电电压波形。稳压器 A 通过激励绕组（G）改变电流，因而改变激励所需的磁场。其结果是，交流发电机产生不随负载和发动机转速变化的恒定电压。电路如图 4-56 所示。

6. 晶体二极管的简易判别

晶体二极管有两个电极，且正向电阻小，反向电阻大。我们可利用这一特点，用万用表的电阻挡大致测量出二极管的好坏和极性。

(1) 好坏的判别。用万用表测量小功率二极管时，需把万用表的旋钮拨到欧姆 R×100 或

R×1k挡(应注意不要使用R×1或R×10k挡,因为R×1挡电流较大,R×10k挡电压较高都易损坏二极管),然后用两根表棒测量二极管的正反向电阻值。一般二极管的正向电阻约为几十到几百欧,反向电阻约为几百欧到几百千欧,如图4-57所示。二极管的正反向电阻相差越大,就表明二极管的单向导电特性越好。若$R_正 \approx R_反$,表示二极管已坏。若$R_正 \approx R_反 \approx 0$,则表示管子已被击穿,两电极已短路;若$R_正 \approx R_反 \to \infty$,则说明管子内部已断路,都不能使用。

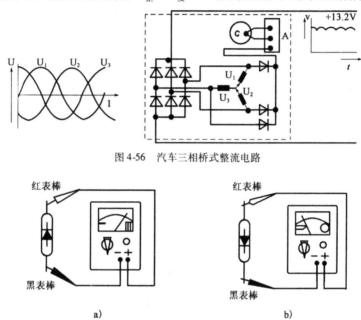

图4-56 汽车三相桥式整流电路

图4-57 用万用表测试二极管
a)正向电阻小;b)反向电阻大

注意,大功率二极管可用R×1挡判断其好坏,如汽车上交流发电机的硅整流二极管。

(2)极性的判别。在已确定二极管正常后,若使用指针式万用表测量二极管正、反向电阻值,当测得的电阻值较小时,与红表棒(接表内电池的负极)相接的那个电极就是二极管的负极,与黑表棒(接表内电池的正极)相接的那个电极为二极管的正极。反之,当测得的电阻值较大时,与红表棒相接的那个电极就是二极管的正极,与黑表棒相接的那个电极为二极管的负极。

若使用数字式万用表测量时,由于数字式万用表的红表棒接表内电池的正极而黑表棒接表内电池的负极,因此用数字式万用表判定的极性与用指针式万用表判定的极性恰好相反。

三、晶体三极管

1. 晶体三极管结构

三极管是由三个区域顺序为NPN或PNP的半导体层构成的电子元件。在车辆中,晶体三极管用作:功率放大器,三极管开关等。

在一块半导体芯片上,通过掺杂等工艺形成三个导电区域和两个PN结,分别从三个区引出电极,加上管壳封装,就制成晶体三极管,又称半导体三极管、三极管,或简称三极管。

如图4-58所示是三极管的结构示意图及其图形符号。图中两个PN结的公共区域叫基区,基区两侧分别是发射区和集电区,引出的电极分别叫基极(B)、发射极(E)、集电极(C)。两个PN结分别称为发射结和集电结。根据PN结的排列顺序的不同,三极管分为PNP型和NPN型两类。

三极管按芯片材料的不同,有硅管和锗管两种。两种三极管又各有PNP型和NPN型。两种管型的工作原理相同,但在构成电路时,外接直流电源的极性不同,各极电流方向不同。为讨论方便,我们以NPN型三极管为例。

2. 三极管的电流放大作用

三极管具有电流放大作用。其含义是当基极有一个较小的电流变化时,集电极就产生一个较大的电流变化。为了更深刻地理解三极管的电流放大作用,将三极管组成如图4-59的电路来分析。

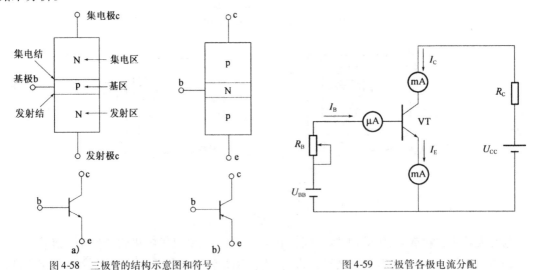

图4-58 三极管的结构示意图和符号
a) NPN型; b) PNP型

图4-59 三极管各极电流分配

在图4-59中,当基极电阻 R_B 变化时,基极电流 I_B 发生变化,使 I_B 分别为 $0\mu A$、$20\mu A$、$40\mu A$、$60\mu A$、$80\mu A$ 时,记录集电极电流 I_C,发射极电流 I_E,结果见表4-6。

表4-6 三极管各极电流数据

基极度电流 I_B/mA	0	0.02	0.04	0.06	0.08
集电极电流 I_C/mA	0	0.70	1.40	2.10	2.80
发射极度电流 I_E/mA	0	0.72	1.44	2.16	2.88

对实验数据进行分析,不难得出以下几点结论:

三极管各极电流的分配关系为:发射极电流等于集电极电流与基极电流之和,即

$$I_E = I_C + I_B, 且 I_C \geq I_B \tag{4-25}$$

I_B 增大时,I_C 成正比例相应增大。集电极电流 I_C 与基极电流 I_B 的比值称为三极管的直流电流放大系数,以 β 表示。

$$\beta \approx \frac{I_C}{I_B} \tag{4-26}$$

以上结果表明,三极管的基极电流发生微小变化时,集电极电流会发生较大变化。且比值基本恒定,这种小电流对大电流的控制作用,就是三极管的电流放大作用。

要使 NPN 型三极管具有电流放大作用,要满足一定的外部条件:使其基极电位高于发射极电位而低于集电极电位,即发射结正向偏置,集电结反向偏置。

3. 三极管的特性曲线

三极管的特性曲线包括输入特性曲线和输出特性曲线,它反映了三极管各极电流与极间电压的关系。

(1)输入特性曲线。输入特性曲线是指集-射电压 U_{CE} 一定时,基极电流 I_B 随基-射电压 U_{BE} 而变化的曲线。其函数关系为 $I_B = f(U_{BE})$。三极管的输入特性曲线如图 4-60a)所示。

因三极管的基极与发射极之间就是一个 PN 结,故这一曲线与二极管的正向特性相似。三极管正常放大时,工作在陡直的部分,电压 U_{BE} 数值不大,变化也较小,可近似认为硅管为 0.7V,锗管为 0.3V。

(2)输出特性曲线。输出特性曲线是指基极电流 I_B 一定时,集电极电流 I_C 随集-射电压而变化的曲线。其函数关系为 $I_C = f(U_{CE})$。三极管的输出特性曲线如图 4-60b)所示。在 I_B 取不同值时,分别描绘曲线就得到一族曲线,每条曲线形状相似,随 I_B 的不同取值上下移动。不论 I_B 取值多少,当 U_{CE} 很小时,I_C 随 U_{CE} 的增加而迅速增加,此时 I_C 受 U_{CE} 控制。当 U_{CE} 增加到约 1V 以上时,I_C 变化基本保持恒定,曲线接近水平。这一阶段,I_C 的大小主要取决于 I_B,I_B 值越大,I_C 曲线越高。三极管在正常放大时,工作在曲线的水平部分。

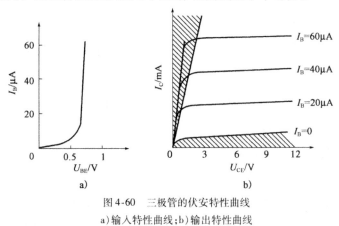

图 4-60 三极管的伏安特性曲线
a)输入特性曲线;b)输出特性曲线

4. 三极管的三种工作状态

根据三极管输出特性曲线的特点,可以将特性曲线划分为三个不同的区域,分别对应三种不同的工作状态,即放大状态、截止状态和饱和状态,如图 4-61 所示。

(1)放大状态。特性曲线的水平部分为放大区,放大区的特点是 I_C 受 I_B 控制,且随 I_B 成比例变化,即 $I_C = \beta I_B$。此时,三极管处于放大状态,呈恒流输出特性,相当于一个受基极电流控制的恒流源。

三极管工作于放大状态的条件是发射结正偏,集电结反偏。

(2)截止状态。在 $I_B=0$ 这条特性曲线下面的区域为截止区。截止区的特点是 $I_B=0$,此时通过三极管集电极的电流很小,约为0,这个电流叫穿透电流 I_{CEO}。此时三极管处于是截止状态,相当于一个断开的开关。

三极管工作于截止状态的条件是:发射结零偏或反偏,集电结反偏。实际上,发射结电压小于死区电压时,三极管就进入截止状态。

(3)饱和状态。特性曲线上升段拐点连接线左侧区域为饱和区。饱和区的特点是基极电流对集电极电流的控制作用减弱,$I_C=\beta I_B$ 的关系不再存在,集-射极间的压降很小,相当于一个接通的开关。完全饱和时的管压降称为饱和压降,硅管约0.3V,锗管约0.1V。

三极管工作于饱和状态的条件是:发射结、集电结均正向偏置。

三种工作状态都是三极管的正常工作状态。三极管作为放大使用时工作在放大状态,作为开关使用时工作在饱和状态和截止状态。

5. 作为放大器的三极管

在机动车电子系统中,在需要将小信号电压放大的任何地方都使用三极管,如来自凸轮轴和曲轴传感器、空气体积流量计、空气质量流量计、氧气传感器、冷却液温度传感器、车内和车外温度传感器的信号,放大任务在控制单元中执行。在音频、视频和通信电子系统中也大量使用三极管作为放大器。

图4-62给出了共发射极电路的一个三极管放大器。使用 R_1 和 R_2 正确设定直流工作电压点。将待放大的交流电压经过电容器 C_1 耦合至三极管的基极。电压放大器的任务是使输入处的低幅值交流电压变成输出处的高幅值电压。

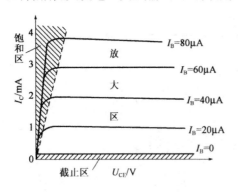

图4-61 三极管的三个工作区

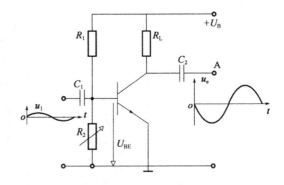

图4-62 三极管放大电路

在电路中,工作电压 U_B 通过集电极电阻 R_L 被加在三极管集电极 C 和发射极 E 之间。同时工作电压 U_B 通过电阻 R_1 和 R_2 分压加在基极 B 和发射极 E 之间的电压为 $U_{BE}\approx0.7V$。输入电压 U_i 的很小变化会带来集电极电流 I_C 很大的变化,因此经 C_2 输出的输出电压 U_A 会有很大变化。U_i 和 U_A 之间的相位改变为180°。

到目前为止讨论的是NPN三极管。在机动车电子系统中还使用PNP三极管。它的工作原理相同,但是电压极性相反,因此电流方向相反。

6. 作为开关的三极管

在汽车电气/电子系统中,电气负载通过机械和电子开关切换。机械开关常常直接连入电流电路。因为它们经常需要切换较大的负载电流,所以开关的触点须大而牢固。所以,机械开关通常体积大且质量重。但是在实际应用中则使用小开关切换小的基极电流,而三极管则切换大的负载电流。

应该注意机械开关必须总是流过一定量的最小电流。如果电流太小,开关将无法自清洁,灰尘颗粒可能会造成断路或故障。

示例:如图4-63所示电路,使用电流增益 $\beta = 100$ 的三极管切换 $I = 300\text{mA}$ 的灯光负载电流。基极电流 I_B 至少要多大?

解答:

$$\beta = \frac{I_C}{I_B}$$

$$I_B = \frac{I_C}{\beta} = \frac{300mA}{100} = 3mA$$

7. 三极管负载类型

由于三极管的特性很大程度上依赖于负载,因此以下介绍几种负荷之间最重要的差异。

(1) 电阻性负载。如图4-64所示,当输入端施加 $U_1 = 12V$ 的电压时,三极管内流过基极电流,电阻 R_L 流过负载电流。电阻 R_1 保证充足的基极电流,R_2 用于保证温度变化时的稳定性。在较高的环境温度下电路也能可靠地工作。必须根据负载电流的情况来选择三极管。

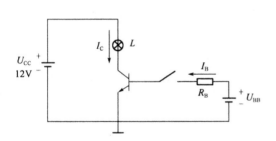

图4-63 三极管灯光控制电路

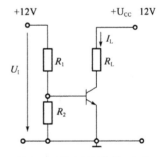

图4-64 带电阻负载的三极管

(2) PTC热敏电阻作为负载。如图4-65所示,PTC电阻作为负载的三极管电路,负载电路中的灯泡是一种PTC电阻。PTC热敏电阻在低温下电阻较低,因此开始接通时流过大电流,灯泡内可能会流过高达十倍的接通或涌入电流。由于三极管的响应速度非常快,因此它们必须能够处理灯泡的涌入电流。车辆上使用带短路保护的MOSFET三极管做电路开关。发生短路时,这些三极管呈现一种高阻状态,因此不必在车灯供电电路中使用保险丝。

(3) 电感负载。如图4-66带有电感负载的三极管电路,当输入端施加电压 U_1 时,三极管闭合(称为导通状态)。继电器与电源电压 U_B 连接,继电器闭合并接通负载电流。因为继电器线圈具有电感,所以继电器线圈电流关断时会产生感应电压,瞬间断电产生的感应电压急剧增加很容易击穿损坏三极管。为了克服这一问题,要在继电器线圈绕组上并联一个续流二极管。当电压 U_B 施加在继电器线圈绕组上时,二极管处于反向截止,不通电。继电器线圈电流切断时,感应电压极性与电源电压反向,续流二极管导通会使呈现反极性的感应电压短路,消耗掉电感储能,保护三极管不被损坏。

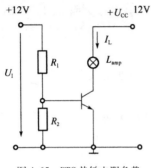

图 4-65　PTC 热敏电阻负载

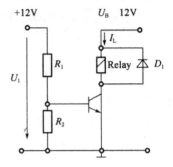

图 4-66　带有电感负载的三极管

必须从源头开始采取保护措施,以阻止电磁方式造成的干扰。除二极管以外,在机动车电子系统中还使用电阻来抑制感应电压。

8. 晶体三极管的简易判别

用万用表测量晶体三极管时,应把万用表的选择开关拨在"欧姆挡",最好是用 R×1k 或 R×100 的测量范围。因为在更高的欧姆挡 R×10k,万用表内可能串联有电压较高的电池,可能使三极管的 PN 结反向击穿。而在更低的欧姆挡 R×1,则由于万用表内串联的内阻太小,可能使小功率晶体三极管的电流过大而导致 PN 结损坏。

(1) 基极的判别。用万用表的两根表棒分别对三极管的三个管脚中的任意两个管脚进行正接测量和反接测量各一次。如果在正、反接时测得的电阻均较大,则此次测量中所空下的管脚即为基极。因为不论是 NPN 还是 PNP 型三极管,都可以把它们的发射结和集电结等效为两个背靠背连接的二极管,当万用表的一根表棒和基极相接而另一根表棒和其他任一极相接时,则在正、反接的过程中总有一次测得的是二极管的正向电阻,其值较小。当万用表的两根表棒分别与集电极、发射极相接时,不论是正接还是反接,总是一个正向电阻和一个反向电阻相串联,其阻值必然远大于一般二极管的正向电阻。

(2) NPN 型和 PNP 型的判别。当基极判定后,可用指针式万用表的黑表棒(接表内电池的正极)接到基极,用红表棒(接表内电池的负极)分别和另外两极相接。若测得两个阻值都很大,即为 PNP 型三极管;若测得两个阻值都很小,即为 NPN 型三极管。

(3) 发射极与集电极的判别。在基极判定后,可假定其余两个管脚中的任意一个为集电极,另一个为发射极。通过一个 100kΩ 的电阻把假定的集电极和基极接通。

如果是 NPN 型三极管,则以万用表的黑表棒接到假定的集电极,红表棒接到假定的发射极,这时从万用表上读出一个阻值 R_1。而后把假定的集电极和发射极互换,进行第二次测量(即:100kΩ 的电阻仍然接通假定的集电极和基极,万用表的黑表棒仍然接到假定的集电极,红表棒接到假定的发射极),这时从万用表上读出另一个阻值 R_2。在两次测量中,阻值小的那一次假设正确,即与黑表棒相接的是集电极,与红表棒相接的是发射极(图 4-67)。

如果是 PNP 型三极管,则以万用表的红表棒接到假定的集电极,黑表棒接到假定的发射极,这时从万用表上读出一个阻值 R_1。而后把假定的集电极和发射极互换,进行第二次测量,这时从万用表上读出另一个阻值 R_2。在两次测量中,阻值小的那一次假设正确,即与红表棒相接的是集电极,与黑表棒相接的是发射极。

(4)电流放大系数 β 的测量。β 的测量方法如图 4-68 所示,对 NPN 型三极管,用黑表棒接集电极,红表棒接发射极(如果是 PNP 型三极管,则表棒的接法应相反)。把开关 K 接通前和接通后的万用表读数加以比较,如果前后两次读数相差较大,则表示 β 值较大。这是因为开关 K 断开时,$I_b = 0$,而开关 K 接通后,基极有一定的电流,引起集电极有较大的电流,集电极电流愈大,表示 β 值愈大。

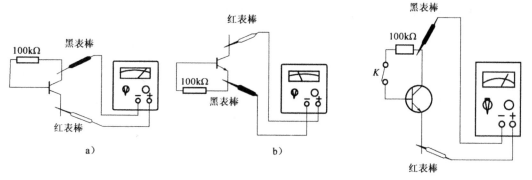

图 4-67 判别集电极和发射极　　图 4-68 用万用表测量 β

四、集成运算放大电路

1. 概述

集成运算放大电路,简称运算放大器,是一种高放大倍数的直接耦合放大器,是用途极为广泛的模拟电子集成电路产品。因它曾在模拟电子计算机中作为各种数学运算器而得名。由于它具有输入阻抗高、放大倍数大、输出阻抗低、性能可靠、且成本较低、体积小、功耗低、又有很强的通用性等许多优点,被广泛用于测量、计算、控制、信号波形的产生和变换等各个领域。

2. 集成运算放大器的特性与符号

运算放大器符号如图 4-69 所示。由于集成运算放大器采用差分输入方式,有两个信号输入端:同相输入端(IN +),反相输入端(IN -);一个放大输出端(OUT)。因此差分输入电压 U_D 被定义为

$$U_D = U_{IN+} - U_{IN-} \tag{4-27}$$

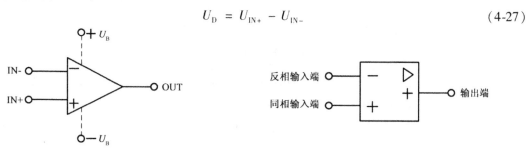

图 4-69 运算放大器符号

开环运算放大器中,输出电压等于输入差分电压与开路增益(放大系数)的乘积。通常情况下,运算放大器具有非常高的开环增益系数 $A_0 = 100\,000$,仅几毫伏的电压就足以使运算放大器输出达到饱和状态,即输出电压等于电源电压。

在放大器电路中不采用较高的运算放大器开路增益系数,而是将输出电压 U_0 的一部分反馈到反相输入端输入。这样就降低了放大倍数,这种情况称作负反馈,可以提高放大电路的工作稳定性。如图 4-70 所示。

3. 基本运算电路

(1)反相比例运算。如图 4-71 所示电路中,信号由反相输入端输入,而同相输入端接地,并将反馈电阻跨接在输出端与反向输入端之间,这就构成了反相比例运算。

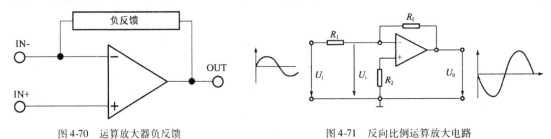

图 4-70 运算放大器负反馈　　　　图 4-71 反向比例运算放大电路

$$u_0 = -\frac{R_f}{R_1}u_i \tag{4-28}$$

式(4-28)表明集成运算的输出电压与输入电压的关系是 R_f 与 R_1 的比例关系,而与集成运放本身的参数无关。式中负号表示输出电压与输入电压的相位相反。

为了使运放的输入级电路保持对称,两个输入的外接等效电阻必须尽可能相等,因此,应取 $R_2 = R_1 /\!/ R_f$。R_2 为平衡电阻。

若 $R_2 = R_1$ 时,则 $u_0 = -u_i$,这时,电路输出信号与输入信号相位相反,幅度大小相等,这种电路称为"反相器"或"反号器"。

(2)同相比例运算。同相比例运算电路如图 4-72 所示。输入电压加在同相输入端上,反相输入端接地。反馈电阻 R_f 仍接到反相输入端,以便构成负反馈。u_0 为输出电压。

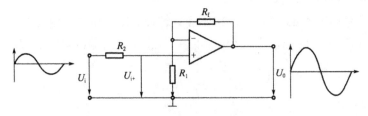

图 4-72 同相比例运算放大电路

式(4-29)表明,同相比例运算电路的输出电压与输入电压同相,比例系数大于或等于 1,与运放本身的参数无关,而由外部电路参数决定。

$$u_0 = \left(1 + \frac{R_f}{R_1}\right)u_i \tag{4-29}$$

将此电路中的电阻 R_1 开路,即 $R_1 \to \infty$,可得

$$A_f = 1 \quad 或 \quad u_0 = u_i$$

这时输出电压跟随输入电压,称此电路为电压跟随器,或称同号器。

五、比较器

1. 比较器原理

比较器电路采用电源电压的限制作用,利用运算放大器有很高的开环增益 A_0,在同相输入端和反相输入端即使只有很小的电压差,也会使输出电压饱和而实现的。

电压比较器是对两个模拟电压比较其大小,并判断出其中哪一个电压高。它有两个输入端:同相输入端("+"端)及反相输入端("-"端),有一个输出端 U_{out}(输出电平信号),另外有电源 U_{B+} 及 U_{B-}(如果是单电源比较器,则 U_{B-} 为地 0V)。若同相端输入电压 U_{i+} 大于反相端输入 U_{i-},则输出正电源电压 U_{B+},反之输出负电源电压 U_{B-}。如图4-73所示,该电路是一个正负电源供电的过零检测电路,输入电压大于0V(同相端接地)时,输出电压为负电源电压,反之输出正电源电压。

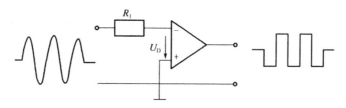

图4-73 比较器过零检测电路

2. 比较器的应用

(1)车灯电流监控电路。

示例:使用比较器电路监控车灯电流,因此便于冷监控。如图4-74、图4-75所示。

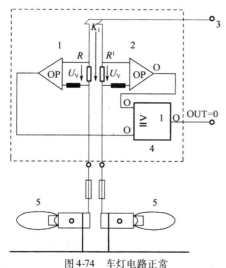

图4-74 车灯电路正常
1-电流产生的 U_V;2-电流;3-总线端30;4-"或"操作;5-车灯亮;OUT=0 没有故障

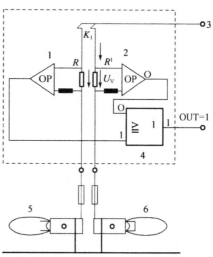

图4-75 左侧车灯电路断路故障
1-在R上没有 U_V;2-电流;3-总线端30;4-"或"操作;5-车灯不亮;6-车灯亮;OUT=1 故障

①正常的车灯电路。如图 4-74 所示,当开关 K_1 与 30 端子接通时,大电流流过车灯,车灯发光,同时车灯电流流经 R 或 R' 时,电阻上产生电压降 U_V(最大 100mV)。比较器的输出电平为"0","或"操作提供数值"0",即无故障信息。

冷监控过程中(即灯光熄灭时),开关 K_1 由 30 端子切换到接通小电流供电情况,小电流经电阻 R 和 R' 至车灯,车灯由于流过的电流小,保持熄灭状态。但是,由于电阻上产生电压降 U_V,保证比较器输出电平为"0",监控电路认为当前电路无故障。

②断路的车灯电路。如图 4-75 所示,左侧车灯电路中断时电阻 R 上不再有电压降。比较器的输出电平为"1"。信号在"或"操作的输出处产生"1"电平,然后输出一条故障信息。

(2)温度控制电路。散热风扇自动控制电路。一些大功率器件或模块在工作时会产生较多热量使温度升高,一般采用散热片并用风扇来冷却以保证正常工作。这里介绍一种极简单的温度控制电路,如图 4-76 所示。负温度系数(NTC)热敏电阻 R_t 粘贴在散热片上检测功率器件的温度(散热片上的温度要比器件的温度略低一些),当 5V 电压加在 R_t 及 R_1 电阻上时,在 A 点有一个电压 V_A。当散热片上的温度上升

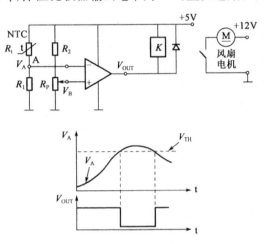

图 4-76　散热风扇控制电路

时,则热敏电阻 R_t 的阻值下降,使 V_A 上升。如果我们设定在 80℃时应接通散热风扇,通过调整 R_2 与 R_P 组成的分压器,当 5V 电源电压是稳定电压时(电压稳定性较好),调节 R_P 可以改变 V_B 的电压(电位器中心头的电压值)。V_B 值为比较器设定的阈值电压,称为 V_{TH}。设计时希望散热片上的温度一旦超过 80℃时接通散热风扇实现散热,因 NTC 电阻 R_t 随温度上升阻值下降,V_A 电压不断上升,当 $V_A > V_{TH}$,则比较器输出低电平,继电器 K 吸合,散热风扇(直流电机)得电工作,使大功率器件降温。在 V_A 开始大于 V_{TH} 时,风扇工作,但散热体有较大的热量,要经过一定时间才能把温度降到 80℃以下,$V_A < V_{TH}$,则比较器输出高电平,继电器 K 线圈电压不足,触点开关断开,散热风扇(直流电机)断电停止工作。

V_A 电压变化及比较器输出电压 V_{out} 的特性如图 4-76 曲线所示。

六、三端稳压集成电路

电子产品中常见到的三端稳压集成电路有正电压输出 78×× 系列和负电压输出的 79×× 系列。顾名思义,三端 IC 是指这种稳压用的集成电路只有三条引脚,分别是输入端、接地端和输出端。

用 78/79 系列三端稳压 IC 来组成稳压电源所需的外围元件极少,电路内部还有过流、过热及调整管的保护电路,使用起来可靠、方便。该系列集成稳压 IC 型号中的 78 或 79 后面的数字代表该三端集成稳压电路的输出电压,如 7806 表示输出电压为正 6V,7909 表示输出电压为负 9V。

有时在数字 78 或 79 后面还有一个 M 或 L,如 78M12 或 79L24,用来区别输出电流和封装

形式等,其中78L系列的最大输出电流为100mA,78M系列最大输出电流为1A,78系列最大输出电流为1.5A。它的封装也有多种,详见图4-77所示。塑料封装的稳压电路具有安装容易、价格低廉等优点,因此用得比较多。79系列除了输出电压为负。引出脚排列不同以外,命名方法、外形等均与78系列的相同。

注意三端集成稳压电路的输入、输出和接地端绝不能接错,不然容易烧坏。一般三端集成稳压电路的最小输入、输出电压差约为2V,否则不能输出稳定的电压,一般应使电压差保持在4~5V,即经变压器变压,二极管整流,电容器滤波后的电压应比稳压值高一些。

在实际应用中,应在三端集成稳压电路上安装足够大的散热器(当然小功率的条件下不用)。当稳压管温度过高时,稳压性能将变差,甚至损坏。

在78××、79××系列三端稳压器中最常应用的是TO-220和TO-202两种封装。这两种封装的图形以及引脚序号、引脚功能如图4-77所示。

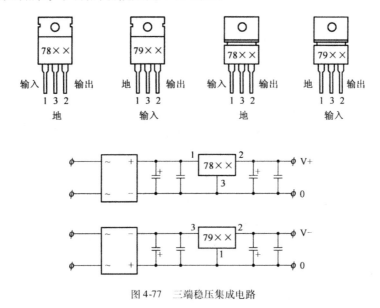

图4-77 三端稳压集成电路

七、数字门电路基础

1. 数字电路与模拟电路

电子电路分成两大类:一类叫模拟电路;另一类叫数字电路。它们是以所处理的电信号的不同来区分的。所谓模拟信号就是信号数值在时间上连续变化的电信号。例如车上的加速踏板信号就是一种典型的模拟信号,如图4-78a)所示。数字电路是处理数字信号的电子电路。数字信号是一种数值在时间上不连续变化的电信号,例如现代汽车上的曲轴位置传感器信号,发动机转速信号和用于故障诊断的故障代码等,都是典型的数字信号,如图4-78b)所示。

数字信号只有两种状态:高电平、低电平,或者有信号、无信号。在数字电路中,通常把这两种状态用两个符号来表示,即"1"和"0",也即逻辑1和逻辑0。高电平或有信号用"1"表示,低电平或无信号用"0"表示,这称为正逻辑;相反,则称为负逻辑。在数字电路的逻辑设计中,有时用正逻辑,有时用负逻辑,无特殊声明时,一律采用正逻辑。

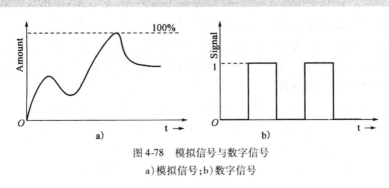

图 4-78 模拟信号与数字信号
a) 模拟信号; b) 数字信号

2. 数字电路的特点

数字电路可以进行逻辑运算与判断,此时它大多处理"二值逻辑"问题。例如"真"和"假","是"和"非","有"和"无"等。因此,可用电路的两种截然不同的状态来表述:例如三极管的饱和导通(开)和截止(关),电平的"低"和"高"两种状态。这就使得数字电路的基本单元电路简单,对元件的精度要求也不太严格,很适合做成集成电路。

数字电路重点研究输入信号和输出信号之间的逻辑关系,该电路中含有对数字信号进行传送、运算、控制、计数、寄存、译码、显示等不同功能的数字电路部件。

数字电路结构简单,易于制造,便于集成化系列化生产,成本低廉,使用方便;由数字电路组成的数字系统,工作准确可靠,精度高,保密性好,抗干扰能力强;在电子计算机、自动控制、电视、雷达、通信、数字仪表、汽车电路等各个领域中都得到了广泛的应用。

3. 数制与码制

(1) 数制。所谓数制就是计数的方法。在日常生活中最常用的是十进制,它有 0、1、2、3、4、5、6、7、8、9 十个数码,用来组成不同的数。在数字电路中主要采用二极管、三极管开关电路来实现,因此稳定状态为两个,所以计算处理采用二进制,在计算机编程中还有八进制、十六进制。下面介绍常用的二进制和十六进制。

① 二进制。二进制有两个数码 0 和 1,它们与电路的两个状态(开和关、高电平和低电平等)直接对应,使用比较方便。

二进制与十进制的进位规则不同。十进制是"逢十进一",即 $9+1=10$,可写成 $10 = 1 \times 10^1 + 0 \times 10^0$。10 为基数,如 376 可写成:

$$376 = 3 \times 10^2 + 7 \times 10^1 + 6 \times 10^0$$

二进制是"逢二进一",即 $1+1=10$,可写成 $10 = 1 \times 2^1 + 0 \times 2^0$,也就是说,二进制以 2 为基数,如:

$$(1101)_2 = 1 \times 2^3 + 1 \times 2^2 + 0 \times 2^1 + 1 \times 2^0 = (13)_{10}$$

这样可把任意一个二进制数转换为十进制数。若要将十进制数转换为二进制数,由上式可得:

$$(29)_{10} = d_4 \times 2^4 + d_3 \times 2^3 + d_2 \times 2^2 + d_1 \times 2^1 + d_0 \times 2^0 = (d_4 d_3 d_2 d_1 d_0)_2$$

式中 $d_4 \sim d_0$ 分别为相应的二进制数码 1 或 0。如果是整数部分,可采用除 2 取余法求得:29 除 2 的余数是 1

商除 2 的余数为 1,这样除下去,直到商为 0 为止:

所以，$(29)_{10} = (d_4d_3d_2d_1d_0)_2 = (11101)_2$

② 十六进制。十六进制有 0、1、2、3、4、5、6、7、8、9、A、B、C、D、E、F 十六个数码，其中 A～F 分别代表十制的 10～15。为与十进制区别，规定十六进制数注有下标 16 或 H。十六进制是"逢十六进一"，即 F+1=10，可写成 $(10)_{16} = 1×16^1 + 0×16^0 = (16)_{10}$，其基数为 16，如：

$$(3F7)_{16} = 3×16^2 + 15×16^1 + 2×16^0 = 1015$$

这就是十六进制数转换为十进制数的方法，十进制比较特殊，可以不写下标。反过来，要将十进制数转换为十六进制数，可先转换为二进制数，再由二进制数转换为十六进制数。因为每一个十六进制数码都可以用 4 位二进制数来表示，如 $(1011)_2$ 表示十六进制的 B；$(0101)_2$ 表示十六进制的 5 等。故可将二进制数从低位开始，每 4 位为一组写出其值，从高位到低位读写，就得到十六进制数。如：

$$29 = (0011101)_2 = (1D)_{16}$$

下面比较一下以上三种数制的数码：见表 4-7。

十进制、二进制、十六进制对应表　　　　表 4-7

十进制	二进制	十六进制	十进制	二进制	十六进制
0	0000	0	8	1000	8
1	0001	1	9	1001	9
2	0010	2	10	1010	A
3	0011	3	11	1011	B
4	0100	4	12	1100	C
5	0101	5	13	1101	D
6	0110	6	14	1110	E
7	0111	7	15	1111	F

4. 逻辑代数及基本门电路

逻辑代数也称布尔代数，它是分析和设计逻辑电路的一种数学工具，用来描述数字电路和数字系统的结构和特性。

逻辑代数有 1 和 0 两种逻辑值，它们并不表示数量的大小，而是表示两种对立的逻辑状态，例如电平的高低，三极管的导通和截止，脉冲信号的有无，事物的是非等。所以，逻辑 1 和逻辑 0 与自然数的 1 和 0 有本质的区别。

在逻辑代数中，输出逻辑变量和输入逻辑变量的关系，叫逻辑函数，可表示为：

$$L = f(A, B, C \cdots) \tag{4-30}$$

其中，A、B、C 为输入逻辑变量，L 为逻辑函数。下面介绍基本逻辑运算。

(1) 逻辑与。逻辑表达式为：

$$L = A \cdot B \tag{4-31}$$

其意义是仅当决定事件发生的所有条件 A、B 均具备时，事件 L 才能发生。例如把两只开关和一盏电灯串联接到电源上，只有当两只开关均闭合时灯才能亮，两个开关中有一个不闭合灯就不能亮。能满足与逻辑关系的电路，称为与门电路，简称与门，如图 4-79 所示。在 A 和 B 分别取 0 或 1 时，L 的逻辑状态列于表 4-8，称真值表。

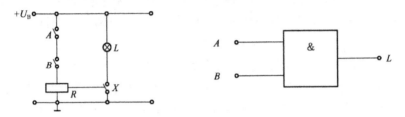

图 4-79 逻辑与门电路及符号

基本运算法则：

$$0 \cdot 0 = 0; \quad 0 \cdot 1 = 0; \quad 1 \cdot 0 = 0; \quad 1 \cdot 1 = 1$$

与 运 算 真 值 表　　　　　　　　　　　　表 4-8

A	B	L	A	B	L
0	0	0	1	0	0
0	1	0	1	1	1

(2) 逻辑或。逻辑表达式为：

$$L = A + B \tag{4-32}$$

其意义是当决定事件发生的各种条件 A、B 中，只要有一个或一个以上的条件具备，事件 F 就发生。仍以上述的灯的情况为例，把两只开关并连与一盏电灯串联接到电源上，当两只开关中有一个或一个以上闭合时灯均能亮。只有两个开关全断开灯才不亮。或门电路，简称或门，如图 4-80 所示。当 A 和 B 分别取 0 或 1 值时，L 的逻辑状态列于真值表 4-9。

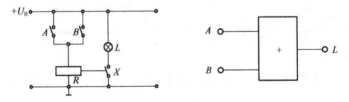

图 4-80 逻辑或门电路及符号

基本运算法则：

$$0 + 0 = 0; \quad 0 + 1 = 1; \quad 1 + 0 = 1; \quad 1 + 1 = 1$$

或 逻 辑 真 值 表　　　　　　　　　　　表 4-9

A	B	L	A	B	L
0	0	0	1	0	1
0	1	1	1	1	1

（3）逻辑非。逻辑非是对一个逻辑变量的否定，也称非运算。逻辑表达式为：

$$L = \overline{A} \tag{4-33}$$

其意义是事件发生出现的结果必然和这种条件相反。非门电路及逻辑符号如图 4-81 所示。当 A 取 0 或 1 时，L 的逻辑状态列于真值表 4-10。

基本运算法则：

$$\overline{0} = 1; \quad \overline{1} = 0$$

逻 辑 非 真 值 表　　　　　　　　　　　表 4-10

A	L	A	L
0	1	1	0

（4）复合门电路。上述三种电路是最基本的逻辑门电路。利用它们可以组合成与非门、或非门、与或非门等复合门电路，如图 4-82 所示。

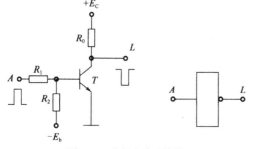

图 4-81　非门电路及符号

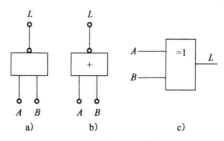

图 4-82　复合门电路及其符号
a）与非门电路；b）或非门电路；c）异或门电路

① 与非门。信号由与门电路处理后再由非门电路处理。故输入与输出之间的关系是与非关系，表 4-11 是与非门真值表。

与 非 真 值 表　　　　　　　　　　　表 4-11

A	B	L	A	B	L
0	0	1	1	0	1
0	1	1	1	1	0

其逻辑函数表达式为：

$$L = \overline{A \cdot B} \tag{4-34}$$

② 或非门。它由一个或门和一个非门组成，先进行或运算，再进行非运算。因此输入输出之间是或非关系，其逻辑表达式为：

$$L = \overline{A + B} \tag{4-35}$$

③异或门电路。异或门的输入与输出逻辑关系是:当两个输入端均为低电平或均为高电平时,输出为低电平;如输入端的电平不同,则输出为高电平。真值表见表4-12。

逻辑函数式为:

$$L = A \oplus B \tag{4-36}$$

表4-12 异或门真值表

A	B	L	A	B	L
0	0	0	1	0	1
0	1	1	1	1	0

5. 集成门电路

数字集成门电路按开关元件的不同可分为双极型 TTL 集成逻辑门和单极型的 CMOS 集成逻辑门电路两大类。

1) TTL 集成门电路

TTL 是"三极管—三极管逻辑电路"的简称。TTL 集成电路相继生产的产品有 74(标准)、74S(肖特基)、74H(高速)和 74LS(低功耗肖特基)四个系列,其中 LS 系列综合性能最优,应用最广泛。TTL 集成电路电源为 +5V。常见的集成电路是将几个门封装在同一芯片上,如 74LS02 是四个二输入端或非门,74LS08 为四个 2 输入端与门,74LS20 为两个 4 输入端与非门等。

(1) 或非门电路实例:74LS02 是一个二输入端四或非门。其引脚布置如图4-83所示。

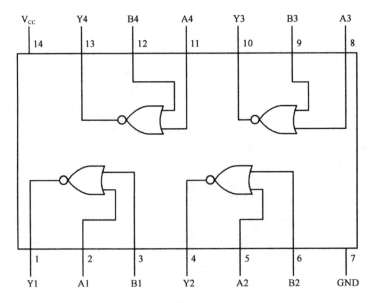

图4-83 TTL 与非门引脚图

其逻辑表达式如下:

$$Y = \overline{A + B}$$

其真值表(表4-13)如下:

或非门电路真值表 表4-13

输入		输出
A	B	Y
L	L	H
L	H	L
H	L	L
H	H	L

注：H-高电平；L-低电平

（2）集成门电路的主要参数。现以TTL与非门的主要参数为例加以介绍，其他门电路的主要参数基本相同。

①输入高电平电压U_{IH}。指符合高电平的相应输入电压值，取下限。一般为2V。

②输入低电平电压U_{IL}。指符合低电平的相应输入电压值，取上限。一般为0.8V。

③输出高电平电压U_{OH}。指符合高电平的相应输出电压值，取下限。一般为2.4V。

④输出低电平电压U_{OL}。指符合低电平的相应输出电压值，取上限。一般为0.4V。

⑤输出短路电流I_{OS}。指输出端对地短路时的输出电流，可由20～120mA，如持续时间长，集成电路将被烧毁。

⑥每个门的静态功耗P_S由电源电压和电源电流的乘积决定。一般为10至20mW。

⑦扇出系数：指该门电路最多可以驱动多少个同样的门电路负载，74LS系列的扇出系数为N=8～10。

⑧传输延迟时间：传输延迟时间通常以二者电压变化1.5V的时间差别为滞后时间，并将输出波形由高到低时的滞后时间记作t_{PLH}，如图4-84中所示。74LS00的t_{PLH}值最小为15ns，t_{PLH}值最大为22ns。

⑨工作温度范围T_A和贮存温度范围T_S：TTL门电路的T_A分成三个档次，I类的T_A为-55℃～+125℃；II类T_A为-40℃～+85℃；III类的T_A为0～70℃；T_S为-65～+150℃。

2）CMOS门电路

CMOS门电路是由NMOS管和PMOS管构成

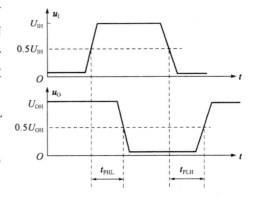

图4-84 传输延迟时间的定义

的，它静态功耗很低，抗干扰能力强，稳定性好，开关速度较高，扇出系数大，由于优点突出，在中、大规模集成电路中得到了广泛的应用。CMOS门电路实例：HEF4011B 二输入四与非门CMOS电路如图4-85所示。

3）门电路使用注意事项

（1）电源电压应根据门电路参数的要求选定。一般TTL门电路的电源电压为5V±0.5V。CMOS门电路的电源电压应为3～15V。电源电压的极性不能接反。为防止通过电源引入干扰信号，应根据具体情况对电源进行去耦和滤波。

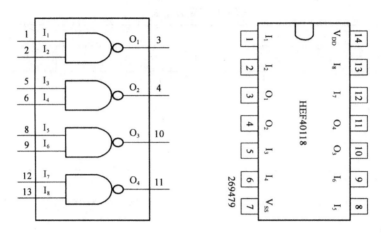

图 4-85　4011B 二输入四与非门电路结构图及引脚布局图

(2) 输入信号电平的选择,TTL 门应在 0～5V 之间,CMOS 门应在 0～U_{CC} 之间。

(3) 具有图腾柱结构(集成电路输出级具有有源负载)的 TTL 门输出端,不允许并联使用。同一芯片上的 CMOS 门,在输入相同时,输出端可以并联使用(目的是增大驱动能力)。

(4) 焊接时应选用 45W 以下的电烙铁,最好用中性焊剂,所用设备应接地良好。CMOS 电路应在静电屏蔽下运输和存放。严禁带电从插座上拔插器件。

(5) 电路的输出端接容性负载时,应在电容之前接限流电阻,避免出现在开机的瞬间,较大的冲击电流烧坏电路。

(6) TTL 门输入端口为"与"逻辑关系时,多余的输入端可以悬空(但不能带开路长线)、接高电平或并联接到一个已被使用的输入端上。TTL 门输入端口为"或"逻辑关系时,多余的输入端可以接低电平、接地或并联接到一个已被使用的输入端上。

(7) 具有"与"逻辑端口的 CMOS 门多余的输入端应接 U_{DD} 或高电平,具有"或"逻辑端口的 CMOS 门多余的输入端应接 U_{DD} 或低电平。CMOS 门的输入端不允许悬空。

单元三　电子调压器制作

 单元要点

1. 电子调压器的工作原理。
2. 电子调压器基本电路分析。
3. 电子调压器的制作。

 知识链接

二极管、三极管等电子元件检测,电子调压器电路分析,电烙铁使用。

一、电子电压调压器

1. 电压调节器的功用

由于汽车上的交流发电机的转子是由发动机通过皮带驱动旋转的,且发动机和交流发电机的速比为1.7~3,因此交流发电机转子的转速变化范围非常大,这样将引起发电机的输出电压发生较大变化,无法满足汽车用电设备的工作要求。为了满足用电设备恒定电压的要求,交流发电机必须配用电压调节器才能工作。

电压调节器是把发电机输出电压控制在规定范围内的装置,其功用是在发电机转速变化时,自动控制发电机电压保持恒定,使其不因发电机转速高时,电压过高烧坏用电器和导致蓄电池过充电;也不会因发电机转速低而电压不足导致用电器工作失常。

随着电子技术的发展,目前交流发电机几乎全部采用电子调节器。其优点是:电压调节精度高,且不产生火花,还具有重量轻、体积小、寿命长、可靠性高、电波干扰小等优点。电子调节器有三极管调节器和集成电路调节器两种,如图4-86所示。

图4-86 晶体管调节器和集成电路调节器
a) 晶体管调节器;b) 集成电路调节器

2. 电压调节器的调压原理

交流发电机的三相绕组产生的相电动势有效值为

$$E_\phi = C_e \Phi n \tag{4-37}$$

即交流发电机所产生的感应电动势 E_ϕ 与转子转速 n 和磁极磁通 Φ 成正比。当转速 n 升高时,E_ϕ 增大,发电机输出端电压 U_B 升高,当转速升高到一定值时,输出端电压达到限定值,要想使发电机的输出电压 U_B 不再随转速的升高而上升,只能通过减小磁通 Φ 来实现。又因磁极磁通 Φ 与励磁电流 I_f 成正比,所以减小磁通 Φ 也就是减小励磁电流 I_f。

所以,交流发电机电压调节器的调压原理是:当发电机转速升高时,调节器通过减小发电机励磁电流 I_f 来减小磁通 Φ,使发电机的输出电压 U_B 保持不变;当发电机的转速降低时,调节器通过增大发电机的励磁电流 I_f 来增加磁通 Φ,使发电机的输出电压 U_B 保持不变。

3. 电子调节器的工作原理

1) 外搭铁型电子调节器的工作原理

(1) 基本电路。电子调节器有多种形式,其内部电路各不相同,但工作原理可用基本电路工作原理去理解。外搭铁型电子调节器基本电路如图4-87所示。

(2) 工作原理。

① 点火开关 SW 刚接通时,发动机不转,发电机不发电,蓄电池电压加在分压器 R_1、R_2 上,此时因 U_{R1} 较低不能使稳压管 VS 反向击穿,VT_1 截止,VT_1 截止使得 VT_2 导通,发电机磁场电路接通,此时由蓄电池供给磁场电流。随着发动机的启动,发电机转速升高,发电机他励发电,

电压上升。

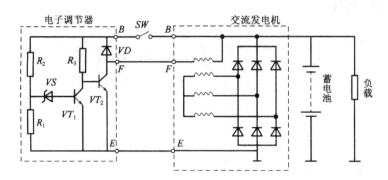

图 4-87 外搭铁型电子调节器基本电路

②当发电机电压升高到大于蓄电池电压时,发电机自励发电并开始对蓄电池充电,如果此时发电机输出电压 U_B < 调节器调节上限 U_{B2},VT_1 继续截止,VT_2 继续导通,但此时的磁场电流由发电机供给,发电机电压随转速升高迅速升高。

③当发电机电压升高到等于调节上限 U_{B2} 时,调节器对电压的调节开始。此时 VS 导通,VT_1 导通,VT_2 截止,发电机磁场电路被切断,由于磁场被断路,磁通下降,发电机输出电压下降。

④当发电机电压下降到等于调节下限 U_{B1} 时,VS 截止,VT_1 截止,VT_2 重新导通,磁场电路重新被接通,发电机电压上升。

周而复始,发电机输出电压 U_B 被控制在一定范围内,这就是外搭铁型电子调节器的工作原理。

2)内搭铁型电子调节器

(1)内搭铁型电子调节器的基本电路。如图 4-88 所示。内搭铁型电子调节器基本电路的特点是三极管 VT_1、VT_2 采用 PNP 型,发电机的励磁绕组连接在 VT_2 的集电极和搭铁端之间,与外搭铁型电路显著不同,电路工作原理和结构与外搭铁型电子调节器类似。

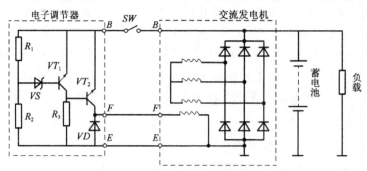

图 4-88 内搭铁型电子调节器基本电路

(2)电子调节器的工作特性。调节器通过三极管 VT_2 的通断控制磁场电流,随着转速的提高,大功率三极管 VT_2 的导通时间减小,截止时间增加,这样可使得磁场电流平均值减小,磁通减小,保持输出电压 U_B 不变。发电机的输出电压 U_B、磁场电流 I_f(平均值)随转速 n 的变化关系称为电子调节器的工作特性。如图 4-89 所示。

从电子调节器的工作特性曲线可以看出，n_1 为调节器开始工作转速，称为工作下限，随着发电机转速的升高，磁场电流减小。当发电机转速很高时，由于大功率三极管可不导通，磁场电流被切断，发电机仅靠剩磁发电，所以，电子调节器的工作转速上限很高，调节范围很大。

二、电子调压器制作

根据外搭铁式电子调压器基本电路进行了印制电路板设计。印制板连线图如图 4-90 所示，该电路印制板通过外协加工。该电路板在元件安装、焊接、调试完成后，除了可以实现电子调压器的功能外，为了扩展学生的学习成果，该电路还可实现单向全波整流、滤波及稳压电路的试验调试。产品安装、焊接、调试好，制作成功后的效果如图 4-91 所示。

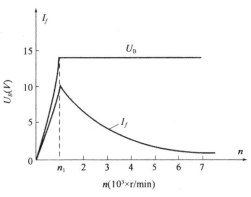

图 4-89　电子电压调节器曲线

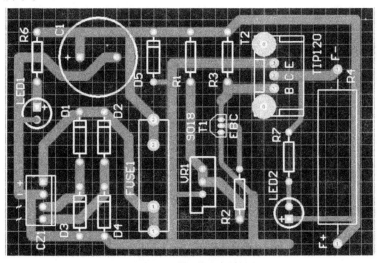

图 4-90　电子调压器印制板图

本电路主要元件：

整流二极管：IN4007；

稳压二极管：IN4740A（10V），IN4745A（16V）；

发光二极管：红色，绿色；

三极管：小功率 NPN 型 9018，大功率 NPN 型 TIP120（5A）；

滤波电容：2200μF/35V；

电阻：1kΩ，5.1kΩ（1/4W）；30Ω（10W）；

微调电阻：2kΩ

保险丝：1A

散热器：与 TIP120 配套

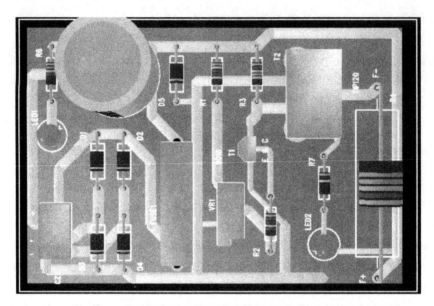

图 4-91　电子调压器产品效果图

三、电烙铁使用介绍

电烙铁是在锡焊过程中对焊锡加热并使之熔化的最常见的电热工具。结构如图 4-92 所示。

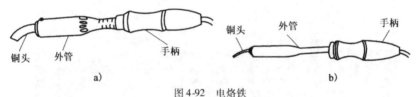

图 4-92　电烙铁
a) 大功率电烙铁；b) 小功率电烙铁

它一般由手柄、外管（内装有电热元件）和铜头组成。按铜头的不同受热方式，电烙铁分为内热式和外热式两种类型。电烙铁的规格以其消耗的电功率来表示，通常在 20～500W 之间，电子调压器等小产品印制板电路焊接一般用 20W 左右的电烙铁。

焊锡材料分焊料和焊剂两类。焊料是焊锡或纯锡。焊剂有松香、松香酒精溶液、焊膏等。各种焊剂均有不同程度的腐蚀作用，所以焊接完毕必须清除残留的焊剂。

（1）电烙铁焊锡的方法和要求：

①用电工刀或砂布清除连接线端的氧化层，并在焊接处涂上焊剂。

②将含有焊锡的烙铁焊头，先沾一些焊剂，然后对准焊接点下焊，停留时间要根据焊件的大小而定。

③防止虚假焊点和夹生焊点的产生。虚假焊是因焊件表面没有清除干净或焊剂用得少，焊件表面没有充分镀上锡层，焊件之间没有被锡固定住而造成的。夹生焊指锡未被充分熔化，焊件表面的锡晶粒粗糙，焊点强度大为降低。产生夹生焊的原因是烙铁温度不够高和留焊时

间太短的缘故。

④焊接点必须焊牢、焊透。焊接点的锡液必须充分渗透,焊接点表面处应光滑并有光泽。

(2)使用电烙铁注意事项:

①电烙铁金属外壳必须接地。

②使用中的电烙铁不可搁置在木板上,要放置在专用烙铁架上。

③不可用烧死的电烙铁(烙铁头因氧化不吃锡)焊接,以免烧坏焊件。

④不准甩动使用中的电烙铁,以免锡珠溅击伤人。

学习任务5　直流电机与继电器的认识

 学习目标

1. 能描述继电器的类型、用途。
2. 会描述各继电器的结构和原理。
3. 能描述直流电机的用途、结构。
4. 会描述直流电机的原理。
5. 会叙述直流电机的工作特性。
6. 能正确拆卸直流电机。
7. 会认识汽车电路图中的直流电机。
8. 会认识汽车电路图中的继电器。
9. 能认识直流电机、继电器的电路。

 任务描述

根据汽车电路图认识直流电机、继电器,并能正确接线。

 学习引导

本学习任务沿着以下脉络进行学习：

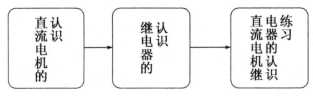

单元一　直流电机的认识

 单元要点

1. 直流电机的分类。
2. 直流串励式电动机的结构、工作原理与工作特性。

3. 直流电机的拆装。
4. 直流电机的控制。
5. 直流电机的检修。

知识链接

直流电动机是将直流电能转换成机械能的电机,如图 5-1 所示。直流电动机在汽车上广泛的采用,如启动系、电动车窗、电动座椅、刮水器等电器设备中常用到永磁式和串励式直流电动机。

图 5-1　直流电动机

一、直流电动机的分类

直流电机的励磁方式是指对励磁绕组如何供电、产生励磁磁通势而建立主磁场的问题。根据励磁方式的不同,直流电动机有直流他励电动机、直流并励电动机、直流串励电动机和直流复励电动机 4 种,图 5-2 为各类电动机的特点:

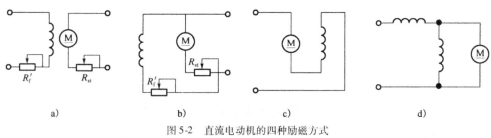

图 5-2　直流电动机的四种励磁方式
a) 他励; b) 并励; c) 串励; d) 复励

1. 直流他励电动机

励磁绕组与电枢没有电的联系,励磁电路是由另外直流电源供给的。因此励磁电流不受电枢端电压或电枢电流的影响。

2. 直流并励电动机

并励绕组两端电压就是电枢两端电压,但是励磁绕组用细导线绕成,其匝数很多,因此具有较大的电阻,使得通过他的励磁电流较小。

3. 直流串励电动机

励磁绕组是和电枢串联的,所以这种电动机内磁场随着电枢电流的改变有显著的变化。为了使励磁绕组中不致引起大的损耗和电压降,励磁绕组的电阻越小越好,所以直流串励电动机通常用较粗的导线绕成,它的匝数较少。

4. 直流复励电动机

电动机的磁通由两个绕组内的励磁电流产生。

二、直流串励式电动机

1. 直流串励式电动机的结构

下面以直流串励式电动机为例介绍直流电动机的结构。直流电动机的作用是产生力矩。一般均采用直流串励式电动机。"串励"是指电枢绕组与磁场绕组串联。直流电动机由磁极、电枢、换向器和外壳等组成,如图5-3所示。

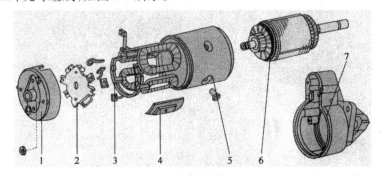

图5-3 直流电动机

1-端盖;2-电刷和刷架;3-磁场绕组;4-磁极铁芯;5-机壳;6-电枢;7-后端盖

(1)磁极。磁极的作用是产生电枢转动时所需要的磁场,它由固定在机壳上的磁极铁芯和磁场绕组组成,如图5-4所示。如图5-5所示为励磁绕组的内部电路连接方法,励磁绕组一端接在外壳的绝缘接线柱上,另一端与两个非搭铁电刷相。

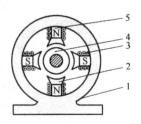

图5-4 磁极

1-机座;2-极掌;3-励磁绕组;4-转子;5-极心

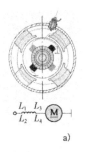

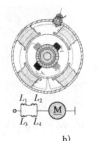

a) b)

图5-5 励磁绕组的接法

a)四个绕组相互串联;b)两个绕组串联后再并联

（2）电枢。如图5-6所示为电枢总成,由外圆带槽的硅钢片叠成的铁芯和电枢绕组组成磁场绕组和电枢绕组一般采用矩形断面的裸铜线绕制。

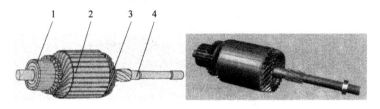

图 5-6 电枢总成
1-换向器;2-铁芯;3-绕组;4-电枢轴

换向器装在电枢轴上,它由许多换向片组成。换向片嵌装在轴套上,各换向片之间均用云母绝缘。

（3）电刷。电刷和换向器配合使用用来连接磁场绕组和电枢绕组的电路,并使电枢轴上的电磁力矩保持固定方向。电刷装在端盖上的电刷架中,电刷弹簧使电刷与换向片之间具有适当的压力以保持配合,如图5-7所示。

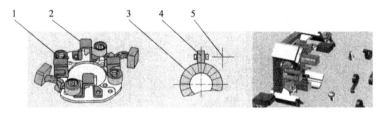

图 5-7 电刷及电刷架的组合
1-电刷弹簧;2-电刷架;3-换向器;4-电刷;5-盘开弹簧

以四磁极电动机为例,其中两个电刷与机壳绝缘,电流通过这两个电刷进入电枢绕组,另外两个为搭铁电刷,通过电枢绕组的电流通过这两个电刷搭铁。

（4）机壳。机壳是电动机的磁极和电枢的安装机体,其中一端有四个检查窗口,便于进行电刷和换向器的维护,同时起动机的电磁开关也安装在机壳上,其上有一绝缘接线端,是电动机电流的引入线。

2.直流电动机的工作原理

直流电动机的基本工作原理是通电的导体在磁场中会受电磁力作用,电磁力的方向遵循左手定则。

如图5-8所示,两片换向片分别与环状线圈的两端连接,电刷一端与两换向器片相接触,另一端分别接蓄电池的正极和负极。在环状线圈中电流的方向交替变化,用左手定则判断可知,环状线圈在电磁力矩作用下按顺时针方向连续转动。这样在电源连续对电动机供电时,其线圈就不停地按同一方向转动。

为了增大输出力矩并使运转均匀,实际的电动机中电枢采用多匝线圈,随线圈匝数的增多换向片的数量也要增多。

3.直流电动机的工作特性

直流电动机工作时有如下的特点:

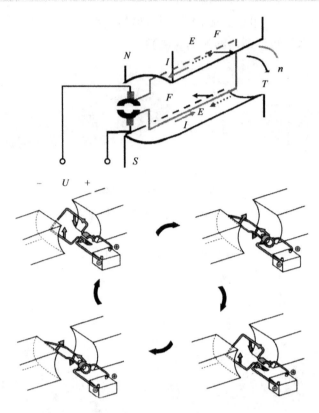

图 5-8 直流电动机的原理图

电动机中电流越大,电动机产生的扭矩越大。电动机的转速越高,电枢线圈中产生的反电动势就越大,电流也随之下降。电动机在初始起动期间和起动期间各项指标的比较见表 5-1。

直流电动机起动时各项指标比较 表 5-1

阶段项目	初始起动期间	正常起动期间
电动机速度	较 低	较 高
电动机电流	较 大	较 小
电动机产生的扭矩	较 大	较 小
电枢中的反向电动势	较 小	较 大

直流串励式电动机的力矩 M、转速 n 和功率 P 随电枢电流变化的规律,称为直流串励式电动机的特性。图 5-9 所示为直流串励式电动机的特性曲线,其中曲线 M、n 和 P 分别代表力矩特性、转速特性和功率特性。

结合表 5-1 和图 5-9 可知,在电动机起动的瞬间,电枢转速为零,电枢电流达到最大值,力矩也相应达到最大值。使发动机的起动变得很容易。这就是汽车起动机采用串励式电动机的主要原因。

串励式电动机在输出力矩大时,电枢电流也大,电动机转速随电流的增加而急剧下降;反之,在输出力矩较小时,电动机转速又随电枢电流的减小而很快上升。

串励式电动机具有轻载转速高,重载转速低的特性,对保证起动安全可靠是非常有利的,是汽车上采用串励式电动机的一个重要原因。

串励式电动机的功率 P 可用下式表示：
$$P = Mn/9\,550$$

式中：M——电枢轴上的力矩(Nm)；

n——电枢转速(r/min)。

电动机完全制动时，转速和输出功率为零，力矩达到最大值。空载时电流最小，转速最大，输出功率也为零。当电枢电流接近制动电流一半时，电动机输出功率最大。

三、直流电动机的拆卸

在拆装直流电动机前，要对仪器仪表进行整机检查，查明绕组对地绝缘以及绕组间有无断路、短路或其他故障，以便对问题进行修理。

直流电动机的拆装步骤：

(1)拆除电动机的外部连接线，并作好标记。

(2)拆卸带轮或联轴器。

(3)拆卸换向器端盖螺钉和轴承螺钉，并取下轴承外盖。

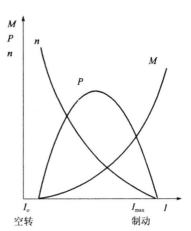

图 5-9　直流串励式电动机的特性

(4)打开端盖的通风窗，从刷握中取出电刷，再拆卸接到刷杆上的连接线。

(5)拆卸换向器端的端盖，取出刷架。

(6)用厚纸或布将换向器包扎好，以保持清洁及以免碰伤换向器。

(7)拆除轴伸端的端盖螺栓，将电枢连同端盖从定子内小心地一起抽出或吊出，不要擦伤电枢绕组端部，将电枢放在木架上，并用布包扎好。

(8)拆除轴伸端的轴承盖螺栓，取下轴承外盖、端盖及轴承。若轴承无损坏则不必拆卸，若轴承已损坏需要更换时，还应拆卸轴承。直流电动机的装配步骤可按上述步骤反向进行，装配后应把刷杆座调回标志的位置。其中直流电动机的带轮或联轴器、轴承等拆卸方法和工艺与三相异步电动机的拆卸方法一致。

四、直流电机的控制

1. 直流电机的起动

电动机从接入电源开始转动，到达稳定运行的全部过程称为起动过程或起动。电动机在起动的瞬间，转速为零，此时的电枢电流称为起动电流，用 I_{st} 表示。对应的电磁转矩称为起动转矩，用 T_{st} 表示。

直流电动机的起动性能指标：

(1)起动转矩 T_{st} 足够大($T_{st} > T_L$)；

(2)起动电流 I_{st} 不可太大，一般限制在一定的允许范围之内，一般为 $(1.5 \sim 2)I_N$；

(3)起动时间短，符合生产机械的要求；

(4)起动设备简单、经济、可靠、操作简便。

直流电动机常用的起动方法有三种：

(1) 直接起动。直接起动就是将电动机直接投入到额定电压的电网上起动。他励直流电动机起动时，必须先保证有磁场，而后加电枢电压，其控制电路如图 5-10 所示。

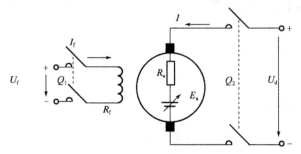

图 5-10　直接起动控制电路

起动时，先合 Q_1，然后合 Q_2。起动瞬间，因机械惯性，电机转子保持静止 $n=0$，电枢电势 $E_a=0$，由电势方程式 $U_d = I_a R_a + E_a$ 可知起动电流和起动转矩为：

$$I_{st} = \frac{U_N}{R_a}$$

$$T_{st} = C_T \Phi I_{st}$$

当 T_{st} 大于拖动系统的总阻力转矩时，电动机开始转动并加速。随着转速升高，I_a 增大，使电枢电流下降，相应的电磁转矩也减小，但只要电磁转矩大于总阻力转矩，n 仍能增加，直到电磁转矩降到与总阻力转矩相等时，电机达到稳定恒速运行，起动过程结束。

(2) 降压起动。降压起动，即起动前将施加在电动机电枢两端的电压降低，以限制起动电流，为了获得足够大的起动转矩。起动电流通常限制在 $(1.5 \sim 2)T_N$ 内（应是 I_N），则起 $U_{st} = I_{st} R_a = (1.5 \sim 2) I_N R_a$

(3) 电枢回路串电阻起动。电枢回路串电阻起动时，电源电压为额定值且恒定不变，在电枢回路中串接起动电阻 R_{st}，达到限制起动电流的目的。在电枢回路串电阻起动的过程中，应相应地将起动电阻逐级切除，这种起动方法称为电枢串电阻分级起动。因为在起动过程中，如果不切除电阻，随着转速的增加，电枢电势 E_a 增大。使起动电流下降，相应的起动转矩也减小，转速上升缓慢，使起动过程时间延长，且起动后转速较低。如果把起动电阻一次全部切除，会引起过大的电流冲击。

下面以三级起动为例，说明电枢串电阻分级起动的过程。如图 5-11 所示为他励电动机分三级起动时的接线图。

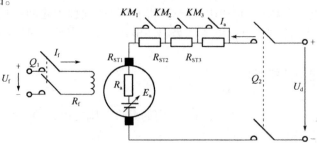

图 5-11　他励直流电机串电阻分级起动

2. 电动机的反转——反向电动机运行

他励直流电机作反向电动机运行时,必须改变电磁转矩的方向。根据左手定则,电磁转矩的方向由磁场方向和电枢电流的方向决定,所以,只要将磁通 Φ 和电枢电流 I_a 中任意一个参数的方向改变,电磁转矩即改变方向。所以他励直流电机作反向电动机运行时,其电磁转矩方向改变,即 $T_{em}<0,n<0$,T_{em} 与 n 仍为同方向,T_{em} 仍然是拖动性转矩。在直流拖动系统中,通常采用改变电枢电压极性,即将电枢绕组反接,而保持励磁绕组两端的电压极性不变的方法实现反向电动机运行。但在电动机容量很大时,对于反转速度要求不高的场合,则因励磁电路的电流和功率小,为了减小控制电器的容量,可采用改变励磁绕组极性的方法来实现电动机的反转。

3. 他励直流电动机的调速

绝大多数生产机械都有调速要求。他励直流电动机的机械特性为

$$n = \frac{U_d}{C_e \Phi} - \frac{R_\Sigma}{C_e C_T \Phi^2} T_{em}$$

稳态时,电机的电磁转矩 T_{em} 由负载 T_L 决定,故要调节转速 n,可以改变电压 U_d、改变电枢回路总电阻 R_Σ、改变磁通 Φ 三种方法。

4. 他励直流电动机的制动

对于一个拖动系统,制动的目的是使电力拖动系统停车(制停),有时也为了限制拖动系统的转速(制动运行),以确保设备和人身安全。制动的方法有自由停车、机械制动、电气制动。

自由停车是指切断电源,系统就会在摩擦转矩的作用下转速逐渐降低,最后停车,称为自由停车。自由停车是最简单的制动方法,但自由停车一般较慢,特别是空载自由停车,更需要较长的时间。机械制动就是靠机械装置所产生的机械摩擦转矩进行制动。这种制动方法虽然可以加快制动过程,但机械磨损严重,增加了维修工作量。电气制动是指通过电气的方法进行制动,对需要频繁快速起动、制动和反转的生产机械,一般采用电气制动。

他励直流电动机的制动属于电气制动。这时电动机的电磁转矩与被拖动的负载转向相反。电动机的电磁转矩称为制动转矩。制动时,可以使能量回馈到电网,节约能源消耗。

电气制动便于控制,容易实现自动化,比较经济。常用他励直流电动机的制动方法有能耗制动、反接制动、回馈制动(再生制动)。

以下主要介绍能耗制动:

能耗制动是把正在做电动运行的他励直流电动机的电枢从电网上切除,并接到一个外加的制动电阻 R_b 上构成闭合回路。图 5-12 为他励直流电动机能耗制动的电路原理图。

五、直流电动机的检修

直流电动机的检修周期与异步电动机相同。下面介绍其小修、中修和大修的项目内容。

1. 小修项目

(1)吹风清扫,清除电动机内部灰尘和绕组表面上的污垢。
(2)处理换向器的局部缺陷,如清理云母沟内脏物和炭粉,检查和处理升高片的松动和断

裂故障,以及各部绑扎情况等。

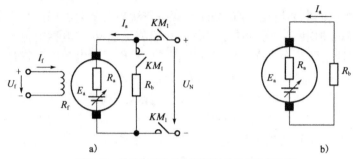

图5-12 他励直流电动机能耗制动的电路原理图
a) 能耗制动的电路原理图;b) 发电机运行时的参考方向

(3) 清理刷架和集电环上刷粉,更换和检查电刷和弹簧,调整刷压,清理出线盒。
(4) 轴承进行清洗和加油。
(5) 检查和处理绕组表面的缺陷,如过热痕迹、损伤等。
(6) 紧固所有固定螺钉。

2. 中修项目

(1) 包含小修全部项目。
(2) 清扫或清洗线圈,并进行干燥和喷漆处理。
(3) 更换或修补局部线圈绝缘。
(4) 加固或改进各绑扎线。
(5) 解体电动机,处理松动的线圈、槽楔和绝缘垫片等。
(6) 清洗、换油和更换滚动轴承,刮研滑动轴承的新瓦面等。
(7) 更换全部电刷和刷架。
(8) 换向器局部修理,如车削、打磨和抛光等。
(9) 更换有缺陷的机械零部件。
(10) 做检查试验。

3. 大修项目

(1) 包含中修全部项目。
(2) 电动机解体、清扫、清洗,并进行干燥处理。
(3) 更换全部线圈,并浸漆、干燥和安装好。
(4) 车削换向器或将换向器放在机身上进行刷镀处理。
(5) 更换全部电刷,改进和调整电刷装置。
(6) 重新铸瓦、刮瓦面,然后安装和调整好。
(7) 转子找动平衡。
(8) 查找电动机故障并及时处理。其常见故障和处理方法:补焊断裂的转子支架;补偿绕组的槽绝缘、槽楔或导条窜出,需要重新打入,并用绝缘片塞紧,最后用环氧树脂胶密封;处理升高片断裂和开焊故障;处理换向器片间松动故障,一般是采用加热换向器后,扭紧拉紧螺栓;处理刷架和整个支架的松动位移;处理瓦座移动。

(9)改造某些部件,如改造通风系统,改进升高片形式为束捆式等。

(10)修理或制造换向器备件,并安装和调试好。

(11)处理换向器表面烧伤故障和测试工作,一般有以下项目:测电刷中性线;用大电流测片间电阻;测刷距、研磨电刷、调整刷座;测试换向极(补极)、主极与转子间的气隙;测试各种绕组的绝缘电阻;清理换向器表面,下刻云母;做1.3UN的超压试验。

六、直流电机在汽车上的应用举例

1. 手动控制玻璃升降

以驾驶员侧的玻璃升降为例,如图5-13图所示,向前按下手动旋钮后,触点A与开关的"UP"相连,见电路图5-13,此时电流的方向为:如图5-13所示,当把手动旋扭推向车辆方向,车窗玻璃即上升。此时,触点A与UP(向上)接点相连,触点B处于原来状态,电动机按UP箭头方向通过电流,车窗玻璃上升车至关闭;当把手离开旋钮时,利用开关自身的回复力,开关即回到中立位置。若把手动旋钮推向车辆后方,触点A保持原位不动,而触点B则与DOWN(向下)侧相连,电动机按DOWN箭头所示的方向通过电流,电动机反转,以实现车窗玻璃向下移动,直至下降到底。

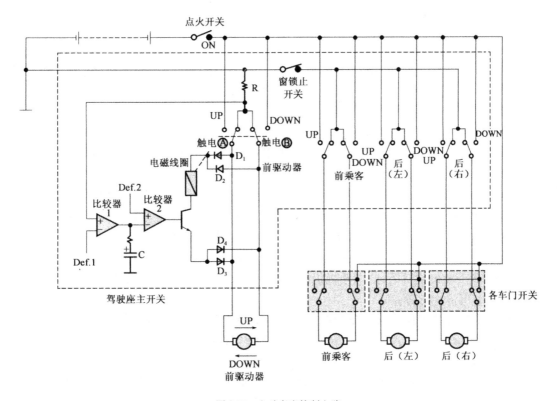

图5-13 电动车窗控制电路

2. 刮水器电路

如图5-14所示为桑塔纳轿车刮水器电路,从图中可以看出,刮水器控制开关有5个挡位,分别为复位停止挡、间歇挡、低速挡、高速挡和点动挡。INT 挡为间歇刮水挡,LO 挡为低速刮水挡,HI 挡为高速刮水挡。

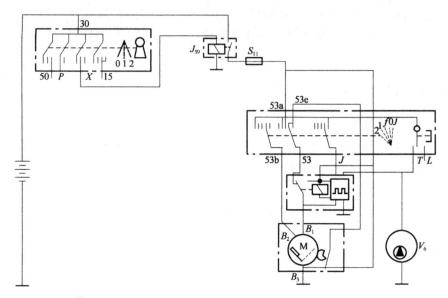

图 5-14　桑塔纳汽车风窗刮水器控制电路

下面分析其工作原理。

将点火开关置于"ON",接通了蓄电池向中间继电器磁化线圈的放电回路,其电流为:蓄电池正极→点火开关"30"接柱→点火开关"X"接柱→中间继电器磁化线圈→搭铁→蓄电池负极。在电磁吸力的作用下,中间继电器触点闭合,为刮水电动机的工作做好准备。

将刮水器开关拨到"f"挡(即点动挡)时,蓄电池将通过刮水器开关、间歇继电器常闭触点向刮水电动机放电,其电流为:蓄电池正极→中间继电器触点→熔断丝 S_{11}→刮水器开关"53a"接柱→刮水器开关"53"接柱→间歇继电器常闭触点→电刷 B_1→电刷 B_3→搭铁→蓄电池负极,此时电动机以低速运转。当手离开刮水器开关时,开关将自动回到"0"位,如果此时刮水片处在影响驾驶员视线的位置上,自动复位装置的常闭触点打开,常开触点闭合,刮水电动机电枢内继续有电流通过,其电流为:蓄电池正极→中间继电器触点→熔断丝 S_{11}→复位装置的常开触点→刮水器开关"53e"接柱→刮水器开关"53"接柱→间歇继电器常闭触点→电刷 B_1→电刷 B_3→搭铁→蓄电池负极,故电动机仍以低速运转,只有当自动复位装置处在图示位置时,刮水电动机方可停止运转。

当将刮水器开关拨到"1"挡(低速挡)时,蓄电池仍然是通过中间继电器、刮水器开关、间歇继电器、电刷 B_1 和 B_3 向刮水电动机放电(放电回路与点动时相同),电动机以 42~52r/min 的转速低速运转。

当将刮回器开关拨到"2"挡(高速挡)时,蓄电池向电动机的放电回路为:蓄电池正极→中间继电器触点→熔断丝 S_{11}→刮水器开关"53a"接柱→刮水器开关"53b"接柱→电刷 B_2→电刷 B_3→搭铁→蓄电池负极,此时电动机以 62~80r/min 的转速高速运转。

当自动复位装置切断电动机电路,由于旋转惯性使电机不能立即停下来时,电动机将以发电机运行而发电,由楞次定理可知,电枢绕组中所产生的感应电动势的方向与外加电压的方向相反,通过刮水器开关、自动复位常闭触点构成回路,其电流为:电刷 B_1→间歇继电器常闭触点→刮水器开关"53"接柱→刮水器开关"53e"接柱→自动复位装置的常闭触点→电刷 B_3,电枢绕组中即会产生反电磁力矩(制动力矩),电动机迅速停止运转,使刮水片复位到风窗玻璃的下部。

当将刮水器开关拨到"J"(间歇)位置时,电子式间歇继电器投入工作,使其触点不断地开闭。当间歇继电器的常闭触点打开,常开触点闭合时,蓄电池向电动机的放电回路为:蓄电池正极→中间继电器触点→熔断丝 S_{11}→间歇继电器的常开触点→电刷 B_1→电刷 B_3→搭铁→蓄电池负极,电动机低速运转。当间歇继电器断电,其触点复位(常闭触点闭合,常开触点打开)时,电动机将停止运转。在此过程中,自动复位装置的工作与制动力矩的产生与上述相同。在间歇继电器的作用下,刮水电动机每6秒钟使曲柄旋转一周。

当将洗涤开关接通时(将刮水器开关向上扳动),洗涤泵控制电路接通,其电流为:蓄电池正极→中间继电器触点→熔断丝 S_{11}→洗涤开关→洗涤泵 V_5→搭铁→蓄电池负极。位于发动机盖上的两个喷嘴同时向风窗玻璃喷射清洗液。与此同时,也接通了刮水器间歇继电器的控制电路,其电流为:蓄电池正极→中间继电器触点→熔断丝 S_{11}→洗涤开关→刮水器间歇继电器→搭铁→蓄电池负极,于是刮水电动机工作,驱动刮水片刮掉已经湿润的尘土和污物。当驾驶员松开控制手柄时,开关将自动复位,切断洗涤泵的控制电路,喷嘴停止喷射清洗液,刮水电动机在自动复位开关起作用后,将刮水片停靠在挡风玻璃的下方。

单元二　继电器的认识

单元要点

1. 继电器的用途、分类。
2. 电磁式继电器的结构、工作原理。
3. 电磁式继电器在汽车上的应用。

知识链接

一、继电器的用途与分类

继电器是自动控制电路中常用的一种元件。它是一种传递信号的电器,用来接通和断开控制电路。它可用较小的电流来控制较大电流的一种自动开关。继电器的输入信号可以是电压、电流等电量,也可是热、速度、油压等非电量,而输出则都是触点动作,使输出量发生预定的变化。继电器的电磁系统和触头都较小,因此它的动作迅速、反应灵敏。在工业控制中使用的中间继电器、热继电器等体积较大,线圈通过的电流或承受的电压较大,触点允许通过的电流较大。

汽车控制电路继电器常用电磁式继电器。以下重点介绍电磁式继电器。

二、电磁式继电器的结构、原理

电磁式继电器通常用来传递信号和同时控制多个电路,也可直接用它来控制电气元件,它由铁芯线圈(电磁铁)和可与电磁铁联动的触点组成,当继电器线圈得电后闭合的触点称为动合触点(常开触点),当继电器线圈得电后断开的触点称为动断触点(常闭触点)。

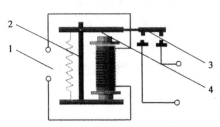

图5-15 电磁式继电器结构简图
1-弹簧;2-电磁铁;3-衔铁;4-触点

1. 电磁继电器的结构(图5-15):

电磁继电器由电磁铁、衔铁、弹簧、动触点、静触点组成。

2. 电磁继电器的工作原理

电磁式继电器一般由铁芯、线圈、衔铁、触点簧片等组成的。只要在线圈两端加上一定的电压,线圈中就会流过一定的电流,从而产生电磁效应,衔铁就会在电磁力吸引的作用下克服返回弹簧的拉力吸向铁芯,从而带动衔铁的动触点与静触点(常开触点)吸合。当线圈断电后,电磁的吸力也随之消失,衔铁就会在弹簧的反作用力返回原来的位置,使动触点与原来的静触点(常闭触点)吸合。这样吸合、释放,从而达到了在电路中的导通、切断的目的。对于继电器的"常开、常闭"触点,可以这样来区分:继电器线圈未通电时处于断开状态的静触点,称为"常开触点";处于接通状态的静触点称为"常闭触点"。

三、电磁继电器在汽车上的应用举例

1. 电容式闪光器

如图5-16所示为电容式闪光器的结构原理图。它也是串联在电源开关和转向灯开关之间,有两接柱(B和L),分别接电源开关和转向灯开关。汽车转向时接通转向开关8,电流经蓄电池"+"极→电源开关11→接线柱B→线圈3→常闭合触点1→接线柱L→转向灯开关→转向灯及转向指示灯→搭铁→蓄电池"-"极,构成回路,此时线圈4、电容7、电阻5被触点1短路,而流经线圈3所引起的吸力大于弹簧片2的作用力,将触点1迅速打开,转向灯处于暗的状态(尚未来得及亮)。触点1打开后,蓄电池开始向电容器7充电,其回路为:→蓄电池"+"极→电源开关11→接线柱B→线圈3→线圈4→电容7→转向灯开关8转向灯及转向指示灯(左或右)→搭铁→蓄电池"-"极。由于线圈丝电阻较大,使充电电流较小,仍不足以使转向灯亮。与此同时,线圈3、4产生的电磁吸力方向相同,使触点1继续打开,随着电容器C两端电压升高,充电电流逐渐减小,电磁吸力也减小,在弹簧片作用下,触点1

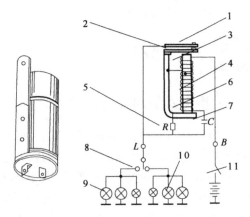

图5-16 电容式闪光器外形和结构原理图
1-触点;2-衔铁;3-线圈;4-线圈;5-电阻;6-铁芯;7-电容
8-转向灯开关;9-转向灯;10-转向灯;11-电源开关

闭合。触点 1 闭合后,电源通过线圈 3、触点 1、经转向开关 8 向转向灯供电,电容器经线圈 4、触点 1 放电。由于此时线圈 3 和线圈 4 方向相反,产生的电磁吸力减小,不足以使触点 1 打开,此时转向灯亮。随着电容器两端电压下降,流经 4 的电流减少,产生的退磁作用减弱,线圈 3 产生的电磁吸力又将触点 1 断开,转向灯变暗。蓄电池再次向电容器充电,如此反复,使转向灯以一定的频率闪烁。

2. 电子式闪光器

电子闪光器可分为触点式(带继电器)和无触点式(不带继电器),不带继电器的电子闪光器又称为全电子闪光器。

带继电器触点式晶体管闪光器。如图 5-17 所示,当接通电源开关和转向灯发光后,主线路为蓄电池"+"极→电源开关 SW→接线柱 B→R_1→继电器 J 的触点→接线柱 S→转向开关→转向灯及转向指示灯(左或右)→搭铁→蓄电池"−"极,转向灯亮。当继电器 J 的触点闭合时,转向灯亮,触点断开时,转向灯灭,而触点的闭合与否取决于三极管的导通状况,电容 C 的充放电使三极管反复导通截止,这样触点也就时通时断,使转向信号灯闪烁发光。

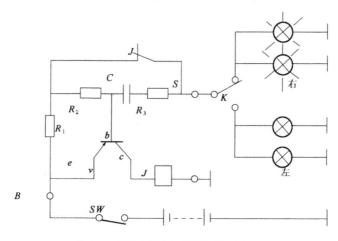

图 5-17 带继电器触点式晶体管闪光器电路

单元三 直流电机与继电器的认识练习

一、工作任务

认识图 5-18 中的直流电机、继电器。

二、练习过程

以小组为单位进行练习。

1. 制订制作方案,并讨论方案的正确性和可行性。

2. 指出图中的直流电机与继电器及接线原理。

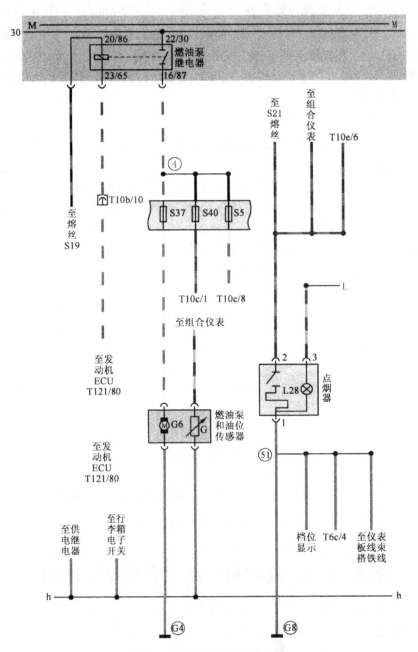

图 5-18 桑塔纳 2000 轿车电路图

三、考评

1. 组内自评。
2. 组间互评。
3. 教师评价。

参 考 文 献

[1] 凤勇. 汽车机械基础[M]. 北京:人民交通出版社,2005.
[2] 文春帆. 电工与电子技术[M]. 北京:高等教育出版社,2001.
[3] 濮良贵,纪名刚. 机械设计[M]. 北京:高等教育出版社,1996.
[4] 王利贤. 机械基础[M]. 北京:人民交通出版社,2003.
[5] 王幼龙. 机械制图[M]. 北京:高等教育出版社,2005.
[6] 李明惠. 汽车应用材料[M]. 北京:机械工业出版社,2008.
[7] 童永华,冯忠伟. 钳工技能实训[M]. 北京:北京理工大学出版社,2006.
[8] 屠卫星. 汽车底盘构造与维修[M]. 北京:人民交通出版社,2005.